公共安全感蓝皮书

BLUE BOOK OF PUBLIC SECURITY SENSE

中国城市公共安全感调查报告（2018）

REPORT OF URBAN PUBLIC SECURITY SENSE IN CHINA (2018)

中国应急管理学会
中国矿业大学 / 编

王义保 许 超 曹 明 / 主编

社会科学文献出版社
SOCIAL SCIENCES ACADEMIC PRESS (CHINA)

图书在版编目(CIP)数据

中国城市公共安全感调查报告.2018/王义保,许超,曹明主编.--北京：社会科学文献出版社，2018.12
　（公共安全感蓝皮书）
　ISBN 978-7-5201-3953-3

Ⅰ.①中…　Ⅱ.①王…②许…③曹…　Ⅲ.①城市-公共安全-安全管理-调查报告-中国-2017　Ⅳ.①D630.8

中国版本图书馆 CIP 数据核字（2018）第 261085 号

公共安全感蓝皮书
中国城市公共安全感调查报告（2018）

编　　者 / 中国应急管理学会
　　　　　　中国矿业大学
主　　编 / 王义保　许　超　曹　明

出 版 人 / 谢寿光
项目统筹 / 吴　丹
责任编辑 / 薛铭洁　周爱民

出　　版 / 社会科学文献出版社·皮书出版分社（010）59367127
　　　　　地址：北京市北三环中路甲 29 号院华龙大厦　邮编：100029
　　　　　网址：www.ssap.com.cn
发　　行 / 市场营销中心（010）59367081　59367083
印　　装 / 三河市龙林印务有限公司

规　　格 / 开本：787mm×1092mm　1/16
　　　　　印 张：22　字 数：333 千字
版　　次 / 2018 年 12 月第 1 版　2018 年 12 月第 1 次印刷
书　　号 / ISBN 978-7-5201-3953-3
定　　价 / 128.00 元

皮书序列号 / PSN B-2018-781-1/1

本书如有印装质量问题，请与读者服务中心（010-59367028）联系

▲ 版权所有 翻印必究

权威·前沿·原创

皮书系列为
"十二五""十三五"国家重点图书出版规划项目

中国应急管理学会蓝皮书
系列编写指导委员会

主任委员：

洪　毅　中国应急管理学会会长，国家行政学院原副院长

副主任委员：

范维澄　清华大学公共安全研究院院长，中国工程院院士

闪淳昌　国务院应急管理专家组组长

刘铁民　中国应急管理学会副会长，研究员

龚维斌　中共中央党校（国家行政学院）应急管理培训中心主任，教授

吴　旦　上海交通大学副校长，教授

秘书长：

佘　廉　中国应急管理学会副秘书长，中共中央党校（国家行政学院）教授

委　员　按姓氏笔画排序：

丁　辉　北京市科学技术研究院院长，研究员

王守兴　国务院原应急办巡视员兼副主任

王金玉　中国应急管理学会公共安全标准化专业委员会主任委员

王宝明　中国应急管理学会原秘书长，教授
王瑶琪　中央财经大学校长，教授
田廷山　中国地质环境监测院副院长，研究员
乔仁毅　中国应急管理学会副会长
池　宏　中国科学院科技政策与管理科学研究所研究员
许小峰　中国气象局党组副书记，副局长，正研级高级工程师
严新平　武汉理工大学副校长，教授
李湖生　中国安全生产科学研究院副总工，研究员
吴孔明　中国农业科学院副院长，研究员
孟宪生　国防大学战役教研部大校，教授
赵和平　中国地震局副局长，研究员
宫辉力　首都师范大学校长，教授
高　山　中国应急管理学会校园安全专业委员会主任委员，中南大学教授
郭太生　中国人民公安大学教授
曾　光　中国疾病预防控制中心流行病学首席科学家
薛　澜　清华大学公共管理学院原院长，教授
魏明海　中山大学副校长，教授

公共安全感蓝皮书编委会

主　　　编　王义保　许　超　曹　明

编委会成员　刘　蕾　王义保　李　明　许　超　曹惠民
　　　　　　　韦长伟　张彦华　陈世民　张　辉　曹　明
　　　　　　　翟军亮　施　炜　陈　静　周云圣

学术顾问：

范维澄　清华大学公共安全研究院院长 中国工程院院士
彭苏萍　中国矿业大学（北京）中国工程院院士
刘彦伟　江苏省安全生产科学研究院院长、教授
黄　弘　清华大学教授
周福宝　中国矿业大学教授
孙连英　北京联合大学教授
杨　科　安徽理工大学教授
段鑫星　中国矿业大学教授
杨思留　中国矿业大学教授
张长立　中国矿业大学教授

主编简介

王义保 博士后，教授，博士生导师，江苏省城市公共安全创新中心主任，中国矿业大学城市公共安全管理智库主任、公共管理学院副院长。主要研究领域：城市公共安全、危机管理、政府改革等。发表《大安全观下的城市发展》《近年来我国公共安全研究热点与趋势分析》等高水平学术论文40多篇，专著2部，编著4部，主持国家社科基金、教育部社科基金项目等课题8项，荣获2项省部级成果奖励。

许 超 博士，教授，中国矿业大学公共管理学院系主任，PPP绩效评估中心主任。主要研究领域：公共安全治理、行政体制改革、PPP绩效研究等。在《中国行政管理》《社会科学战线》等期刊发表学术论文20余篇。承担国家级课题1项，参与国家级课题2项，承担和参加省部级课题12项，荣获多项教学科研奖励。

曹 明 博士，副教授，中国矿业大学公共管理学院副系主任。主要研究领域：公共安全管理、能源经济与政策、社会治理等。近年来主持国家社科基金课题1项，参与国家社科基金重大课题1项，参与国家自然科学基金和国家社科基金课题多项。在《科学学研究》《中国人口资源与环境》等刊物上发表学术论文20余篇，出版专著1部，获省部级教学科研奖励2项。

摘 要

安全发展是城市现代文明的重要标志。随着我国城市化进程日益加快，城市人口、功能和规模扩大与城市安全发展的要求不适应不平衡问题变得更加突出，城市复杂性风险日益加剧，人们对城市安全的需求成为当前城市建设和发展的重要话题。安全感作为公众对城市环境安全感知的"晴雨表"，成为衡量城市公共安全状况、评价政府对城市公共安全治理成效的一项重要指标。

为了客观真实地反映我国城市居民公共安全感的现状及问题，课题组在借鉴学界相关研究成果基础上，构建了一套涵盖城市自然安全、治安安全、食品安全、交通安全、医疗卫生安全、生态安全、公共场所设施安全、社会保障安全、信息安全9个传统与非传统安全层面的城市公共安全感量表，于2017年7~8月组织18队调查小组200余名师生进行大规模的全国城市调查活动，收集全国城市居民公共安全感的第一手数据和资料，形成全面翔实的城市公共安全感报告，为我国城市安全发展的战略决策和学术研究提供重要依据。

第一部分为总报告。总报告在说明全国城市公共安全感调查指标体系基础上，根据科学的全国城市公共安全感调查数据，对全国城市公共安全感指数进行了测算并排名，全面分析了全国城市公共安全感存在的结构性、区域性不平衡等问题，指出了提升我国城市居民公共安全感的有关对策和建议。

第二部分为专题报告。专题报告共9篇，分别为中国城市自然安全感调查报告（2018）、中国城市治安安全感调查报告（2018）、中国城市食品安全感调查报告（2018）、中国城市交通安全感调查报告（2018）、中国城市医疗卫生安全感调查报告（2018）、中国城市生态安全感调查报告（2018）、中国城市公共场所设施安全感调查报告（2018）、中国城市社会保障安全感调查报告（2018）、中国城市信息安全感调查报告（2018）。专题报告从当前全国专项城市公共安全感的总体状况、存在问题与挑战和提升对策与建议等方面，全面深入地识别、评估了全国城市公共安全感的具体表现，并对全国专项城市公共安全进行预测、预警和提供应对措施。

关键词： 城市安全　安全感　城市居民　安全治理

Abstract

Security development features modern urban civilization as an important symbol. The accelerating development in urbanization in China leads to the the growing incompatibility and imbalance between the demand in urban security development and the expansion in urban populations, functions and scales. Complex urban risks are becoming more and more serious. City dwellers' demand for urban security has become a significant issue in the current urban construction and development. Sense of security, as a "barometer" of city dwellers' feeling of public safety, has also been regarded as an essential indicator which is adopted in measuring the status of urban public security as well as in evaluating government's achievement in urban public security.

In order to reflect the current situation and problems of city dwellers' sense of public security objectively and truly, based on the relevant academic studies, the research group has established a set of as many as nine conventional and unconventional standards in sense of public security, such as natural security, social security, food security, traffic security, public health security, social assistance security, information security, and so on. 200 teachers and students are divided into 18 teams to conduct a mass investigation nationwide for the first-hand materials of city dwellers' sense of security. The report developed on the basis of the mass investigation has provided important and valuable evidences for strategic policy-making and academic research in urban security development in China.

Part one of the report is written from a general perspective, which calculates and ranks the national urban public security index based on the demonstration of indicator system of national sense of public security survey and the collected data from the mass investigation. This part gives a thorough analysis on questions including structural and regional imbalances of national urban sense of public security and provides measures as well as suggestions for upgrading urban sense of public security in China.

The second part consists of specialized reports from nine perspectives, which are reports on senses of natural security, social security, food security, traffic security, health security, ecological security, public facilities security, social assistance security and information security in Chinese urban area. These specialized reports thoroughly and comprehensively identify and evaluate the specific situation of the national urban sense of public security from the aspects of general situation, existing problems and challenges, the corresponding measures and suggestions, and so on. The predictions and early warnings have also been made and put forward for urban public security in specialized areas.

Keywords: Urban Security; Sense of Security; City Dweller; Security Governance

目 录

Ⅰ 总报告

B.1 中国城市公共安全感的状况与评价（2018）
　　…… 王义保　许　超　刘　蕾　李　明　庆　文　吴欣同　张　莹 / 001
　　一　城市公共安全感评价意义与指标体系 …………………… 002
　　二　中国城市公共安全感指数与排名 ………………………… 023
　　三　中国城市公共安全感存在的问题与挑战 ………………… 035
　　四　提升中国城市公共安全感的对策与建议 ………………… 047

Ⅱ 专题报告

B.2 中国城市自然安全感调查报告（2018） …………… 曹惠民 / 057
B.3 中国城市治安安全感调查报告（2018） ……… 韦长伟　张彦华 / 082
B.4 中国城市食品安全感调查报告（2018） …………… 陈世民 / 125
B.5 中国城市交通安全感调查报告（2018）
　　………………………………… 张　辉　张少康　李雨嘉 / 151
B.6 中国城市医疗卫生安全感调查报告（2018） ………… 曹　明 / 174
B.7 中国城市生态安全感调查报告（2018） ……… 翟军亮　黄　宏 / 196

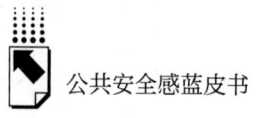

B.8 中国城市公共场所设施安全感调查报告（2018）
　　………………………………………………… 施　炜　李　欣 / 237

B.9 中国城市社会保障安全感调查报告（2018）
　　………………………………………………… 陈　静　郭　檬 / 265

B.10 中国城市信息安全感调查报告（2018）
　　……………………………………………………… 周云圣 / 295

Ⅲ　附件

B.11 2017年城市公共安全感认知与行为问卷题目 ……………… / 324
B.12 全国城市公共安全感调查小组 …………………………… / 328

B.13 后　记 …………………………………………………… / 332

皮书数据库阅读**使用指南**

CONTENTS

I General Report

B.1 Status and Evaluation of Sense of Public Security in
Chinese Urban (2018)
Wang Yibao, Xu Chao, Liu Lei, Li Ming, Qing Wen,
Wu Xintong and Zhang Ying / 001

1. Evaluation Significance and Index System of Sense of Public
   Security in Urban / 002
2. Index and Ranking of Sense of Public Security in Chinese Urban / 023
3. Problems and Challenges of Sense of Public Security in Chinese Urban / 035
4. Methods and Suggestions to Upgrade Sense of Public Security in
   Chinese Urban / 047

II Research Reports

B.2 Report on Sense of Natural Security in Chinese Urban (2018)
Cao Huimin / 057

B.3 Report on Sense of Social Security in Chinese Urban (2018)
Wei Changwei, Zhang Yanhua / 082

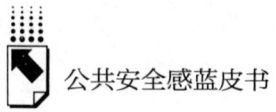

B.4　Report on Sense of Food Security in Chinese Urban (2018)
　　　　　　　　　　　　　　　　　　　　　Chen Shimin / 125

B.5　Report on Sense of Traffic Security in Chinese Urban (2018)
　　　　　　　　　　Zhang Hui, Zhang Shaokang and Li Yujia / 151

B.6　Report on Sense of Public Health Security in Chinese Urban (2018)
　　　　　　　　　　　　　　　　　　　　　　Cao Ming / 174

B.7　Report on Sense of Ecological Security in Chinese Urban (2018)
　　　　　　　　　　　　　　　Zhai Junliang, Huang Hong / 196

B.8　Report on Sense of Public Facilities Security in Chinese
　　　Urban (2018)　　　　　　　　　　　　*Shi Wei, Li Xin* / 237

B.9　Report on Sense of Social Assistance Security in Chinese
　　　Urban (2018)　　　　　　　　　*Chen Jing, Guo Meng* / 265

B.10　Report on Sense of Information Security in Chinese
　　　Urban (2018)　　　　　　　　　　　　*Zhou Yunsheng* / 295

Ⅲ　Appendix

B.11　Behavior-Cognition Questionnaire of Sense of
　　　Public Security in Chinese Urban　　　　　　　　/ 324
B.12　List of Members in Investigation Groups　　　　　/ 328

B.13　Postscript　　　　　　　　　　　　　　　　　　/ 332

总报告

General Report

B.1 中国城市公共安全感的状况与评价（2018）

王义保 许超 刘蕾 李明 庆文 吴欣同 张莹*

摘　要： 随着我国城镇化进程快速发展，城市人口、功能和规模不断扩大，一些城市的安全基础薄弱，与现代化城市安全发展需求不适应、不协调的问题变得突出，给人民群众的城市公共安全感带来很大影响。为了有效地反映我国城市居民城市公共安全感的现状及其变化，课题组通过构建9个一级指标、18个二级指标和32个三级指标的安全感量表，组织了18个调查小组完成全国31个

---

* 王义保，博士，中国矿业大学公共管理学院教授，研究方向为城市公共安全与政府改革；许超，博士，中国矿业大学公共管理学院公共管理系主任，教授，研究方向为公共安全治理与PPP绩效研究；刘蕾，博士，中国矿业大学公共管理学院讲师，研究方向为社会组织与社区治理；李明，博士，常州大学瞿秋白政府管理学院讲师，研究方向为公共治理与安全管理；庆文，中国矿业大学公共管理学院硕士研究生；吴欣同，中国矿业大学公共管理学院硕士研究生；张莹，中国矿业大学公共管理学院硕士研究生。

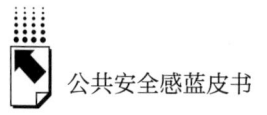

省会城市的安全感调查，进行了全国城市公共安全感指数测算并进行排名，分析了当前我国城市公共安全感存在着结构性、区域性不平衡问题，指出了提升我国城市居民公共安全感的有关对策和建议，为进一步推进我国城市安全发展提供理论依据。

关键词： 城市　安全感　评价指标　安全管理

"安全感"、"幸福感"和"获得感"是党的十九大提出的重要"三感"指标。其中"安全感"作为一个重要议题，目前学术界研究成果丰硕。"安全感"偏重于主体内心的安全感受，不能等同于对安全现状评价。城市公共安全感是安全感的外延，是衡量城市公共安全状况、评价政府公共安全治理成效的重要指标。当前，我国正处在公共安全事件易发、频发和多发期。[①] 城市越来越成为当前充满最大危险和复杂性风险的特殊区域。随着城镇化进程日益加快，城市数量、人口、功能和规模不断扩大，城市运行系统日益复杂，城市公共安全风险不断增加。在日益严峻的公共安全形势下，城市居民的公共安全感成为人们愈来愈感到严肃的话题。因此，衡量、评价和报告城市居民公共安全感内容成为学术界研究的重要课题。

一　城市公共安全感评价意义与指标体系

城市化的发展对公共安全既是机遇也是挑战，中国城市高速的发展进程，一方面累积了大量资金和技术，为建立更完善的城市安全管理与保障系统提供了物质基础；另一方面高速化发展伴随的是城市规模的急剧扩张和城市基础设施的高负荷运转，给中国城市在治安、食品、交通、医疗卫生、生态、生活设施、社会保障、信息金融等多个传统与非传统安全层面造成威

---

① 范维澄：《健全公共安全体系　构建安全保障型社会》，《人民日报》2016年4月18日，第9版。

胁。著名的社会人类学家Mary Douglas于1992年在《危机与责难：文化理论论文集》中提出"多安全才算安全"（how safety is safe enough），使安全开始从一个客观的社会状况描述性问题转而成为一个主观的"安全感"问题。而居民作为城市生活的主体，是城市公共安全的神经，其对社会安全状况的主观感受和评价即安全感，反映了人们对社会治安的肯定程度及生活状况。因此，构建我国城市公共安全感的评价指标体系，调查国内省会城市公众安全感的现状及其背后的影响因素，对破解当前我国的城市发展难题、稳定社会生活、提高城市安全管理水平具有重要意义。

（一）城市公共安全感评价目标与意义

城市公共安全感反映的是公众对整个城市环境的安全感知程度，关系政府角色、公共政策、行政管理行为、人民生活、社会稳定等多个层面，它作为城市公共安全的"晴雨表"，了解和提高居民的心理安全水平不仅是各个地方政府的职责所在，同时也是推动社会社区建设、构建稳定社会生活的重要步骤。

公众对所居住城市的公共安全状况的评价能够反映具体公共部门的工作绩效与行政管理活动的效率，是当下推进社会风险治理、构建和谐社会的重要因素。本调查构建了中国城市公共安全感的评价框架，通过问卷访谈向居民了解相关信息并进行打分，结合理论和数据分析的技术过程与方法，撰写了调查报告，以展示全国31个省会（首府）城市居民对城市公共安全的感受程度，并突出显性和隐形问题，为我国城市发展营造良好的社会心理氛围和安全环境建设提供借鉴和方向。

1. 城市公共安全感的调查目标

为提高城市居民公共安全感，加强顶层设计，强化重点领域的安全措施，深入挖掘影响城市公共安全感的有效因素，课题组开展了全国城市公共安全感的调查活动，并希望实现以下目标。

（1）了解全国31个省会（首府）城市公共安全感状况，服务于城市公共安全建设

城市公共安全感是对一个城市公共安全状况的主观衡量，通过居民对社

会治安、食品、卫生、交通、社会保障等各个方面的评价，呈现对象城市的公共安全现状、面临的挑战以及存在的问题。暴露的问题为有关公共部门整改自身工作提供方向，同时衡量过程中所运用的城市减灾理论、系统分析理论等学术知识将为后续的城市公共安全建设提出更为科学准确的建议，提高城市公共安全的决策、管理和建设水平。

（2）增强居民的安全责任感，增进民众的参与行为

城市公共安全感的调查为民众评价所居住城市当前的安全状况、指出存在的安全隐患提供了一个科学有效的途径，公众能对相关城市的公共安全问题形成系统的了解，进而增强对改进目前城市公共安全状况的愿望和责任，促进公众更加积极地参与城市公共安全建设；同时，大范围的安全感调查能够很好地了解公民对于城市公共安全的各方面的意见与建议，为公共安全问题的民主参与、多元治理奠定良好的基础。

（3）推进城市公共安全感的量化研究，丰富学术研究成果

过往对城市公共安全的量化研究中，通常以客观数据为测算指标，对主观评价尤其是对居民安全感关注较少，而本次调查通过居民对城市公共安全状况的担心程度和满意度打分，将主观层面的安全感进行量化研究，从客观层面测量公众安全感的水平，不仅增强了研究结果的说服性，还有利于推进社会科学研究成果的创新性探索，为今后更深入地研究公众安全感提供参考。

2. 城市公共安全感的评价意义

（1）有利于保障公民对公共事务的知情权

公民对于公共事务的知情权是社会生活中最基本的权利之一。公民的知情权，又称知悉权、了解权。即公民对于国家的重要决策、政府的重要事务以及社会发生的与普遍公民权利和利益密切相关的重大事件，有了解和知悉的权利。由于当代社会公共部门的行为及其相关事务越来越强调要从公共服务的立场和基点出发，以增进公共利益为行为模式的根本目标，因此重视并满足社会公众的知情权，是公共部门接受监督、建立威信和公信力的重要举措。对全国31个省会（首府）城市的公共安全状况进行满意度评价，即综合选取指标完成对城市公共安全感的整体测评，对调查和研究结果进行公

开,有助于全国人民对日常生活相关的城市公共安全信息形成一个整体的了解,合理规避公共安全中常见的问题,减缓城市公共危机的冲击;同时有利于更加深层次地了解政府部门的公共事务,消除谣言的负面影响,客观公正地认识政府机关及其工作内涵。

(2)有利于公共管理部门的信息公开

与公民知情权相对应的是公共部门的信息公开。一方面,信息公开是政府开展公共管理活动的重要环节。由于公共管理活动涉及的影响主体包括但不限于政府、企业、非营利组织、社会组织、社区、公民,为了协调各方的活动和利益,信息的传递、公开和披露过程必不可少,只有在信息公开的基础上,各方主体得以调整自己的行为,有序地在多元合作的公共管理和社会治理格局中活动;另一方面,必要的信息公开是政府的责任和义务。在公共选择理论中,政府同样具有"经济人"的特征和取向,行政人员及其行为有时会重私利而忽视公利,导致以权谋私、寻租腐败,对公共秩序造成混乱。为了规范政府行为,让行政过程处于社会公众的监督下,政府必须依照相关法律和制度规范披露信息、接受监督。对城市公共安全感的调研,需要收集大量客观、主观的,涵盖政府机关工作、城市经济与社会发展相关的资料和信息,并且能够应用严谨的理论分析对数据和资料进行整理,事实上增强了政府信息公开的系统性、逻辑性和技术性,其中的理论、技术和方法对政府信息公开工作的完善具有参考意义。

(3)有利于人民有序参与到社会治理中

党的十九大报告指出,"经过长期努力,中国特色社会主义进入了新时代,这是我国发展新的历史方位"。在这个新时代,要"提高保障和改善民生水平,加强和创新社会治理",必然需要发挥人民群众在社会主义建设以及社会治理中的主体地位,广泛动员组织群众参与政治以及社会事务。本次通过居民问卷调研,形成城市居民安全感以及满意度的整体评价,并将其作为主观指标纳入城市公共安全感的评价指标体系,形成以居民安全感为中心的公共安全感蓝皮书,并提交给各级政府部门,作为政策制定的咨询参考资料。本书作为一项城市调查的成果，体现了居民对社会问题治理过程的参与，居民对于各项问题的反应、回答表达出他们对于公共政策和城市公共环境等方面的意见和看法——在地方城市公共安全发展的过程中，居民的诉求和建议能够且理应成为政府"查缺补漏"的重要意见。而公共利益诉求的表达，正是公众有序参与到社会多元治理的体现，也是现代社会和政治文明的标志之一。

（4）有利于改进政府工作，增强政府公信力

政府职能包括经济职能、政治职能、文化职能和社会职能四个部分，不同的职能反映政府在不同领域中的权责与义务。政府在履行职能、开展工作的过程中，要始终坚持"为人民服务"的指导思想，将自身定位和塑造为服务者，追求公共利益的实现。政府履行职能的基本前提是进行公共决策，即依赖丰富、准确、科学、系统的信息和数据，对公共事务的方向、行动、流程等进行规划，并确定开展各项公共活动所需要的方法和技术。然而，信息搜集、分类和整理在任何时候都不是一个简单的事情，其中涉及各种专业知识、技术和理论，因此政府时常与各种咨询机构、智库和公共组织合作，以获取更多服务于决策行为的信息和建议报告。城市公共安全调查，在全国范围内广泛聚合一手资料，并对资料进行专门的加工处理，以形成本报告，能够为政府部门的科学决策起到一定的参考作用，从而服务政府工作的改进，更好地回应和满足公众需求，增强政府公信力。

（5）有利于形成政府与高校合作的社会公共问题治理新模式

政府部门的资源禀赋占有先天优势。同时，公权力的加持、庞大的层级体系、信息获取的便利性使政府部门在整个社会治理过程中完全能够发挥主导作用。而高校作为教育科研单位，相对于政府，其领先之处则体现在人才、技术和研究经验等方面。在很多技术问题和社会问题上，高校固有的结构特征和资源利用模式，决定了它们能够用更小的代价实现更高的效率。在西方国家，高校智库已然是政策咨参的重点对象。本次关于城市公共安全的调研，将地方政府与重点高校联结起来，有利于政府公共事务管理的科学

化，也有助于推动高校日益参与到社会问题的治理当中，构建政府与高校合作的社会公共问题咨询与治理的新模式。

（二）城市公共安全感评价的基本原则

近年来，随着对城市公共安全建设实践的深化，关于城市公共安全评价的研究已日益增多。城市公共安全建设的评价研究涉及面很广，评价的指标及原则也千差万别，涉及多角度、多要素，建设城市公共安全衡量标准以及评价指标的确定过程也将是相当复杂和综合性的，但是仅从安全感角度进行指标设计仍然不足。要想全面反映城市公共安全建设仅仅用一两个指标远远不够，需要通过复杂的指标来评价。① 为了确保城市安全运行，需要在了解城市公共安全影响因素的基础上构建相应的指标体系以及选取相应评价原则，对城市居民安全感进行评价，以了解城市公共安全状况的主观感受，明确加强和改进城市公共安全工作的目标和方向，因此，居民安全感评价指标体系的建立过程应该遵循以下的评价选取原则。②

1. 科学性

科学性是任何指标体系建立的重要原则，也是指标体系的首要特征。这是确保评价结果准确合理的基础。城市居民安全感的评价是否科学很大程度上依赖其指标、标准、程序等方法是否科学。按照科学性的要求，指标体系一定要建立在科学、客观的基础上，因此，指标的物理意义必须明确。在城市居民安全感指标体系的建立方面，科学性体现在该指标体系基本能够全面、客观、准确地反映目标城市安全系统的状态、效用、变化趋势和系统内部的协调程度，符合保持客观信息源的要求（本次指标评价体系的受调查人均为目标城市市民），保证了信息源的有效性和普遍性，且注意避免指标间的重叠，使评价目标和评价指标有机地联系起来，组成一个层次分明的整体，从而能较好地度量目标城市的公共安全感水平。一般而言指标体系的科

---

① 许力飞：《我国城市生态文明建设评价指标体系研究》，中国地质大学博士学位论文，2014。
② 常艳梅：《城市公共安全评价研究》，重庆大学硕士学位论文，2013。

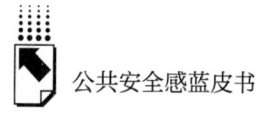
公共安全感蓝皮书

学性应包括以下 4 个方面。

特征性：指标应该能够反映评估对象的特征。

准确一致性：指标的概念要正确，含义要清晰，尽可能避免或减少主观判断，对难以量化的评估因素应采用定性和定量相结合的方法来设置指标。指标体系内部各指标之间应协调统一，指标体系的层次结构应合理。

完备性：指标体系应围绕评估目的，全面反映评估对象，不能遗漏重要方面或有所偏颇，否则评估结果就不能真实、全面地反映被评估对象。

独立性：指标体系中各指标之间不应有很强的相关性，不应出现过多的信息包含、涵盖而使指标内涵重叠。①

2. 层次性

层次性是指标体系自身的多重性。由于城市公共安全内容涵盖的多层次性，居民安全感的测算体系也由多层次组成，且各个要素之间相互联系构成了一个有机整体，反映了居民对城市公共安全的感受是多层次、多因素综合影响和作用的结果。它通常有两方面的要求：一是指标体系应选择一些指标从整体层次上把握评价目标的协调程序，以保证评价的全面性和可信度；二是在指标设计上按照指标间的层次递进关系，尽可能体现层次分明，通过一定的梯度，能准确反映指标间的支配关系，充分落实分层次评价原则，这样既能消除指标间的相容性又能保证指标体系的全面性、科学性。

3. 导向性

指标是目标的具体化描述。因此，评价指标要能真实地体现和反映综合评价的目的，能准确地刻画和描述对象系统的特征，要涵盖为实现评价目的所需的基本内容，本报告基于了解居民安全感和对城市公共安全满意度的目的，整个指标体系以居民的主观感受为中心，选取了城市公共安全的九个维度，为评价对象和其他主体实现评价目标提供努力和改进的方向，即评价指

---

① 谢花林、李波：《城市生态安全评价指标体系与评价方法研究》，《北京师范大学学报》（自然科学版）2004 年第 5 期。

标在全面科学的同时，也应具有一定的导向性。① 如选取指标时注重以公共安全问题产生危害结果或可能产生危害结果为原则，就暂不考虑城市生活质量等领域的指标。

4. 可操作性

指标体系应具有可操作性强的特点，无论是面向评价者、决策者，还是公众的指标，都要尽可能简单实用，即考虑定量化的可行性、建模的复杂性以及数据的可靠性和可获得性，尽量简单清楚，不宜过多。指标并不是越多越好，要考虑指标的量化及数据取得的难易程度和可靠性。目前，在各类指标体系的建立方面，为了追求对现实状态的完整描述，指标数量往往较多。同时，由于城市公共安全影响因素的复杂性和对居民安全感的定义，一些传统的指标在描述系统状态时，往往是较难操作的定性指标较多，而可操作的定量指标则较少，或者即使有一些定量指标，其精确计算或数据的取得也极为困难。因此，我们在构建指标体系时，以量表为基础，通过居民对城市公共安全的担心程度和满意度打分，将居民对城市的安全感水平具体化为居民的评价分数，即所构建的指标体系可操作性强，能较好地将调查结果转化为居民安全感，从而使研究者能依据指标体系对公共安全做出最有利的调节。

5. 动态性

虽然评价指标体系在评价的某个时间段内要保持一定的稳定性，但随着事物发展的变化以及评价目标的改变，也需要对评价指标体系进行动态调整。这种动态调整可分为主动调整和被动调整，主动调整是根据新的评价目标和评价要求，调整或重新设计评价指标体系。被动调整是根据评价结果的反应效果，可对评价指标体系中的某些指标进行动态修正，剔除或增加某些指标。② 本调研基于2017年江苏省14个地级市的城市公共安全评价体系进

---

① 彭张林、张爱萍、王素凤等：《综合评价指标体系的设计原则与构建流程》，《科研管理》2017年第S1期。
② 彭张林、张爱萍、王素凤等：《综合评价指标体系的设计原则与构建流程》，《科研管理》2017年第S1期。

行了调整,增设了自然灾害防治的二级指标,并简化了问卷,既是对调研范围扩大到全国31个省会(首府)城市的适应,也是对我国不断变化的城市公共安全状况的适时调整。

(三)城市公共安全感指标体系的构建

评价指标体系的构造是一个"具体—抽象—具体"的辩证逻辑思维过程,一般来说,这个过程可大致分为以下四个环节:理论准备、评价指标初选、指标体系修正、指标体系试用。[①]

首先,在构建一套测算城市公共安全感的评价指标之前,应对城市公共安全、安全感等有关基础理论进行一定深度的了解和整理,以全面掌握该领域描述指标体系的基本情况。调研组查阅文献后发现,对城市公共安全的评价指标体系的研究,均选择了一系列的客观指标进行综合评价,而缺少主观感受层面的代表性指标。因此,调研组更多结合了有关安全感衡量的相关理论和方法,如按照范维澄院士的公共安全体系的"三角形"模型(突发事件、承载载体和应急管理)理论,进行了城市公共安全感评价指标的初选。

其次,在评价指标初选环节中,调研组采用了综合法与分析法相结合的方式来构造指标体系的框架。即先对已存在的一些安全感指标按一定的标准(与城市公共安全相关的)进行聚类,使之系统化,构建出一级指标;再将归类整理的一级指标划分成若干个子系统即二级、三级指标,使城市公共安全感的每一个部分和侧面都可以用具体的统计指标来描述和实现。

最后,调研组基于中国居民生活安全感的有关量表以及公共安全感的相关研究,总结前期本课题组编写江苏省公共安全蓝皮书的经验,编制了一套衡量城市居民对公共安全状况的担心程度感觉的量表,共涵盖了城市公共安全的九个重要维度(自然安全、生态安全、医疗卫生安全、

---

① 肖振峰:《北京城市社区居民安全行为能力评价指标体系研究》,北京化工大学硕士学位论文,2008。

食品安全、交通安全、公共场所设施安全、治安安全、社会保障安全、信息安全),并以32个问题的十级量表(极为担心—完全不担心)测量居民的安全感。

1. 指标体系修正方法

在对社会中很多问题进行决策时,关键在于对问题所涉及的对象进行评价。国内外对各种类型的决策评价已有大量的研究,主要集中在如何根据问题和已有的评价指标体系创造方法或应用已有方法进行决策评价。在关于安全感的研究中,大量学者已经构建了评价指标体系,本报告在此基础上,综合此次调查的目的,重新设计了城市公共安全感的评价指标体系,但仍然存在着不能实现当前的评价目标的可能性。因此,本着增强问卷科学性、合理性的考量,就需要对设计的评价指标体系进行修正,课题组采用了专家打分法。

专家打分法是指通过匿名方式征询有关专家的意见,对专家意见进行统计、处理、分析和归纳,客观地综合多数专家经验与主观判断,对大量难以采用技术方法进行定量分析的因素做出合理估算,经过多轮意见征集、反馈和调整后,完成对评价指标体系修正的一种方法。完整的指标体系既包括指标遴选,还涉及指标权重的科学确定。在城市公共安全感评价的研究中,课题组将构建的城市公共安全感评价指标体系交予相关部门专家,通过各位专家根据自己的判断赋予分值,从而获得各指标权重,剔除分值很低的指标,并根据权重高低确定指标顺序,指向性地对指标体系进行修正,深信修正后的指标体系评价结构将更加合理、将更便于课题组科学地了解各个指标对于反映居民城市公共安全感的重要性。

指标体系修正的方式请专家进行打分,打分内容如下。

第一部分:一级指标评分

本次"城市公共安全感"调查的一级指标(见表1),分为"自然安全、生态安全、医疗卫生安全、食品安全、交通安全、公共场所设施安全、治安安全、社会保障安全、信息安全"评价要素,请各位专家凭自己的经验、理解和判断,根据各一级指标对于反映居民城市公共安全感的重要性，采用直接打分法，分值越高，表示居民认为该指标相对于总目标越重要，总分为10分（打分可以为整数，也可以出现小数，但分值合计必须为10分）。

表1 城市公共安全感一级指标打分

总目标	城市公共安全感								
一级指标	自然安全	生态安全	医疗卫生安全	食品安全	交通安全	公共场所设施安全	治安安全	社会保障安全	信息安全
评价分值									合计：10分

第二部分：二级指标评分

表2中是"城市公共安全感"调查的各个二级指标，每个一级指标下含有若干二级指标，以期较为全面、准确地反映居民对于所在城市的公共安全感，各位专家凭借经验、理解和判断，根据各个二级指标对于反映居民城市公共安全感的重要性，在"1~10"分别打分，重要性越强，赋值越大。

表2 城市公共安全感二级指标打分

请您在分值后面打"√"；电子版请复制、粘贴即可，如"9√"。
如果您认为有"重要的评价指标"未被列入，请您添加并赋值。

总目标	一级指标	二级指标	重要性评价 非常不重要←　　　　　　　　　　　　→非常重要									
城市公共安全感	自然安全	您担心本市自然灾害会给您造成生命财产损失吗？	1	2	3	4	5	6	7	8	9√	10
		您担心本市防范自然灾害的设施有缺陷吗？	1	2	3	4	5	6	7	8	9	10
		请添加：您认为重要的评价要素并赋值	1	2	3	4	5	6	7	8	9	10
		请添加：										

续表

总目标	一级指标	二级指标	重要性评价 非常不重要← →非常重要									
城市公共安全感	生态安全	您担心本市的空气污染会损害您的身体健康吗?	1	2	3	4	5	6	7	8	9	10
		您担心本市的饮用水源被污染吗?	1	2	3	4	5	6	7	8	9	10
		您担心生活垃圾最终得不到妥善处理吗?	1	2	3	4	5	6	7	8	9	10
		您担心本市"绿化状况"会逐渐恶化吗?	1	2	3	4	5	6	7	8	9	10
		请添加:您认为重要的评价要素并赋值	1	2	3	4	5	6	7	8	9	10
		请添加:										
	医疗卫生安全	您担心周围会发生传染性疾病吗?	1	2	3	4	5	6	7	8	9	10
		您担心孩子会接种假疫苗或劣质疫苗吗?	1	2	3	4	5	6	7	8	9	10
		您担心抗生素滥用吗(包括对人、牲畜)?	1	2	3	4	5	6	7	8	9	10
		疫情发生时,您会担心得不到及时有效控制吗?	1	2	3	4	5	6	7	8	9	10
		请添加:您认为重要的评价要素并赋值	1	2	3	4	5	6	7	8	9	10
		请添加:										
	食品安全	在本市饭店就餐时,您会担心饭菜不干净吗?	1	2	3	4	5	6	7	8	9	10
		您担心在农贸市场购买的生鲜食品不卫生吗?	1	2	3	4	5	6	7	8	9	10
		您担心食品污染会损害身体健康吗?	1	2	3	4	5	6	7	8	9	10
		您担心本市食品安全会越来越糟糕吗?	1	2	3	4	5	6	7	8	9	10
		请添加:您认为重要的评价要素并赋值	1	2	3	4	5	6	7	8	9	10
		请添加:										

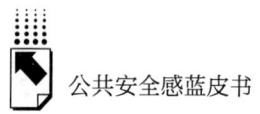

续表

总目标	一级指标	二级指标	重要性评价 非常不重要←　　→非常重要									
城市公共安全感	交通安全	市内出行时您担心遭受交通意外伤害吗？	1	2	3	4	5	6	7	8	9	10
		您担心市内公共交通系统出现严重事故吗？	1	2	3	4	5	6	7	8	9	10
		发生交通事故时，会担心伤者得不到及时有效的救助吗？	1	2	3	4	5	6	7	8	9	10
		请添加：您认为重要的评价要素并赋值	1	2	3	4	5	6	7	8	9	10
		请添加：										
	公共场所设施安全	在人员密集场所，您担心发生严重的突发事件吗？	1	2	3	4	5	6	7	8	9	10
		您会担心这些市政设施出现故障吗？	1	2	3	4	5	6	7	8	9	10
		您会担心学校及周边环境不安全吗？	1	2	3	4	5	6	7	8	9	10
		遭遇突发事件时，您担心得不到及时的疏散或救援吗？	1	2	3	4	5	6	7	8	9	10
		您对本城市"水电煤气"总体担心吗？	1	2	3	4	5	6	7	8	9	10
		请添加：您认为重要的评价要素并赋值	1	2	3	4	5	6	7	8	9	10
		请添加：										
	治安安全	一个人夜晚出行时，您担心人身安全吗？	1	2	3	4	5	6	7	8	9	10
		陌生人随意进入所居住的小区，您会担心吗？	1	2	3	4	5	6	7	8	9	10
		您担心本市会发生暴力冲突事件给您造成伤害吗？	1	2	3	4	5	6	7	8	9	10
			1	2	3	4	5	6	7	8	9	10
		发生治安事件时，您担心市民会得不到及时的保护吗？	1	2	3	4	5	6	7	8	9	10
		请添加：您认为重要的评价要素并赋值	1	2	3	4	5	6	7	8	9	10
		请添加：										

续表

总目标	一级指标	二级指标	重要性评价 非常不重要← →非常重要									
城市公共安全感	社会保障安全	您担心年老后的经济来源及生活照顾问题吗？	1	2	3	4	5	6	7	8	9	10
		您担心看不起病吗？	1	2	3	4	5	6	7	8	9	10
		家庭因意外陷入困境时，市民会得到必要的救济吗？	1	2	3	4	5	6	7	8	9	10
		您担心个人隐私信息被盗取，并被用于商业或犯罪目的吗？	1	2	3	4	5	6	7	8	9	10
		请添加：您认为重要的评价要素并赋值	1	2	3	4	5	6	7	8	9	10
		请添加：										
	信息安全	您担心个人账户密码被盗取吗？	1	2	3	4	5	6	7	8	9	10
		您担心信息犯罪会更猖獗吗？	1	2	3	4	5	6	7	8	9	10
		请添加：您认为重要的评价要素并赋值	1	2	3	4	5	6	7	8	9	10
		请添加：										

2. 经修正的指标体系

根据专家的打分和建议，课题组对指标体系进行了修正，对问卷问题进行了适当的增加与删减，以10级量表测量居民对城市公共安全的担心程度，经修正后的指标体系，见表3。

表3 修正后的指标体系

一级指标	二级指标	三级指标（极为担心—完全不担心：1~10分）
自然安全	灾害防治	自然灾害造成生命财产损失
		防范自然灾害的设施的缺陷
	灾害救援	自然灾害发生时市民会得到及时有效救助
生态安全	生态污染	空气污染会损害身体健康
		饮用水源污染
	生态治理	生活垃圾得不到妥善处理
		生态环境状况逐渐恶化

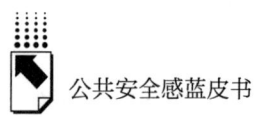

续表

一级指标	二级指标	三级指标 （极为担心—完全不担心：1~10分）
医疗卫生安全	疾病传播	周围发生传染性疾病
		孩子接种假疫苗或劣质疫苗
	疾病防治	抗生素滥用
		疫情发生时得不到及时有效控制
食品安全	食品预防	饭店就餐饭菜不干净
		农贸市场购买生鲜食品不卫生
	食品损害	食品污染损害身体健康
		食品安全会越来越糟糕
交通安全	交通预防	市内出行时遭受交通意外伤害
		市内公共交通系统出现严重事故
	交通应急	发生交通事故时伤者得不到及时有效救助
公共场所设施安全	设施安全	人员密集场所发生严重的突发事件
		市政设施出现故障
	设施应急	学校及周边环境不安全
		遭遇突发事件时得不到及时疏散或救援
治安安全	自身安全	一个人夜晚出行时人身安全
		陌生人随意进入所居住小区
	公众安全	暴力冲突事件造成的伤害
		治安事件发生时得不到及时保护
社会保障安全	社保预防	年老后经济来源及生活照顾问题
		看不起病问题
	社保应急	家庭因意外陷入困境时得到必要救济
信息安全	信息预防	个人隐私信息被盗取用于商业或犯罪目的
		个人账户密码被盗取
	信息管控	信息犯罪会猖獗

（四）调查问卷的设置与分析

本次居民问卷内容主要分为受调查人概况、居民安全感量表和居民公共安全行为认知三个方面。

1. 受调查人概况

受调查人概况共包括性别、政治面貌、年龄、民族、宗教信仰、户口类型、文化程度、工作职业、个人月收入9个项目,能够较全面地反映受调查居民的基本情况,使居民问卷的数据分析更有科学性和针对性。

2.居民安全感量表

在城市居民安全感的测算中,课题组共设了三个级别的指标以进行全面、系统的衡量。

它囊括了城市公共安全9个重要维度——自然安全、生态安全、医疗卫生安全、食品安全、交通安全、公共场所设施安全、治安安全、社会保障安全、信息安全,并将其作为一级指标;二级指标即在9个一级指标下细化,共包括灾害防治、灾害救援、生态污染、生态治理、疾病传播、疾病防治、食品预防、食品损害、交通预防、交通应急、设施安全、设施应急、自身安全、公众安全、社保预防、社保应急、信息预防、信息管控共18个方面。三级指标下设32个问题,即根据居民对这32个问题的具体赋分情况,以打分的方式体现居民对于城市公共安全各个方面的安全感程度。

具体的三级指标设置如下。

(1) 自然安全

表4 自然安全感指标

自然安全	灾害防治	自然灾害造成生命财产损失
		防范自然灾害的设施的缺陷
	灾害救援	自然灾害发生时市民会得到及时有效救助

自然灾害是指由自然因素造成人类生命、财产、社会功能和生态环境等损害的事件或现象,其发生往往使公众的生命财产造成巨大损失、生态环境和社会稳定造成严重威胁,公共部门能否有效预防、治理、救援自然灾害极大地影响着居民的安全感。

因此,在自然安全的一级指标下,指标体系从自然灾害的防治和救援两个层面出发,设置了3个问题测量居民对所居住城市自然灾害的担心程度,以评价目标城市防范自然灾害的硬件设施和救援能力。

(2) 生态安全

表5　生态安全感指标

生态安全	生态污染	空气污染会损害身体健康
		饮用水源污染
	生态治理	生活垃圾得不到妥善处理
		生态环境状况逐渐恶化

生态安全是指生态系统的健康和完整情况，是人类在生产、生活和健康等方面不受生态破坏与环境污染等影响的保障程度，包括饮用水、空气质量与绿色环境等基本要素。

因此，在一级指标下，设置生态污染和生态治理2个二级指标、4个三级指标，以检验目标城市生态环境基本要素的情况和公共部门治理生态的能力。

(3) 医疗卫生安全

表6　医疗卫生安全感指标

医疗卫生安全	疾病传播	周围发生传染性疾病
		孩子接种假疫苗或劣质疫苗
	疾病防治	抗生素滥用
		疫情发生时得不到及时有效控制

医疗卫生安全涉及对重大疾病尤其是传染病（如结核、艾滋病、SARS等）的预防、监控和医治以及相关的卫生宣传、健康教育、免疫接种等，能否对食品、药品、公共环境卫生进行有效的监督管制，不仅考验着城市的公共安全管理能力，还影响着居民的安全感。

因此，医疗卫生安全的一级指标从疾病出发，设置疾病传播和防治2个二级指标，并围绕传染性疾病、假疫苗或劣质疫苗、抗生素滥用和疫情控制等热点问题设计了4个三级指标。

（5）食品安全

表7　食品安全感指标

食品安全	食品预防	饭店就餐饭菜不干净
		农贸市场购买生鲜食品不卫生
	食品损害	食品污染损害身体健康
		食品安全会越来越糟糕

食品安全是指食品无毒、无害，符合应当有的营养要求，对人体健康不造成任何急性、亚急性或者慢性危害。[①] 根据世界卫生组织的定义，食品安全属于公共卫生问题的分支，而基于食品安全在城市公共安全中的独特性，课题组将其作为独立的一级指标，并设置了有关饭店就餐、食品购买、食品污染和食品安全方面的4个问题作为居民对于食品安全担心程度的测量依据。

（5）交通安全

表8　交通安全感指标

交通安全	交通预防	市内出行时遭受交通意外伤害
		市内公共交通系统出现严重事故
	交通应急	发生交通事故时伤者得不到及时有效救助

交通安全是指人们按照交通法规的规定，安全地行车、走路，避免发生人身伤亡或财物损失。随着城市交通的快速发展，全年事故次数、死亡人数、万车死亡率和特大交通事故次数均呈上涨趋势，严重地影响着居民的安全感。

因此，将交通安全作为一级指标，并围绕市内的公交系统、出行以及交通事故救助方面设置3个问题衡量居民对城市交通安全状况的担心程度。

---

① 《中华人民共和国食品安全法》第十章附则第九十九条。

(6) 公共场所设施安全

表 9 公共场所设施安全感指标

公共场所设施安全	设施安全	人员密集场所发生严重的突发事件
		市政设施出现故障
	设施应急	学校及周边环境不安全
		遭遇突发事件时得不到及时疏散或救援

公共场所设施安全是城市公共安全中一个重要且独特的指标，它关系公共部门应对突发事件的能力。在此一级指标下，设置设施安全和设施应急2个二级指标，将突发事件、市政设施以及学校这些重要的公共场所等要素融入4个三级指标中。

(7) 治安安全

表 10 治安安全感指标

治安安全	自身安全	一个人夜晚出行时人身安全
		陌生人随意进入所居住小区
	公众安全	暴力冲突事件造成的伤害
		治安事件发生时得不到及时保护

治安安全与社会治安紧密相关，居民在此方面的安全感来自对自身安全和公众安全的评价。因此，在一级指标下，设置了2个二级指标，并通过夜行、陌生人、暴力冲突事件等社会治安问题设计了4个三级指标测量居民的治安安全感。

(8) 社会保障安全

表 11 社会保障安全感指标

社会保障安全	社保预防	年老后经济来源及生活照顾问题
		看不起病问题
	社保应急	家庭因意外陷入困境时得到必要救济

作为公民的最后一张"安全网",社会保障无疑时刻牵动着居民的心,生活在城市中的居民能否获得必要的社会救济、完善的社会保险,甚至一定量的社会福利,不仅影响其生活、消费,而且对提升居民安全感也至关重要。课题组围绕养老、医疗、贫困设置了3个问题,以测量居民在社会保障层面的安全感。

(9) 信息安全

表 12　信息安全感指标

信息安全	信息预防	个人隐私信息被盗取用于商业或犯罪目的
		个人账户密码被盗取
	信息管控	信息犯罪会猖獗

随着信息技术的深入发展,信息给人们带来便捷的同时,其安全问题也日益凸显,即信息的保密性、真实性、完整性、未授权复制和所寄生系统的安全性能否得到保证越来越影响着居民的安全感。指标体系从个人隐私、密码和信息犯罪等方面设置了3个问题,通过测量居民对其担心程度,测算居民在信息安全方面的安全感。

3. 居民公共安全行为认知

问卷第三部分居民公共安全行为认知的题目覆盖了城市公共安全的各个层面、涉及了与城市公共安全相关的多元主体以及遭遇的各种安全事件和问题,通过居民问答填写的方式,完成对城市居民公共安全行为认知的评价。与此同时,问卷中各个居民公共安全行为认知的题目,既涉及了城市公共安全感的各个维度,同时具有较强的针对性,也考虑到一定的平衡性,且总体题量对于常规的学术型调研来说并不臃肿;在选项设置上注意到全面和深入,能够较好地反映受调查者的心声。

居民公共安全行为认知的题目内容主要包括以下9个层面。

(1) 自然安全层面

通过居民对天气预报的关注度以及自然灾害应急演练的参与程度测量,

了解居民基于行为和认知层面的自然安全感。

（2）生态安全层面

通过调查居民在雾霾或空气质量差的情况下所做的防护措施，以及生活中的垃圾分类意识，希望反映城市居民对生态污染和环境治理层面的安全认知与行为。

（3）医疗卫生安全层面

通过测量居民在医疗卫生安全方面的表现，以居民对酒店提供的清洁用品的使用度和市民随地吐痰现象的态度来体现城市居民对疾病传播的安全意识。

（4）食品安全层面

通过考察居民在食品安全方面的行为与认知为目标进行测量，如居民对食品生产日期和保质期的敏感度、对问题食品的处理都体现了居民对食品安全的重视，吃坏肚子的次数更是直观地反映了城市的食品安全状况，而食品安全违法信息的公开程度及食品安全事件的维权难易则测量了公共部门在维护食品安全方面的表现。

（5）交通安全层面

衡量居民在交通安全方面的认知与行为，如测量居民对等红灯、开车不打电话等交通规则的遵守是影响城市公共交通安全的重要因素。

（6）公共场所设施安全层面

调查了居民对公共场所的逃生通道或避险标识的关注和处理窨井盖不见时的做法，即居民对城市公共场所中设施安全的重视程度；计算了公共场所不安全事件的次数和居民应对突发事件的能力。

（7）治安安全层面

测量了治安安全，居民在人群中走路是否会把包背在前面的行为体现的是其对城市治安安全的担心程度，保安在小区巡逻的频次则体现了公共部门的治安表现。

（8）社会保障安全层面

居民对商业性保险和社会养老及医疗保险的购买状况反映了目标城市的社会保障安全。

(9) 信息安全层面

调查居民对信息安全认知与行为,即调查居民的银行账户、邮箱等是否使用相同的密码,以及社区对防范网络、电话诈骗的宣传。

城市公共安全行为与认知专题分别从自然安全、生态安全、医疗卫生安全、食品安全、交通安全、公共场所设施安全、治安安全、社会保障、信息安全9个维度出发,以23道测试题调查居民在城市公共安全的行为与认知情况,是居民安全感调查的重要组成部分。

二 中国城市公共安全感指数与排名

2017年7~8月,中国工程院咨询研究项目子课题组、江苏省公共安全创新研究中心、中国矿业大学城市公共安全管理智库开展了全国城市公共安全感调查活动。此次调查以"城市公共安全感"为主题,组织了18队调查小组(18位教师和180余名本科生)分赴全国31个省会城市对目标城市的居民进行了大规模的问卷调查。调查采用多阶段随机抽样方法,城市与市辖区为普查层,抽样从街道一级开始,按照街道办事处、社区居委会、居民小区、居民楼、家户、被调查者的逻辑逐层展开,末端调查采取"敲门入户"的方式,进行"问答式"或在调研员陪同下由居民填写问卷的方式获得第一手数据。

(一)全国城市公共安全感指数测算

1. 数据状况

本次调查活动在每个调研城市发放300份居民调查问卷。经过各小组艰苦细致的调查工作,在问卷资料收集工作完成后,课题组进行了为期两个月的零散整理和先后三次的集中式清洗工作。为减少缺失值和极值对分析结果的影响,清洗工作中共剔除变量缺失较多和少数极值的无效问卷46份。最终,在调查回收的9319份问卷中,得到实际测算全国城市公共安全感指数的有效样本9273个,问卷有效率为99.51%,各城市样本量见表13。

具体情况如下:性别方面,男4632人、女4639人、缺失2人;政治面

表13 调查城市及各城市实际样本量

直辖市	北京(300)	上海(306)	天津(300)	重庆(299)	
省会城市	广州(296)	南宁(294)	武汉(299)	长沙(299)	海口(305)
	石家庄(298)	太原(300)	哈尔滨(300)	长春(300)	合肥(299)
	南京(300)	西安(300)	郑州(293)	兰州(299)	西宁(300)
	成都(300)	杭州(298)	沈阳(300)	济南(296)	银川(300)
	贵阳(303)	昆明(300)	福州(298)	南昌(300)	呼和浩特(300)
	乌鲁木齐(291)	拉萨(300)			

貌方面，党员1668人、民主党派228人、共青团员2770人、群众4580人、缺失27人；年龄方面，18~29岁者4453人、30~44岁者2680人、45~59岁者1588人、60岁以上者544人、缺失8人；民族方面，汉族8119人、壮族166人、满族184人、回族240人、苗族63人、维吾尔族56人、土家族37人、彝族26人、蒙古族60人、藏族207人、其他113人、缺失2人；宗教信仰方面，无宗教信仰者7781人、佛教775人、道教95人、基督教198人、伊斯兰教214人、天主教38人、其他157人、缺失15人；户口类型方面，本市城市4817人、本市农村1357人、外地城市1720人、外地农村1369人、缺失10人；文化程度方面，小学及以下342人、初中1139人、高中（中职、中专）2371人、大学（大专）4868人、研究生及以上546人、缺失7人；职业方面，公务员342人、事业单位人员1061人、公司职员2031人、进城务工人员485人、学生2414人、自由职业者1396人、离退休人员532人、其他996人、缺失16人；月收入方面，2000元以下者2734人、2001~3500元者2109人、3501~5000元者2288人、5001~8000元者1325人、8001~12500元者430人、12500元以上202人、缺失185人。

同时，为避免存在不适合进行因子分析或难以有效辨识的变量，运用统计软件SPSS20.0对9273个样本进行一致化处理，计算变量的相关系数矩阵，检验原有变量适合因子分析。

2. 数据处理

通过探索性因子分析对城市居民公共安全感的9个方面、32个问题进行分析，最终提取出14个公因子作为测量指标（见表14）。

表 14 城市公共安全感测量公因子

目标	一级指标	公因子	测试问题
城市公共安全感	自然安全	灾害防治	自然灾害造成生命财产损失
			防范自然灾害的设施的缺陷
		灾害救援	自然灾害发生时市民会得到及时有效救助
	生态安全	生态污染	空气污染会损害身体健康
			饮用水源污染
		生态治理	生活垃圾得不到妥善处理
			生态环境状况逐渐恶化
城市公共安全感	医疗卫生安全	疾病传播	周围发生传染性疾病
		疾病防治	孩子接种假疫苗或劣质疫苗
			抗生素滥用
			疫情发生时得不到及时有效控制
	食品安全	食品防治	饭店就餐饭菜不干净
			农贸市场购买生鲜食品不卫生
			食品污染损害身体健康
			食品安全会越来越糟糕
	交通安全	交通安全	市内出行时遭受交通意外伤害
			市内公共交通系统出现严重事故
			发生交通事故时伤者得不到及时有效救助
	公共场所设施安全	设施安全	人员密集场所发生严重的突发事件
			市政设施出现故障
		设施应急	学校及周边环境不安全
			遭遇突发事件时得不到及时疏散或救援
	治安安全	自身安全	一个人夜晚出行时人身安全
			陌生人随意进入所居住小区
		公众安全	暴力冲突事件造成的伤害
			治安事件得不到及时保护
	社会保障安全	社会保障	年老后经济来源及生活照顾问题
			看不起病问题
			家庭因意外陷入困境时得到必要救济
	信息安全	信息安全	个人隐私信息被盗取用于商业或犯罪目的
			个人账户密码被盗取
			信息犯罪会猖獗

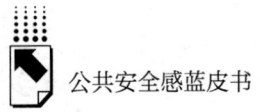

对14个因子得分用"min-max 标准化"方法指数化，以14个公因子的方差贡献率为权重，计算出每一个有效样本的个体得分。计算出有效样本个体得分的加权平均数，即为全国城市公共安全指数。

由于指标体系中数据的性质和单位不尽相同，因此需要采用"z-score 标准化"方法对原始数据的均值（Mean）和标准差（Standard Deviation，SD）进行处理，公式如下：

$$X' = (X - Mean)/SD$$

标准化数据 =（原数据 – 均值）/标准差

3. 指标权重构建

首先计算原有变量的相关系数矩阵，然后进行统计检验，最后剔除不适合进行因子分析的问题，剩下可以有效反映城市公共安全感程度的32个问题，如表15所示。这32个问题涵盖了影响城市公共安全的主要方面，可以有效体现"自然安全、生态安全、医疗卫生安全、食品安全、交通安全、公共场所设施安全、社会治安、社会保障、信息安全"这9个方面的内容。而通过对已有研究、官方的政策文本、通行标准的分析，从32个问题中提取的14个公因子能够较好地衡量城市公共安全的总体状况。

表15 全国城市公共安全感指标权重

一级指标	权重	二级指标	权重	三级指标
				（极为担心—完全不担心：1~10）
自然安全	0.109384	灾害防治	0.079337225	自然灾害造成生命财产损失
				防范自然灾害的设施的缺陷
		灾害救援	0.030046772	自然灾害发生时市民会得到及时有效救助
生态安全	0.128596	生态污染	0.059493448	空气污染会损害身体健康
				饮用水源污染
		生态治理	0.06910289	生活垃圾得不到妥善处理
				生态环境状况逐渐恶化
医疗卫生安全	0.112002	疾病传播	0.024082277	周围发生传染性疾病
		疾病防治	0.087919797	孩子接种假疫苗或劣质疫苗
				抗生素滥用
				疫情发生时得不到及时有效控制

续表

一级指标	权重	二级指标	权重	三级指标
				（极为担心—完全不担心：1~10）
食品安全	0.12003	食品安全	0.120029796	饭店就餐饭菜不干净
				农贸市场购买生鲜食品不卫生
				食品污染损害身体健康
				食品安全会越来越糟糕
交通安全	0.10129	交通安全	0.101290469	市内出行时遭受交通意外伤害
				市内公共交通系统出现严重事故
				发生交通事故时伤者得不到及时有效救助
公共场所设施安全	0.09221	设施安全	0.042418705	人员密集场所发生严重的突发事件
				市政设施出现故障
		设施应急	0.04979174	学校及周边环境不安全
				遭遇突发事件时得不到及时疏散或救援
治安安全	0.124351	自身安全	0.074409323	一个人夜晚出行时人身安全
				陌生人随意进入所居住小区
		公众安全	0.049942018	暴力冲突事件造成的伤害
				治安事件得不到及时保护
社会保障安全	0.097344	社会保障	0.097344028	年老后经济来源及生活照顾问题
				看不起病问题
				家庭因意外陷入困境时得到必要救济
信息安全	0.114792	信息安全	0.114791514	个人隐私信息被盗取用于商业或犯罪目的
				个人账户密码被盗取
				信息犯罪会猖獗

4. 相关系数分析

在进行因子分析前，先对样本数据进行 KMO 检验和 Bartletts's 球形检验，以判断是否适合进行因子分析。KMO 检验用于检验变量之间的偏相关系数大小，通常情况下 KMO 指数 >0.900 时效果最佳；如果 KMO 指数 <0.500 时则不适合进行因子分析。Bartletts's 球形检验用于检验相关系数矩阵是否为单位矩阵，如果结果不拒绝原假设，则说明各变量之间是相互独立的（见表16）。

KMO 指数为 0.973 >0.900，表明适合做因子分析；Bartlett 的球形度检验的 Sig. 取值为 0.000，拒绝原假设，即各变量之间不是相互独立的，因子模型合适。

表16　KMO 和 Bartlett 的检验

取样足够度的 Kaiser-Meyer-Olkin 度量		0.973
Bartlett 的球形度检验	近似卡方	246964.778
	df	496
	Sig.	0.000

5. 因子分析结果

(1) 方差贡献率

运用因子分析中常用的主成分分析法，提取累计方差贡献率大于85%的公因子来反映原有变量的绝大部分信息。如表17所示，14个公因子可以反映32个原变量85.67%的信息。

表17　公因子解释原有变量总方差的情况

公因子序号	特征值	方差贡献率(%)	累积贡献率(%)
fac1	3.291	10.283	10.283
fac2	3.147	9.834	20.117
fac3	2.777	8.678	28.795
fac4	2.669	8.339	37.134
fac5	2.41	7.532	44.666
fac6	2.175	6.797	51.463
fac7	2.04	6.375	57.838
fac8	1.894	5.920	63.758
fac9	1.631	5.097	68.855
fac10	1.369	4.279	73.133
fac11	1.365	4.266	77.399
fac12	1.163	3.634	81.033
fac13	0.824	2.574	83.607
fac14	0.66	2.063	85.670

(2) 变量共同度

变量共同度指某一变量在所有因子上的因子载荷的平方和，反映所有公因子对该变量的总方差所做的贡献。变量共同度越接近于1，表明抽取的公因子能够说明几乎全部的原始信息。变量共同度越接近于0，则表明公因子对该变量的影响也越小。通常，如果因子分析结果中大部分变量的共同度都>0.800，说明所提取的公因子能够反映该变量80%以上的信息，这表明因子分析效果较好。表18的变量共同度计算结果显示，32个原变量中29个原变量的共同度在0.800以上，原变量中90.6%以上的变量的信息丢失率在20%以下，表明提取14个公因子的总体效果较为理想。

表18 变量共同度

变量	初始	提取	变量	初始	提取
$X1$	1.000	0.897	$X17$	1.000	0.842
$X2$	1.000	0.849	$X18$	1.000	0.787
$X3$	1.000	0.940	$X19$	1.000	0.841
$X4$	1.000	0.923	$X20$	1.000	0.859
$X5$	1.000	0.847	$X21$	1.000	0.889
$X6$	1.000	0.868	$X22$	1.000	0.827
$X7$	1.000	0.871	$X23$	1.000	0.866
$X8$	1.000	0.921	$X24$	1.000	0.857
$X9$	1.000	0.835	$X25$	1.000	0.868
$X10$	1.000	0.873	$X26$	1.000	0.879
$X11$	1.000	0.795	$X27$	1.000	0.841
$X12$	1.000	0.847	$X28$	1.000	0.857
$X13$	1.000	0.863	$X29$	1.000	0.791
$X14$	1.000	0.828	$X30$	1.000	0.864
$X15$	1.000	0.805	$X31$	1.000	0.882
$X16$	1.000	0.848	$X32$	1.000	0.851

（3）因子命名

对因子载荷矩阵用最大方差法进行正交旋转，以便于对14个公因子进行命名。旋转后的因子载荷矩阵如表19所示，每个变量都只在一个公因子上具有较大的因子载荷（>0.450），而在其他的公因子上的因子载荷较小。最终，根据因子载荷矩阵表对变量进行分类，将32个变量分为14类，结合相关专业知识对14个因子进行重新命名。因子命名结果见表15中"全国城市公共安全感指标权重"所示，表中的二级指标即是根据因子载荷命名的结果。

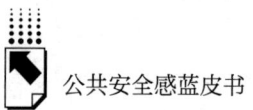

表19 旋转成分矩阵

	成分													
	1	2	3	4	5	6	7	8	9	10	11	12	13	14
$X1$	0.080	0.039	0.144	0.104	0.096	0.874	0.092	0.107	0.114	0.106	0.091	0.063	0.046	0.159
$X2$	0.133	0.125	0.133	0.123	0.195	0.766	0.128	0.192	0.184	0.052	0.069	0.114	0.213	-0.075
$X3$	0.133	0.082	0.169	0.143	0.140	0.441	0.119	0.195	0.203	0.106	0.107	0.073	0.724	0.090
$X4$	0.190	0.183	0.128	0.139	0.147	0.213	0.098	0.248	0.808	0.065	0.078	0.068	0.103	0.043
$X5$	0.240	0.183	0.128	0.151	0.195	0.205	0.090	0.419	0.643	0.085	0.100	0.068	0.094	0.095
$X6$	0.231	0.184	0.133	0.144	0.190	0.216	0.127	0.726	0.280	0.065	0.082	0.127	0.088	0.053
$X7$	0.215	0.202	0.176	0.141	0.202	0.168	0.103	0.739	0.257	0.102	0.105	0.055	0.097	0.088
$X8$	0.215	0.163	0.225	0.147	0.426	0.217	0.140	0.199	0.154	0.107	0.105	0.103	0.115	0.647
$X9$	0.238	0.170	0.160	0.196	0.710	0.190	0.111	0.152	0.158	0.086	0.122	0.083	0.020	0.236
$X10$	0.305	0.250	0.143	0.183	0.730	0.130	0.160	0.176	0.152	0.060	0.074	0.154	0.039	-0.009
$X11$	0.304	0.185	0.265	0.175	0.585	0.147	0.115	0.202	0.083	0.233	0.195	0.070	0.199	0.073
$X12$	0.753	0.233	0.151	0.159	0.224	0.069	0.171	0.137	0.127	0.057	0.070	0.155	0.130	0.095
$X13$	0.781	0.202	0.170	0.177	0.172	0.109	0.129	0.150	0.107	0.113	0.106	0.130	0.089	0.106
$X14$	0.714	0.314	0.190	0.181	0.214	0.087	0.156	0.137	0.198	0.047	0.080	0.077	-0.028	-0.020
$X15$	0.597	0.206	0.392	0.189	0.199	0.139	0.095	0.209	0.092	0.198	0.233	-0.049	-0.021	0.017
$X16$	0.290	0.231	0.725	0.174	0.161	0.144	0.244	0.098	0.138	0.002	0.098	0.086	0.023	0.046
$X17$	0.189	0.147	0.752	0.172	0.118	0.156	0.173	0.116	0.091	0.183	0.151	0.155	0.074	0.122
$X18$	0.209	0.160	0.603	0.218	0.231	0.135	0.088	0.180	0.075	0.263	0.165	0.253	0.170	0.011
$X19$	0.203	0.194	0.411	0.168	0.205	0.177	0.193	0.120	0.090	0.205	0.187	0.582	0.070	0.108
$X20$	0.235	0.208	0.308	0.210	0.178	0.181	0.191	0.148	0.109	0.131	0.297	0.614	0.052	0.031
$X21$	0.220	0.207	0.255	0.195	0.167	0.156	0.256	0.116	0.118	0.114	0.692	0.210	0.034	0.106
$X22$	0.195	0.201	0.285	0.219	0.226	0.136	0.250	0.155	0.110	0.255	0.560	0.213	0.167	-0.010
$X23$	0.180	0.170	0.222	0.203	0.127	0.137	0.753	0.088	0.078	0.109	0.257	0.065	0.093	0.088
$X24$	0.213	0.259	0.174	0.192	0.141	0.114	0.735	0.124	0.092	0.237	0.060	0.141	0.032	0.005
$X25$	0.158	0.212	0.249	0.202	0.154	0.168	0.448	0.111	0.098	0.603	0.121	0.176	0.014	0.108
$X26$	0.180	0.207	0.259	0.296	0.171	0.146	0.275	0.114	0.094	0.655	0.196	0.127	0.129	0.032
$X27$	0.185	0.134	0.150	0.779	0.090	0.152	0.163	0.107	0.091	0.193	0.121	0.085	-0.005	0.152
$X28$	0.177	0.241	0.146	0.811	0.155	0.087	0.139	0.097	0.112	0.043	0.072	0.083	0.039	0.021
$X29$	0.172	0.354	0.195	0.659	0.222	0.069	0.134	0.111	0.083	0.117	0.119	0.088	0.179	-0.072
$X30$	0.228	0.800	0.126	0.236	0.166	0.059	0.145	0.111	0.125	0.052	0.069	0.113	0.035	0.018
$X31$	0.219	0.821	0.143	0.182	0.142	0.076	0.143	0.099	0.133	0.095	0.093	0.082	0.040	0.084
$X32$	0.219	0.794	0.166	0.178	0.126	0.071	0.141	0.165	0.075	0.139	0.124	0.056	0.034	0.038

注：①提取方法：主成分分析法。②旋转法：具有 Kaiser 标准化的正交旋转法。

6. 计算得分

(1) 标准化因子得分

对 14 个公因子的因子得分系数采用回归法来进行估计。因子得分既有正值也有负值，其均值为 0，标准差为 1。计算总分之前，需将各因子的得分进行指数化处理，即将所有的因子得分值映射在区间 [0, 1] 内。这里运用 "min-max 标准化" 方法对因子得分原始数值进行线性变换。将公因子 A 的因子得分的最小值和最大值设为 $minA$ 和 $maxA$，将公因子 A 的一个因子得分的原始值 X 通过 "min-max 标准化" 映射在区间 [0, 1] 中，得到指数化后的值 X'，其公式为：

$$X' = (X - minA)/(maxA - minA)$$

由于 9273 个有效样本，14 个公因子在各个有效样本中的具体得分不便在此一一呈现。

(2) 确定权重

因子分析法是客观赋权中常用的方法，通过公因子的方差贡献率可以计算出指标的相对权数。这里评价因子的权值即为用最大方差法旋转后的因子载荷。公因子的方差贡献率是该公因子对各变量的全部贡献水平，所以因子载荷可以看成公因子对变量的重要系数，符合权值的意义。对 14 个公因子的方差贡献率进行归一化处理，即用每一个公因子的方差贡献率除以这 14 个公因子的累积方差贡献率，得到相应的公因子权重。计算得到的权重即为各二级指标的权重，再将二级指标的权重直接相加，得到各一级指标的权重。

(3) 全国指数测算结果

如果用 H_i 表示居民城市公共安全感指数，用 F_i 来代表公因子（$i=1, 2, 3, 4, \cdots, 11, 12, 13, 14$）标准化之后的得分，用 W_i（$i=1, 2, 3, 4, \cdots, 11, 12, 13, 14$）代表各因子的权重，那么每位居民城市公共安全感指数的函数公式如下：

$$H_i = F_1 W_1 + F_2 W_2 + F_3 W_3 + F_4 W_4 + \cdots + F_{13} W_{13} + F_{14} W_{14} \quad (H \subseteq [0,1])$$

通过上述式可计算出单个居民城市公共安全感指数：

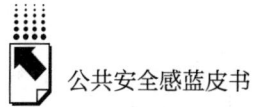

$$H_1 = 0.5494 \times 0.1200 + 0.3526 \times 0.1148 + 0.3181 \times 0.1013 + 0.4348 \times 0.0973$$
$$+ 0.4028 \times 0.0879 + 0.7456 \times 0.0793 + 0.3342 \times 0.0744 + 0.8055 \times 0.0691$$
$$+ 0.2481 \times 0.0595 + 0.6762 \times 0.0499 + 0.6280 \times 0.0498 + 0.6345 \times 0.0424$$
$$+ 0.6333 \times 0.0300 + 0.5165 \times 0.0241 \cdots\cdots$$
$$= 0.4943$$
$$H_2 = \cdots = 0.4851$$
$$H_3 = \cdots = 0.4532$$
……
$$H_{9271} = \cdots = 0.5325$$
$$H_{9272} = \cdots = 0.5485$$
$$H_{9273} = \cdots = 0.5429$$

由于9273个个体城市公共安全感指数得分中，0.4943出现11次、0.4851出现12次、0.4532出现6次、0.5429出现6次……即每个得分出现的频数不同，需要采用加权算数平均数。即9273个样本城市公共安全感指数的加权算数平均数，方为全国城市公共安全感指数。公式如下：

$$H = (X_1F_1 + X_2F_2 + X_3F_3 + X_4F_4 + \cdots + X_kF_k)/(F_1 + F_2 + F_3 + F_4 + \cdots + F_k)$$
$$(H \subseteq [0,1])$$

X_1，X_2，X_3，X_4，…，X_k表示在个体分数中出现的数值；F_1表示X_1出现的次数，F_2表示X_2出现的次数，以此类推，F_K表示X_K出现的次数。代入上式得：

$$H = (0.4943 \times 11 + 0.4851 \times 12 + 0.4532 \times 6 + 0.5429 \times 6 + \cdots + 0.5325 \times 3$$
$$+ 0.5485 \times 6 + 0.5429 \times 6)/(11 + 12 + 6 + 6 + \cdots + 3 + 6 + 6)$$
$$= 4543.1942/9273$$
$$= 0.4899$$

即2017年全国城市公共安全感指数为0.4899。

（4）各分项指数测算

对总体样本中自然分项的三个变量进行因子分析，KMO指数为0.716，适合作因子分析；巴氏统计量（Bartlett's Test of Sphericity）的概率显著性为0（df=3），故拒绝原假设，即认为总体变量间的相关矩阵为非单位矩阵，因子模型合适。以累计方差贡献率大于85%为标准，进一步提取公因子，提取出2个公因子，计算其因子权重分别为0.5563和0.4437，对因子得分用最大最小值法进行标准化处理。各样本的因子权重与相应的标准化后的因子得分相乘得到每个样本的自然安全感指数,再对每一个样本的自然安全感指数进行加权平均得到全国自然安全感指数。具体计算过程如下。

如果用 H_i 表示居民自然安全感指数,用 F_i 来代表公因子($i=1, 2$)标准化之后的得分,用 W_i($i=1, 2$)代表各因子的权重,那么每位居民城市自然安全感指数的函数公式如下:

$$H_i = F_1 W_1 + F_2 W_2 \quad \quad H \subseteq [0,1]$$

通过上述公式可计算出单个居民自然安全感指数。

$H_1 = 0.5563 \times 0.3484 + 0.4437 \times 0.3561 = 0.3518$
$H_2 = \cdots = 0.3201$
$H_3 = \cdots = 0.7290$
……
$H_{9655} = \cdots = 0.5406$

由于9273个个体自然安全感指数得分中,0.3518出现23次、0.3201出现36次、0.7290出现414次……即每个得分出现的频数不同,需要采用加权算术平均数。即9273个样本自然安全感指数的加权算术平均数,方为全国自然安全感指数。公式如下:

$$H = (X_1 F_1 + X_2 F_2 + X_3 F_3 + \cdots + X_k F_k)/(F_1 + F_2 + F_3 + \cdots + F_k), H \subseteq [0,1]$$

X_1,X_2,X_3,…,X_k表示在个体分数中出现的数值;F_1表示X_1出现的次数,F_2表示X_2出现的次数……以此类推,F_k表示X_k出现的次数。代入得:

$H = (0.3518 \times 23 + 0.3201 \times 36 + 0.7290 \times 414 + \cdots + 0.5406 \times 35)/$
$\quad (23 + 36 + 414 + \cdots + 35)$
$= 4720.5813/9273$
$= 0.5671$

即2017年全国城市自然安全感指数为0.5671。

同理,可以分别计算出城市公共安全感9项分项指标指数:自然灾害安全感指数0.5091、生态安全感指数0.4840、医疗卫生安全感指数0.4799、食品安全感指数0.4693、交通安全感指数0.4917、公共场所设施安全感指数0.4941、社会治安安全感指数0.4934、社会保障安全感指数0.4843、信息安全感指数0.3835。

（二）全国城市公共安全感指数排行

1. 城市公共安全感指数总体排行

城市公共安全感指数高低代表该城市居民的城市公共安全感的高低程度，城市公共安全感指数越高表明该城市居民的城市公共安全感越高。各城市的公共安全感指数计算方式同全国城市公共安全指数估算方法相似，即计算城市全体样本的公共安全指数的加权平均数。如表20所示，对各城市的公共安全感由高到低进行排名，排名由第1位到第31位的城市分别是：拉萨、西宁、杭州、福州、广州、银川、昆明、长沙、武汉、天津、西安、海口、郑州、南京、成都、兰州、合肥、贵阳、济南、北京、沈阳、长春、重庆、上海、石家庄、哈尔滨、呼和浩特、南昌、南宁、太原、乌鲁木齐。

表20 全国城市公共安全感指数排行榜

城市	城市公共安全感指数	排名	城市	城市公共安全感指数	排名
拉萨	0.5350	1	合肥	0.476	17
西宁	0.5192	2	贵阳	0.4703	18
杭州	0.5052	3	济南	0.467	19
福州	0.5034	4	北京	0.4653	20
广州	0.5007	5	沈阳	0.4634	21
银川	0.4976	6	长春	0.4629	22
昆明	0.4955	7	重庆	0.4597	23
长沙	0.4912	8	上海	0.4532	24
武汉	0.4903	9	石家庄	0.4477	25
天津	0.4892	10	哈尔滨	0.4466	26
西安	0.4875	11	呼和浩特	0.4383	27
海口	0.4873	12	南昌	0.4328	28
郑州	0.4869	13	南宁	0.4296	29
南京	0.4823	14	太原	0.4261	30
成都	0.4793	15	乌鲁木齐	0.4096	31
兰州	0.4767	16			

2.各分项指标指数排行榜

如表21所示,对全国城市公共安全感分项指标指数由高到低进行排名,排名顺序为自然安全感、公共场所设施安全感、治安安全感、交通安全感、社会保障安全感、生态安全感、医疗卫生安全感、食品安全感和信息安全感。

由此可以看出,全国城市居民对自然安全感最高,信息安全感最低,食品安全感次之。

表21 全国城市公共安全感分项指标指数排行榜

分项指标	指数	排名
自然安全感	0.5091	1
公共场所设施安全感	0.4941	2
治安安全感	0.4934	3
交通安全感	0.4917	4
社会保障安全感	0.4843	5
生态安全感	0.4840	6
医疗卫生安全感	0.4799	7
食品安全感	0.4693	8
信息安全感	0.3835	9

三 中国城市公共安全感存在的问题与挑战

2017年10月18日,习近平总书记在党的十九大报告中庄严宣布"中国特色社会主义进入新时代,我国社会主要矛盾已经转化为人民日益增长的美好生活需要和不平衡不充分的发展之间的矛盾"。据国家统计局最新发布的数据显示,截至2017年底,我国的城镇化率已经达到58.52%。中共中央办公厅、国务院办公厅于2018年初印发的《关于推进城市安全发展的意见》指出,城市运行系统日益复杂,安全风险不断增大。在快速城镇化背景及总体国家安全观指引下,在城市管理和公共安全管理领域,防范化解城市规划、建设、管理和运行过程中的各类安全风险，提高人民群众的安全感，是满足人民群众对美好生活的需要。基于以上城市安全感数据分析，借鉴同期有关城市统计年鉴等数据，发现中国城市公共安全感存在着以下七个方面的突出问题。

（一）超大城市公共安全感指数偏低，安全形势不容乐观

2014年11月20日，国务院发布《关于调整城市规模划分标准的通知》（国发2014第51号文件），新标准按城区常住人口数量将城市划分为五类：即超大城市、特大城市、大城市、中等城市以及小城市。超大城市指的是城区常住人口1000万以上的城市。按照此标准，除港澳台地区以外，我国目前有七个超大城市，按照人口规模依次为：上海市、北京市、重庆市、广州市、天津市、深圳市以及武汉市。这些超大城市基本上都是由直辖市和一线城市组成，另外，它们也构成了国家中心城市的主体。截至2018年2月，国家明确提出建设或支持建设的国家中心城市共有九个，包括北京、天津、上海、广州、重庆、成都、武汉、郑州以及西安。位于全国城市体系"塔尖"的国家中心城市，其治理体系和治理能力在全国范围内理应处于领先位置。在城区常住人口超千万的七座超大城市中，除了深圳市以外，其他六个城市都是国家中心城市。本次全国城市公共安全感调查对象是全国31个省会城市，因此，深圳市不在本次调查范围以内。从本次全国城市公共安全感调查结果来看，除了广州以外，全国超大城市的公众安全感整体表现不佳。

从全国城市公共安全感指数排名来看，广州市位列全国第5，武汉市位列全国第9，天津市位列全国第10，北京市位列全国第20位，重庆市位列全国第23位，上海市位列全国第24位。值得注意的是，北京市、重庆市以及上海市，它们的城区常住人口数量位列全国前三。然而，调查结果显示，这三座城市公共安全感指数却在全国二十位以后，在超大城市中排名后三位。全国公共安全感指数超过0.50的城市共有五个，其中，除了广州以外，其他四个城市都不是超大城市，尤其是位居前两位的拉萨市和西宁市，人口

规模在全国省会城市中属于后几位。有关数据显示，虽然北京、上海、重庆、天津等城市由于经济发达、工作机会众多、公共物品供应充足对很多人有着无限的吸引力；但是，那些生活和工作在这些超大城市的人们却有着较低的安全感。

研究发现，造成超大城市公共安全感指数偏低的因素来自多个方面。首先，北京、上海、重庆、天津等经济发达城市，吸引了大量来自全国各地的优秀人才。生活在这些城市的公众，经济收入相对较高，文化素质和风险意识相对较强，他们往往存储了更丰富的安全知识，因此对于安全感的评价往往也更加真实。其次，生活在超大城市的社会公众，由于人口密集，网络信息技术更加发达，人际沟通更加通畅，政府突发事件信息披露也更加充分，因此，各种灾害或事故的曝光频率也更多。大量接触灾害、事故、公共危机等方面的信息会在一定程度上降低他们的安全感。再次，相对于中西部城市，超大城市的居民虽然工作机会多，但是，房价高、生活成本大、工作节奏快等因素，会让大城市的居民更加焦虑，他们的生活安全感总体不高。尽管本次调研没有涵盖职场安全感，然而，安全感是一个整体性的概念。一种类型的安全感较差，在晕轮效应的作用下，也会拉低其他类型的安全感评价。最后，超大城市由于人口和其他各要素的高度密集，使某些类型的灾害或事故容易发生。如2012年7月21日北京市遭遇的特大暴雨灾害；2014年12月31日上海市外滩陈毅广场发生的踩踏事件；2015年8月12日天津市滨海新区发生的危险品火灾爆炸事故，等等。这些灾害事故发生以后，也会造成更大的破坏力和影响力。

总体来看，超大城市是我国城市体系中的第一梯队，它们代表了改革开放以来我国城镇化发展的最高水平。然而，近年来，我国各个超大城市发生的较大损失的自然灾害、事故灾难、公共卫生事件或者群体安全事件，不仅给涉事主体造成直接的生命或财产损失，而且给整个城市的公共安全感造成负面影响。同时，像天津滨海新区爆炸、上海外滩踩踏等，这些严重安全事件的发生，都会给城市公众的安全感造成持久的损伤。每一位公众都是城市安全感的神经末梢，上海、北京、重庆等超大城市公众安全感指数总体偏后

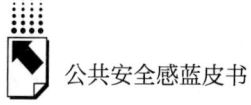

的信息，体现了这些城市居民的城市风险判断和安全感知，值得城市管理者的高度重视。

（二）信息安全感成为公众安全感的明显短板

进入21世纪，随着信息和网络技术的蓬勃发展，人们实实在在地迈入了信息社会的门槛。在日常工作和生活中，人们时时刻刻面临着信息生成、信息采集、信息交换等各个方面工作。个人所掌握的数据、信息和知识的数量和质量，已经成为衡量其社会地位的主要标志。与人们关系亲密程度不等的个人或者组织，也掌握着与人们有关的各种信息。在与医院、学校、银行、保险公司、房产交易中心、职业介绍所、政府部门、非政府组织、工作单位、互联网公司等各个主体打交道的过程中，事关人们个体的各类信息都会被采集和保存起来。合法组织出于工作需要或者善意的目的获取人们的信息，是为了更好地服务于人们。然而，一旦人们的个人信息被自己或者其他主体疏忽泄露，甚至被某些主体非法获取以及恶意买卖，接下来人们可能就会遭遇垃圾短信、垃圾电话、垃圾邮件的频繁骚扰，甚至成为诈骗团伙威胁人们生命和财产安全的导火索。

在2017年全国城市公共安全感调查中，信息安全感指数在全部城市公共安全感分项指标中倒数第一。而且相比较于其他九项指标，信息安全感指数是唯一得分不超过0.4的项目。由此可见，全国公众的信息安全感普遍较低。在全国31座城市中，来自拉萨市、南京市、重庆市、杭州市以及贵阳市的受访对象信息安全感指数位列全国前五位。而后五位城市由高到低排列依次是北京市、南昌市、太原市、乌鲁木齐市以及南宁市。由此可见，全国公众的信息安全感高低，与经济发达程度并没有直接关系。北京市民的信息安全感指数在所有分项中得分最低。而信息安全感指数得分较高的城市，既有南京、重庆、杭州这些经济比较发达的城市，也有拉萨、贵阳等经济欠发达的城市。研究发现，各个地区信息安全感的指数高低，在很大程度上可以通过电信诈骗的发案率予以解释。从近年来公安部门公布的电信诈骗案件来看，广西、福建、江西、湖南、广东、新疆等地是重灾区。

为什么全国范围内公共安全感分项调查中，公众的信息安全感指数排名位于最后一位？调研发现可以从以下四个方面进行解释。首先，在当今社会，信息已经成为最重要的资源。离开信息交换和信息管理，人们没法工作和生活。人们可以选择生活的城市和工作的类型，但人们无法离开信息而生存。其次，尽管人们可以通过手机、笔记本电脑等日常管理做好自身的信息安全工作，但是人们无法保证大量其他掌握人们信息的主体拥有类似的意愿和能力。再次，信息泄露涉及人们的个人隐私以及生命和财产安全，而人们通过自身的经历能感觉到个人的信息安全形势不容乐观。最后，近年来，因信息泄露导致的恶性事件屡禁不止，尤其像2016年8月"徐玉玉电信诈骗案"等事件，更是给社会公众的信息安全感蒙上了一层厚厚的阴影。

（三）食品安全事件频发，全国城市食品安全感指数偏低

民以食为天，食品安全重于泰山。近十年来，由于各种食品安全事件的集中爆发，公众对于食品安全的关心和担心始终难以松懈。例如2008年的"三聚氰胺奶粉"事件，2010年的"地沟油"问题，2011年的"瘦肉精"事件，2013年的"毒生姜"事件，2014年福喜公司"过期肉"问题，2016年"雅培""贝因美"卷入假奶粉事件，2016年"3·15"晚会曝光"饿了么"店面无证经营脏乱差问题、2017年海底捞"后厨脏乱差"曝光事件等等，轰动全国的食品安全事件深深影响着全国公众的食品安全感。

本次全国城市公共安全感调查结果显示，在全部9项公共安全感专项调查中，全国公众的食品安全感指数为0.4693，排名倒数第二。就具体城市而言，在调查的31个城市中，位列全国前三位的城市依次是上海、广州以及武汉。另外，北京市位居全国第六位。值得注意的是，虽然全国范围内食品安全感指数偏低，显示出社会公众对于食品安全存有深深的担忧，然而，在全国范围内，超大城市居民的食品安全感整体上高于其他城市。也就是说，相比较其他城市而言，超大城市公众对食品安全有更强的信心，也因此有着更高的安全感。

为什么全国居民的食品安全感普遍较低？研究发现，可以从以下四个方

面进行。首先，不同于其他物品，食品是人类生存与发展的必需品，倘若食品安全出现问题甚至面临危机，会引发人们深层次的恐慌。食品的属性决定了安全的食品是维持人类生存和发展的最基本需要。其次，不同于其他领域的安全，食品安全领域通常面临着信息不对称问题。单凭个人和家庭，我们难以科学判断食品的真伪、优劣、品质高低。人们对于自身能力所难以掌控的事项，通常会感受到压力和不确定感。我们单靠自身的知识和技术难以检测食品是否安全，而现实中又发生了大量食品安全事件，那么我们的食品安全感指数就会偏低。再次，保障食品安全不仅需要靠商家的良心，还要靠政府的法律和决心。民以食为天，食以安为先。保障食品的安全是政府向社会公众提供的公共物品。当前政府食品监管体制的缺陷也是食品安全事件得不到根治的重要因素之一。公众食品安全感偏低其实也反映了公众对政府食品监管效果的不够信任。最后，除了亲身经历的食品安全问题以外，公众的食品安全感很大程度上来自新闻媒体的宣传。新闻媒体在宣传食品安全知识和引导消费者饮食取向方面具有重要地位，但过度、失实和夸张的披露可能不利于消费者建立合理的食品安全信心。①

在全国公众的食品安全感普遍较低的背景下，上海市民的食品安全感为何能够位列全国首位？研究认为，作为一座人口超过2300万的超大型城市，在多起食品安全事件以后，上海市政府便将保障食品安全放在非常优先的位置。早在2010年，上海市政府就深刻分析了食品安全事件的根源，提出和实施"最严厉的准入、最严厉的监管、最严厉的执法、最严厉的处罚、最严厉的问责措施"。2017年1月20日，被称为"史上最严"的《上海市食品安全条例》获得通过，并于2017年3月20日起施行。在严肃立法、严格执法以及社会各方面参与的背景下，上海市保障食品安全工作走在全国前列，上海市民的食品安全感体验也是对公共部门努力所投下的赞成票。

---

① 马亮：《新闻媒体披露与公众的食品安全感：中国大城市的实证研究》，《中国行政管理》2015年第9期。

（四）社会治安安全感总体较好，但仍有较大提升空间

西方国家公共安全感的调查研究起始于20世纪六七十年代，我国公共安全感的调查研究起始于八九十年代。无论是西方还是中国，最开始的研究主要是社会治安公共安全感研究。20世纪六七十年代以后，美国等一些西方国家社会问题严重，贫富差距扩大，各种矛盾突出，犯罪率上升，社会治安状况恶化。在此背景下，城市公共安全感的研究肇始于社会公众对于违法犯罪的恐惧。在我国，20世纪70年代末80年代初，随着改革开放政策的实施，传统的农村和城镇管理体制开始松动，流动人口大量涌现，城市违法犯罪现象开始增加。80年代初开始的第一轮全国"严打"，就是在此背景下开展的。违法犯罪率的上升，极大增加了城市居民的不安全感。80年代末，公安部在全国率先开展了公共安全感调查。所以，以往的公共安全感研究主要指的是社会治安安全感。

本次全国城市公共安全感调查研究结果显示，在全国31个省会城市中，社会公众治安安全感表现良好。在全部九个分项安全感指数中，社会治安安全感指数得分是0.4934，排名第三，仅次于自然安全感和公共设施安全感。具体来说，在31个被调查城市中，有11座城市的社会治安安全感指数大于0.50。在全国省会城市中，治安安全感指数位列前五位的城市依次是重庆市、拉萨市、石家庄市、杭州市以及广州市。治安安全感指数后五位城市则包括天津市、昆明市、兰州市、南宁市以及呼和浩特市。值得注意的是，即使是位列最后一位的呼和浩特市，公众治安安全感指数也达到0.4323。这说明，中国城市社会治安安全感总体较好。

在此背景下，2018年4月，《人民论坛》杂志特别策划社会治安系列文章，其中包括《最具安全感国家是怎样炼成的》《强大的美国为何缺乏安全感》《安全感何以成为中国的新名片》《最具安全感国家的底气何在》《中国民众的安全感来自哪里》《是什么拉低了印度民众的安全感》。根据2018年中央政法工作会议公布的数据，2017年，中国每10万人中发生命案0.81起，是命案发案率最低的国家之一。2017年9月，国际刑警组织第86届全

体大会在北京召开，习近平主席在主旨演讲中指出："当前，中国社会安定有序，人民安居乐业，越来越多的人认为中国是世界上最安全的国家之一。"本次全国城市公共安全感调查研究，受访居民在治安安全感上的回答，一方面印证了我国政法系统公布的客观数据，另一方面印证了各方对于中国社会治安总体状况良好的判断。虽然社会公众对全国治安安全总体上投了满意票，然而，由于我国正处于社会转型时期，贫富分化以及其他社会矛盾较为尖锐，社会违法犯罪事件仍然处于高发态势，因此，打击违法犯罪、维护社会安定团结仍然是政法系统最重要的任务之一，全国范围的治安安全感仍有很大的提升空间。

（五）生态安全感中等偏下，部分城市安全感堪忧

改革开放以来，我国经济和社会各个领域取得了长足进步。然而，这些进步的一部分原因是以资源和能源的巨大消耗为代价的。在传统粗放型经济发展模式下，我国生态环境遭到较为严重的破坏，空气污染、水污染、固体废弃物污染、土壤污染等形势十分严峻。随着人民生活水平的提高，人民群众对于美好生活需求的内涵越来越丰富，其中，公众对于生态环境质量改善的呼声越来越强烈。清新的空气、洁净的水资源、充满生机的土壤、垃圾无害化处理、绿色生态产品、清洁生产等成为人们的期待和追求，绿色发展、绿色生活方式已经成为越来越多人的集体共识。

尤其是党的十八大以来，建设美丽中国以及实现中华民族永续发展，被确立为中国共产党的战略目标。习近平总书记提出"绿水青山就是金山银山"，"山水林田湖是一个生命共同体"，"像保护眼睛一样保护生态环境"。党的十九大报告庄严宣示：我们要建设的现代化是人与自然和谐共生的现代化，既要创造更多物质财富和精神财富以满足人民日益增长的美好生活需要，也要提供更多优质生态产品以满足人民日益增长的优美生态环境需要。正是在生态文明建设理念的引领下，近年来，我国在污染防治领域付出了巨大的努力，环境保护的成效也逐渐开始呈现。不少城市一年中的蓝天天数在稳步增长，很多河流监测断面的水质在不断改善，土壤污染管控和修复行动

也在持续推进中。

在本次全国城市公共安全感调查中,生态安全感指数在九项指标中位列第六位,处于中等偏下位次。生态环境的破坏是累积性的,生态环境的彻底修复和改善也需要付出长期的努力。以空气污染为例,要改变以化石能源为主体的产业结构,不可能一蹴而就。生态环境的治理是一项系统工程,涉及产业结构调整、污染治理投入的资源、经济发展的数量和质量、就业问题、自然生态系统规律性的把握等方方面面。随着经济发达城市越来越重视生态环境质量的保护,环境执法的力度在持续加大,关停并转等工具经常使用。在此背景下,很多污染严重的企业可能选择迁至中西部城市。同样以空气污染为例,在2018年1月环境保护部①发布的2017年全国74个城市空气质量排行中,位列前十位的城市包括:海口、拉萨、舟山、厦门、福州、惠州、深圳、丽水、贵阳以及珠海市。而后十位城市则包括:石家庄、邯郸、邢台、保定、唐山、太原、西安、衡水、郑州以及济南市。

根据本次全国调研,在31个省会城市中,杭州、广州、重庆、拉萨以及郑州城市生态环境安全感位列全国前五位。倒数后五位的城市由高到低的排列依次是合肥、银川、乌鲁木齐、太原以及石家庄。可以看出,本次开展的城市公共安全感调查得到的生态环境分项指数,与环境保护部2018年1月发布的2017年空气质量排行榜整体上是一致的。就全国而言,东部和南部沿海城市空气质量好,经济发展方式转变取得成功的发达城市空气质量好,因此,这些城市公众的生态环境安全感普遍较高。浙江省、广东省经济发达,近年来走出一条绿色发展的道路,因此,空气质量好,舟山、惠州、深圳、丽水、珠海等城市的空气质量在全国74个城市中位居前列,作为省会城市的杭州和广州,其公众生态环境安全感指数也同样位居全国31个省会城市前列。海南、西藏等地虽然在全国经济发展水平并不靠前,但是,这些地区的生态环境保持很好,因此,海口、拉萨的客观空气质量和本次调查

---

① 在2018年3月党和国家机构改革中,环境保护部和其他相关机构被整合,组建了生态环境部。

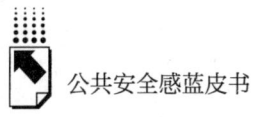

得出的生态安全感指数相互吻合。

河北、山西是我国近年来空气污染十分严重的地区,环境保护部发布的客观空气质量数据证实了这一点,而在本次城市公共安全感调查中,太原和石家庄作为两个污染严重的省会城市,公众的生态安全感也处于全国最后两位。环境保护部发布的数据和本次调查结果,唯一不吻合的城市是郑州市。郑州市属于环境保护部公布的污染严重的十座城市之一,然而,在本次调查中,郑州市民城市生态环境安全感指数却位列全国第五位。调研发现,造成这个差异很可能的原因是郑州市近年来在经济社会发展中所取得的突出成绩,特别是刚刚被中央确立为支持建设的国家中心城市,因此,郑州市民的城市认同度较高,从而掩盖了生态环境质量的瑕疵。特别需要注意的是,无论是环境保护部发布的污染严重的十大城市,还是本次调查得出的公众生态环境安全感排名靠后的城市,都是属于中西部城市。尤其像银川、乌鲁木齐等城市,过去生态环境质量较好,当前生态安全感指数偏低,可能与部分污染型企业的西迁有着一些关系。

(六)中西部城市交通安全感相对东部城市较低

改革开放四十年,我国已经从"自行车王国"转变成为"汽车社会"。如今,小汽车已经走进了普通人家的日常生活。当前人们的出行中,远距离的旅行依赖于飞机、高铁和普通列车;而在中短距离的出行和日常工作中,私家车扮演着越来越重要的角色。在城市交通体系中,公共汽车、轨道交通、出租车、摩托车、电动自行车、自行车、共享单车等各种交通工具以及行人,共同构成了城市交通的亮丽风景。

在道路交通条件越来越好、私家车保有量越来越高、人们出行越来越便捷的同时,道路交通事故始终是人们安全出行的重要隐患。根据《中国统计年鉴》以及《中国交通年鉴》的数据,2016年我国道路交通事故发生量为212846次,道路交通事故死亡人数为63093人,受伤人数为226430人,道路交通事故造成的经济损失高达120759.9亿元。而从近二十年的统计数据来看,我国道路交通事故发生次数以及道路交通事故造成的死亡人数,位居前列的省份始终都是广东、江苏、浙江以及山东。毫无疑问，这些地方经济总量在全国位居前列，人民生活水平总体较高，高速公路等道路基础设施在全国总体较高，私家车的持有量也位居前列。

在本次全国城市公共安全感调查中，交通安全感分项调查结果显示，在全国31个省会城市中，交通安全感位列前五位的城市依次是南京市、杭州市、成都市、上海市以及广州市，而交通安全感后五位城市包括济南市、昆明市、长春市、沈阳市、太原市。值得注意的是，道路交通事故发生数和道路交通事故造成的死亡人数，广东、江苏、浙江等经济发达的省份位居全国前列，而在全国城市公共安全感调查中，这些省会城市的居民交通安全感反而位居全国前几位。这种看似反常的现象之所以会出现，调研发现主要有以下原因。首先，《中国统计年鉴》《中国交通年鉴》的数据为各个省份的整体数据，而本次交通安全感的调查对象仅仅是这些省的省会城市。其次，像南京、杭州、上海等经济发达的城市，汽车普及已经有了一段时间，驾驶员道路交通的意识明确以及城市道路交通管理部门的规则都比较健全，礼让行人等文明交通、文明驾驶的理念深入人心，因此，道路交通参与者的安全感相对较高。另外，道路交通安全的主观感知和客观现实之间并不一定相符。郑新夷等人的研究也表明，交通主观安全感和客观安全感的关系不一定是积极联系，例如，当驾驶员感受到危险的时候不一定会导致交通事故，而当真正交通事故发生之前也许并没有意识到危险。①

（七）东北老工业基地城市公共安全感整体靠后

在全国城市体系中，如果以改革开放和社会主义市场经济体制的建立作为分水岭的话，那么，以沈阳、长春、哈尔滨为代表的东北老工业基地在近七十年时间里可谓冰火两重天。改革开放以前，除了北京、上海等直辖市以外，我国城市的第一梯队主要由沈阳、长春、哈尔滨等东北工业城市占据。

---

① 郑新夷、杨艳群：《交通主观安全感和客观安全感的博弈》，《中国安全科学学报》2010年第10期。

而改革开放特别是社会主义市场经济体制确立以后，随着沿海城市和南方城市的崛起，珠三角城市群和长三角城市群大放异彩，沈阳、长春、哈尔滨、鞍山、锦州、大庆等东北工业城市则在中国高速的城镇化进程中相形见绌。进入21世纪以来，振兴东北战略、全面振兴东北老工业基地战略相继实施，国家虽然出台了各项支持东北振兴的政策措施，但是沈阳、长春、哈尔滨等东北老工业基地城市发展仍然缓慢。

在本次全国城市公共安全感调研中，沈阳、长春以及哈尔滨三个省会城市是东北地区实地调查的对象。从调查数据的分析结果来看，东北老工业基地城市公共安全感均不容乐观。沈阳市城市公共安全感指数是0.4634，位列全国第21位；长春市城市公共安全感指数是0.4629，位列全国第22位；哈尔滨市城市公共安全感指数是0.4466，位居全国第26位。也就是说，调查结果显示：以沈阳、长春、哈尔滨为代表的东北老工业基地城市，居民的公共安全感均位列全国靠后的位置。

为什么这三个城市公共安全感整体偏低？研究发现，专项的公共安全感调查结果或许揭开了谜底。第一，就城市自然安全感排名而言，除长春排名属于中等水平以外，哈尔滨和沈阳都处于全国十分靠后位置。第二，就城市生态安全感来说，长春、哈尔滨以及沈阳均处于全国十至二十位，也不处于较大优势。第三，在医疗卫生安全感方面，长春位于中等靠后位置，哈尔滨和沈阳位于全国后列，特别是沈阳居民的医疗卫生安全感位于全国倒数第三位，仅仅高于乌鲁木齐和兰州。第四，东北三个省会城市的食品安全感落差最大。哈尔滨位列全国第五位，长春位于全国第12位。沈阳则位居全国第21位。第五，在交通安全感上，哈尔滨位列全国第16位，而长春和沈阳分别位列全国倒数第三位和倒数第二位。第六，在公共场所设施安全感方面，沈阳市的指数相对较高，位列全国第八位，而长春和哈尔滨都相对较差。第七，在社会治安安全感方面，哈尔滨和长春分别位列第18位和第19位，另外，沈阳则位列全国第26位。第八，在社会保障安全感方面，长春市位居全国中等水平，而哈尔滨和沈阳均属于全国后1/3的水平。第九，在信息安全感方面，沈阳排名全国第15位，而长春和哈尔滨均位于全国二十位以后。

另外，由于东北三省的产业结构，使市场经济相配套的利益均衡机制还没有来得及建立和完善，社会矛盾累积无法消除，城市公共安全感短期内难以大幅度提升。正如吉林大学宋宝安教授等针对吉林省居民的调查结果显示，失业、贫富两极分化、社会分配不公等利益问题较为突出，是当前影响社会安全和社会稳定的主要因素。[1]

四　提升中国城市公共安全感的对策与建议

在中国快速城镇化背景及习近平总书记"总体国家安全观"指引下，保障城市公共安全已经成为城市治理体系和治理能力现代化进程中的重要任务。只有正视目前我国城市在发展过程中存在的诸多问题，才能进一步促进我国城市安全发展的总体水平，提升城市居民的安全感。正如乔尔·科特金在《全球城市历史》一书中指出："只有重复认识到安全的重要性，并通过积极大胆的方法解决安全问题，现代城市才能在新世纪生存和繁荣。"[2] 面对当前居民城市安全感存在的问题，应当秉持整体安全观的思路，坚持综合治理，重点突破的办法，从战略的角度重视我国城市公共安全管理，逐步提升我国城市居民的安全感。

（一）夯实物质基础，构建公平公正的社会资源分配机制

在全国城市体系中，城市发展的差距表现在东部城市和西部城市发展不均衡。西部城市由于地理位置、政策扶持上的差异造成整体发展水平落后于东部城市。这种城市发展过程中产生的差异性造成了不同城市之间由于资源占有程度、发展程度相异等因素造成的城市安全风险，同时这种发展上的落差也无疑影响了城市居民对于所在城市公共安全感的评价，因此在提升中国城市居民安全感的举措方面，一个基本的出发点就是夯实物质基础，构建公

---

[1] 宋宝安、王一：《利益均衡机制与社会安全——基于吉林省城乡居民社会安全感的研究》，《学习与探索》2010年第3期。
[2] 科特金、王旭译：《全球城市史》，社会科学文献出版社，2014，第64页。

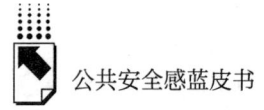

平公正的社会资源分配机制。

1. 在城市发展的过程中坚持共享理念

自改革开放以来,中国的发展已经取得了相当丰厚的成果,让一部分人,一部分区域"先富起来"的目标在一定程度内得以实现,这种发展模式也在相当程度上影响着我国的城市发展。不同城市在发展的过程中逐渐形成了阶梯性差距,这种差距也直接导致了城市居民关于城市安全感的阶梯性评价。正如学者王绍光指出,在发展过程中并不是把"饼"(国民经济总量)做大就万事大吉了,必须重视分配不公平和两极分化现象可能引发的分配性冲突对一个国家的经济增长、政治决策可能造成的严重影响。[①] 但由于在世纪之交的前十年时间里,我国在制度建设上过于强调经济增长的目标,逐渐形成了一种发展主义的意识形态,这种意识形态也深刻影响了我国的城镇化进程与城市发展情况。在居民的城市安全感方面,城市发展水平的差异也直接影响了城市居民对城市的公共交通、食品安全、生态安全以及医疗卫生安全等方面的安全感评价。

因此,提升我国城市居民城市安全感评价水平,需要在城市发展的过程中坚持"共享"的理念,正如"十三五"规划指出:"共享是中国特色社会主义的本质要求,必须坚持发展为了人民、发展依靠人民、发展成果由人民共享,做出更有效的制度安排,使全体人民在共建共享发展中有更多的获得感,增强发展动力,增进人民团结,朝着共同富裕的方向稳步前进。""共享"理念已经成为今后社会建设的一个指导性要求,这点也应该体现在今后我国的城镇化建设和城市发展的要求中。在今后的城市安全发展过程中,要进一步帮助东北老工业基地城市实现振兴,只有从根本上缓解并逐步解决东北老工业基地地区城市中存在的实业发展不充分、贫富两极分化、社会分配不公等利益问题,才能推动城市居民的安全感稳步向好。同样,应该更加坚定地坚持西部大开发战略,只有确保西部城市的基础建设能够达到一定的水平才能保证西部城市居民在城市公共交通等方面的安全感有所提高。

---

① 王绍光:《饼做大以后》,《读书》2002年第2期。

2. 创新城市复合型的社会资源配置机制

在城市安全发展的资源配置过程中,由于不同城市的不同地理位置和政策上的不同侧重,依靠过去单一的资源配置方式并不能改变城市与城市之间在资源配置方面的差距。因此,要想在城市安全发展中构建公平公正的社会资源分配机制,现实的要求是,必须促成三大部门(政府、市场、社会)的"合力",共同建立社会资源配置的新机制,使政府、市场和社会在资源配置过程中能够形成合力,共同创建城市资源配置的复合型新机制。在这一过程中,大力培育专业的城市公共安全的第三方机构,比如专业的第三方食品安全评估机构、专业的第三方城市生态环评机构、专业的第三方城市风险处置机构等。这样,虽然不同城市在政策扶持、发展规模上存在先天性的差距,但是,如若能够充分促成政府、市场和社会的合作,使三大部门对城市安全资源配置的不同作用相互补充,从而更充分更合理地发挥出来,形成三大部门公共性、市场性、社会性的有效协作机制,则能够使城市安全诸多要素得到优化组合和合理配置,提升抵抗城市风险隐患的能力,增强城市居民公共安全感。

(二)强化政府责任,构建高效有力的城市安全治理体系

20世纪中后期以来,人类社会结构发生了重大变化。伴随这种变化,人类成为风险的主要生产者,导致风险的结构和特点发生了根本性的变化。随着城市化的推进,城市中的公共安全问题无疑变得更加严峻。这些影响城市公共安全的事件集中体现为食品安全事件的频发、居民交通安全感的丧失以及对生态安全上的信心不足等方面。这些公共安全事件的发生往往在整个社会层面上造成"多米诺骨牌"效应,如2008年的毒奶粉事件引起了整个社会层面对国产婴幼儿奶粉的不信任,2018年的假疫苗案件再度引起整个社会层面对预防接种的恐慌,这些问题的产生归根结底是由城市居民对政府的安全治理体系不信任造成的。而今,风险的日益"人为化"和"制度化",要求政府转变过去僵化落后的风险治理体系与方法,在公共危机事件发生的全过程中强调政府的责任,并构建高效有力的政府安全治理体系,使

政府能够在食品安全、生态安全、信息安全等公共安全治理过程中发挥关键作用，从而有效地治理城市公共安全风险，提高人们城市生活的安全感、幸福感和获得感。

1. 凝聚共识，稳步推进立体化安全管控体系建设

应对城市风险的基础是能够在城市中建立起防范安全风险、治理风险隐患的良好管控体系。良好的城市安全管控体系使城市居民对城市公共安全管理具有较大的信任。过去，在食品安全、医疗卫生安全事件中之所以产生远高于事件本身的社会影响，均是由于广大城市居民对城市公共安全治理体系的不信任，从而产生了一种极易蔓延的"负面氛围"，这种"负面氛围"给城市公共管理者在处理食品安全事件、医疗卫生安全事件、生态安全事件等方面造成了诸多困难。因此，政府作为风险的治理主体能够做到各方面凝聚共识，在思想认识层面高度重视，列入各城市政府的重要议事议程，抓紧研究、细致规划、加快部署、强化推进、狠抓落实。明确该体系建设中各主体的责任与职责，进一步加强思想和认识上的统一性。只有政府各机构做到针对城市公共安全方面的高度重视和认识统一，才能进一步要求居民、企业和社会组织等主体认识到城市公共安全的重要性，承担其相应的责任，共同营造和谐、稳定、安全的城市公共安全环境。从而进一步实现城市公共安全预防的重心下移，发挥基层网络健全机制和广泛动员社会力量的优势，抓紧形成广泛动员的长效机制，打造群防群治的社会基础。[1]

以城市生态安全为例，21世纪以来，公众对于生态环境质量改善的呼声越来越强烈，城市居民充分认识到城市生态安全的治理与自身的生产生活息息相关。近年来，随着污染企业向中西部城市的转移带来的中西部城市居民对城市生态安全感的骤降，需要西部城市政府和社会凝聚共识，共同致力于产业转型升级、清洁能源开发，传统工业项目改造等举措。在这个过程

---

[1] 姚冰彬：《当前社会阶层问题及国家治理能力建设的对策思考》，《理论研究》2014年第3期。

中，政府对生态危机的治理能力以及城市居民对城市生态安全的重视呈现着相辅相成的关系。政府通过提高环保标准、减少污染物排放、控制环境和交通噪声、严禁在城市生态脆弱的区域兴建工程等举措保持良好的生态状况，城市居民随之进行积极的生态响应行为，如选择公共交通出行、自觉垃圾分类、植树造林等活动，大力推进立体化城市安全管控体系，才能实现城市居民公共安全感大提升。

2. 实现城市安全风险"事后处置"向"事前预防"转变

根据"海恩法则"的启示，及时发现事故征兆，立即消除事故隐患。城市公共安全风险治理最好的办法就是将安全治理着力点和重心前移，在事故的源头上下功夫。这就要求政府强化风险意识，齐心协力，从根本上转变政府各机构领导干部以及工作人员的应对风险的落后意识，改进工作方法，由原先对风险的"事后处置"向"事前预防"转变，从而更好地防患于未然，将城市范畴内可能发生安全风险的可能性降到最低程度。

实现风险"事后处置"向"事前预防"几乎适用于治理和管控所有类别的城市公共安全问题。如在城市生态安全方面，可以通过控制人口密度、注重城市绿化、发展循环经济、转变经济发展方式等"事前预防"手段防止灾难性的影响城市生态安全事件的发生；在医疗卫生安全方面，城市公共管理者可以通过深化药品监管组织改革、理顺监督管理体制、整合监管职能等方式构建公共卫生领域的监督管理体制"事前预防"手段，并通过大力宣传，提高城市居民的医疗卫生安全意识，在对城市居民的公共卫生知识培训过程中，拓宽其获得专业医疗卫生方面知识的渠道，着重介绍如何分辨医疗卫生安全风险的方法，实现医疗卫生安全的"事前预防"。

3. 整合资源，集中力量突破重点风险源

政府在凝聚共识，创造治理城市公共安全的良好氛围的基础上，应该整合现有资源，把更多的资源放在公共安全风险的预防上，防患于未然。建立对各风险源的日常监控体系，从而把握风险发生的先机，扼杀或者降低危害城市公共安全的安全风险。另外，加大基础设施、日常开支和专项经费的投入，包括设施设备与信息系统、日常监测预警以及专项调查评估，进一步完

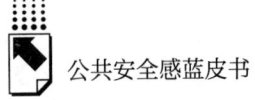

善应急物资、装备、技术和资金的保障机制，并通过建立科学合理工作流程和工作制度，保障日常城市公共安全管理体系的良性运行。

同时，城市应该根据自身的环境、经济、工业发展特点，成立专门的调研小组，制定适宜本市的安全风险防控体系，科学设计安全风险测量的指标体系。经过科学测算与翔实调研发生可能性最高的风险，城市应该在现有资源整合的情况下将重点向这一领域倾斜，从而降低城市安全风险发生的概率，使城市居民的安全感进一步提升。由于现代城市风险的日趋复杂性和多样性，在应对风险的过程中，无论是对风险的事前预测、事中处置还是事后安置，都不是哪一个政府部门可以单独应对的。这就要求政府能够无论在哪一个安全风险阶段，都要能够依靠高效、良性的风险应急网络来整合资源，整合不同政府部门以及社会力量，从而因时制宜、因地制宜地突破重点风险源，将城市风险可能带来的损失降到最低。

（三）整合社会力量，构建城市安全治理的多元治理模式

在城市公共安全的治理过程中，虽然政府在当中扮演着无可替代的核心角色，但是这并不意味着政府可以独自处理城市公共安全中错综复杂的各种矛盾。尤其是在改革开放进入深水区，威胁城市公共安全的诱因日趋向深度和广度发展的背景下，无论是超大城市的公共管理者要解决超大城市公共安全指数偏低的问题，还是中西部城市公共管理者缓解城市居民对交通安全、因产业转移造成生态安全的焦虑，都应该在深层面、广范围的基础上整合社会力量，整合专业第三方组织、新闻媒体、广大市民的力量，构建城市安全治理的多元治理模式。

1. 在城市公共安全治理的过程中引入第三方组织

向市民提供公共安全服务是政府的一项重要责任，但这并不意味着城市政府是提供公共安全服务的唯一主体。在城市公共安全的治理中，既要借助政府的公共管理的优势，同时也不能忽视第三方组织的专业性和技术性优势。第三方社会组织根植于社会，贴近社区，反应迅速，机制灵活，能为公

众提供多样化、个性化的公共服务。① 由于政府失灵和市场失灵可能存在同时发生的可能性，因此这就决定了要在一些传统的政府管理领域引入第三方，城市公共安全治理的过程也不例外。在这个过程中，第三方组织通常是指不属于第一部门（政府）和第二部门（市场）的第三方组织，它独立于前两者之外，与其不具有隶属关系，因此第三方组织能够在应对威胁城市公共安全的事件过程中发挥自身专业性、客观性和公平性的优势，更加准确地识别风险、分析风险的来源从而将风险可能带来的不利影响降到最低。例如，在食品安全、水污染、空气污染等领域引入第三方组织，允许其相关的企业、研究团体以及个人建立对应领域的行业协会组织，可以保障食品安全、水污染、空气污染等领域治理的协作性和有效性。在政府和第三方组织的合作过程中，通常表现为政府以"购买"或"半购买"的方式从第三方组织处获得特定的公共服务，并且政府在第三方组织发挥功效的整个过程中都扮演着统一领导者和综合协调者的角色。例如，中国红十字会、中华慈善总会等社会团体有政府与社会各界的广泛支持，其宗旨之一就是针对公共安全事件展开人道主义救助，可以对之给予更大的支持，赋予其更大的责任；在城市中的重大事项社会稳定风险评估中引入第三方评估机构，可以确保稳评的客观性和有效性，从而提升城市居民在城市生活的安全感和满意度。

2. 完善城市公共安全治理的"府际合作"

府际合作是指由各城市党政系统及相关职能部门之间形成的合作网络。在处置城市公共安全事件的过程中，高效的"府际合作"是应对公共危机事件的基础，同时这种"府际合作"也是城市公共安全治理网络中最基本的构成部分，只有政府各职能部门、不同地域之间的政府职能部门能够实现高效率的沟通与合作，才能在应对城市公共安全事件的过程中保障多元主体的参与，才能保证公共危机应对的高效率，促进人们城市生活安全感的增加。以江苏省城市治安管理为例，南京、苏州、扬州等城市已经实现警务平

---

① 王浦劬、莱斯特·M. 萨拉蒙：《政府向社会组织购买公共服务研究》，北京大学出版社，2010，第 28 页。

台"110"和政务平台"12345"的联动对接,双方协商划分"紧急"和"非紧急"范围。"110"指挥中心接到有关公共设施、市容等非紧急求助电话,会将报警内容进行受理,然后通过系统内部转给"12345"政务平台;当"12345"政务平台接到属于公安类的紧急求助电话,也会转给警方,由公安机关快速处置。这样的经验做法可以推广到其他市和其他城市公共安全领域,使各政府机构在食品安全、生态安全、医疗卫生安全等方面展开通力合作,以联动的方式解决可能发生或者已经发生的风险。面对转型时期错综复杂的城市公共安全形势,要使有限的公共安全资源发挥最大效用,就必须打破旧有的条块分割式的城市公共安全体系,要在部门间、区域政府间积极构建伙伴型合作关系,加强横向系统之间的沟通和联络,建立综合性、多功能的整体联动型公共安全体系。

建立这种以"府际"关系为主导的公共安全治理体系,首先,应该考虑建立一个城市公共安全治理事务部或城市公共安全治理委员会,作为该体系当中的统筹协调者,从而实现在更高层面整合现有的公共安全管理资源的目标。其次,应该进一步强化城市政府内部的部门间合作,重塑城市公共安全治理的工作流程与方法,通过优化程序和明确责任,使更多部门的联动响应机制真正落到实处。公共安全治理的总体趋势应该从过去的"部门分割"转向"部门整合",从"各自为战"转向"整体联动"。最后,通过组建区域城市政府公共安全治理委员会,或组建区域城市政府公共安全联席会议制度,对城市周边的公共安全状况做科学的数据分析,建立区域城市政府间的协同治理机制,实现从某一城市单独管理向区域城市政府间合作治理的转变。

3. 提升和拓展公民参与城市公共安全治理的意识和渠道

全球化、后民族化、后工业主义等浪潮已经冲破了社会权利的传统模式,探讨新的社会权利模式已经势在必行。[①] 城市居民对城市公共安全的满意程度是衡量城市公共安全指数高低的一个最为直观的指标,拓宽公民参与

---

① 郭忠华:《公民身份的核心问题》,中央编译出版社,2016,第83页。

城市公共安全治理的方式和途径，建立一种群防群治的责任共担机制显然能够对城市的公共安全质量的提升大有裨益。对于市民而言，社区志愿者和非政府组织是城市公共安全治理过程中不可或缺的参与力量。转型社会面临的公共安全挑战是复杂多样的，包括治安犯罪、环境污染、生产安全、卫生安全等。市民距离公共安全风险的威胁距离最近，对威胁的反应十分敏感，并且反应迅速。

城市居民公共安全意识的提高是保障公民积极参与城市公共安全治理的基础。城市居民公共安全意识的增强，对提高政府公共安全管制水平，加强政府相关职能部门及专门的第三方机构在保障城市公共安全方面的表现，都具有十分重要的监督作用。在这个过程中，政府及第三方组织需要通过各类宣传手段努力提高城市居民关于城市公共安全的意识，鼓励城市居民对危害城市公共安全的事件进行监督和举报。在食品安全、信息安全、生态安全、交通安全等公共安全领域的治理过程中，最大限度地保障居民的知情权、选择权和行为权，并激励城市居民积极行使自身权利，建立一种城市安全治理各主体"共建共享、群防群治"公共安全机制，保障城市公共安全水平不断提升。

4. 充分发挥新闻媒体的监督作用

在西方国家，新闻媒体监督被当作除了立法、行政、司法三大权力之外的"第四种权力"，在一个国家的政治、经济和社会生活中极具影响力。舆论监督具有事实公开、传播快速、影响广泛、揭露深刻、导向明显、处置及时等优势，能够快速使人们的注意力聚焦，形成社会压力，引起政府有关部门的高度关注，促使司法机关秉公办事。在应对城市公共安全事件中，我国也鼓励新闻媒体大力开展舆情监测、舆论监督。以食品安全为例，新闻媒体在公共安全事件中发挥着重大作用。一方面新闻媒体将食品生产、经营单位的生产状况、卫生信息、信誉等级、行政处罚、食物中毒等情况向社会公开，起到社会公众监督、实现企业他律的作用。另一方面，新闻媒体根据生产者、经营者存在安全隐患的举报线索，对无良企业、造假窝点、有关部门不良管理等问题进行舆论监督，推动食品安全风险排查和隐患管控工作。当

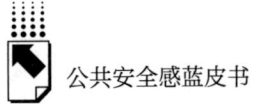

然，媒体参与公共危机事件的过程中，要以正确的方向，做到客观公正地披露事实，防止歪曲报道、片面报道。

5. 借用现代技术手段，构建"互联网+公共安全"治理新模式

目前，信息安全已经成为制约公共安全的明显短板。在日常生活中，个人信息被有意或无意泄露，是造成恶意买卖、垃圾骚扰、诈骗钱财的重要风险。因此，信息社会下更好地保护城市居民的信息安全，城市管理者必须具备互联网思维，多措并举，构建"互联网+公共安全"的治理新模式。风险社会视域下，影响城市公共安全的风险摆脱了过去单一的表现形式，日趋呈现复杂化的特点，并伴随着诸多的并发性风险。这类城市公共安全风险渗透到城市生活中的方方面面，城市交通、食品、公共设施、社会保障、生态安全等不一而足。错综复杂的城市公共安全风险在给城市公共管理者带来巨大挑战的同时，也大大降低了城市居民的安全感和幸福感。因此，面对日趋复杂、多发频发的城市公共安全风险，作为城市公共安全治理者，要与时俱进，抛弃僵化过时的传统风险治理思维，秉持"大数据、云计算、智能化"的现代安全治理理念，在城市安全治理中构建"互联网+公共安全"的新模式，更加高效地预防和处置影响城市公共安全的事件，提高城市居民的安全感和幸福感、获得感。

专题报告

Research Reports

B.2
中国城市自然安全感调查报告（2018）

曹惠民*

摘　要： 城市自然安全感反映了新时代人们对自然环境的关注，关系着老百姓的安全感和幸福感。全国调查显示，城市自然安全感指数在九个专项指标中位居首位，反映了居民对于城市自然安全给予了高度评价。性别、年龄、受教育程度和月收入四个变量显著地影响居民城市自然安全感评价。当前城市居民的自然安全感存在着地区间和城市间差异、居民自身安全风险意识淡薄、自然安全风险教育需要加强等问题。需要加强城市自然灾害的整体治理、构建统一的自然灾害预案体系、有意识提升改进个体的风险应对能力、加强城市自然灾害治理中的多元主体参与，才能切实促进城市居民自然安全感的提升。

---

* 曹惠民，中国矿业大学公共管理学院副教授，研究方向为城市公共安全绩效管理。

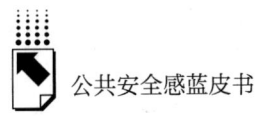

关键词： 城市　自然安全　治理水平　指数排名

我国是一个自然灾害多发频发的国家。城市自然安全风险也成为影响一个城市居民安全感的重要致因。作为一个城市的生态社会系统的重要组成部分，一个城市的自然安全风险的发生、发展的内在规律和趋势深深影响着城市的生产和生活的有序性和安全性。城市自然安全风险的发生、发展的频率将深深影响着人们对于城市公共安全的主观感觉，同时也决定着社会公众的幸福感和获得感。习总书记提出的"以人民为中心"的发展思想是我们研究城市自然安全感的重要理念。本章主要对我国城市自然安全感的现实数据进行分析与研判，对全国居民城市自然安全感的数据进行梳理，分析城市自然安全感存在的问题，并提出相应的对策。

一　城市自然安全感的基本状况

本次城市自然安全感测量在调研问卷中分为两部分内容。第一部分是测量城市自然安全感状况，如表1所示，具体分为三个子项，分别测量城市居民对自然灾害的潜在风险、防范自然灾害的城市基础设施所存在的缺陷、及时获得救助的担忧程度，得分从1~10，分值越高，说明居民对该项内容的担忧程度越低，同时意味着居民对该项自然安全状况认可程度越高，该部分意在发现居民对所居住城市自然安全状况的认知和感受。

表1　全国城市自然安全感状况测量指标

一级指标	二级指标	三级指标
自然安全	自然灾害	担心本市自然灾害会给您造成生命财产损失（如地震、洪涝、干旱、台风、沙暴）
		担心本市防范自然灾害的设施有缺陷
	灾害救援	自然灾害发生时市民会得到及时有效救助

第二部分测题是测量城市居民的自然安全认知与行为。分两个问题,第一个问题:"您会经常关注本地天气预报吗?"选项为"基本不看、想知道的时候问别人天气情况、需要的时候看一看、每天都看";第二问题:"您所在的社区或单位有没有组织过自然灾害应急演练?"选项包括"没有、没印象、偶尔有、经常有"。通过这两个问题分别测量居民个体的自然安全的意识和有关行为倾向。

(一)城市自然安全感的指数和排名

1. 城市自然安全感分项指数与排名

根据前文统计分析,对影响全国城市公共安全感的九个一级指标进行计算和排名,具体见表2。可以看出,城市居民的自然安全感高居第一位。从整体上看,全国城市居民对于城市自然安全感的评价优于其他八个领域的评价。城市自然安全感的这份亮丽的"成绩单"是多种要素综合作用的结果,既有国家和政府对于"生态中国、美丽中国"理念的高度重视和坚决贯彻、落实,同时也说明政府与社会公众就"共抓大保护、不搞大开发"的发展理念的高度认同。尽管现实中,我国的城市自然灾害治理依然面临着不少的困难和问题,但是这次调研结果所呈现的数据反映了城市居民对于我国城市自然安全治理水平和能力的认可与认同。

表2　全国城市公共安全感分项指标指数排行榜

分项指标	指数	排名
自然安全感	0.5091	1
公共设施安全感	0.4941	2
社会治安安全感	0.4934	3
交通安全感	0.4917	4
社会保障安全感	0.4843	5
生态安全感	0.4840	6
医疗卫生安全感	0.4799	7
食品安全感	0.4693	8
信息安全感	0.3835	9

2. 全国城市自然安全感指数排行

与全国城市自然安全感指数估算原理相同，对每一个城市样本进行计算，得出城市自然安全感这一分项指标指数。如表3所示，对各城市的自然安全感指数按高低排名，排名第1到第31的城市分别是：西安、杭州、长沙、武汉、贵阳、广州、重庆、拉萨、上海、西宁、长春、成都、海口、北京、南京、济南、福州、合肥、昆明、南昌、郑州、天津、南宁、兰州、哈尔滨、银川、沈阳、乌鲁木齐、呼和浩特、石家庄、太原。

表3 全国城市自然安全感指数排名

城市	自然安全感指数	排名	城市	自然安全感指数	排名
西安	0.5930	1	福州	0.5081	17
杭州	0.5814	2	合肥	0.5061	18
长沙	0.5808	3	昆明	0.5045	19
武汉	0.5653	4	南昌	0.5023	20
贵阳	0.5598	5	郑州	0.5001	21
广州	0.5580	6	天津	0.4999	22
重庆	0.5453	7	南宁	0.4982	23
拉萨	0.5451	8	兰州	0.4959	24
上海	0.5343	9	哈尔滨	0.4777	25
西宁	0.5330	10	银川	0.4764	26
长春	0.5323	11	沈阳	0.4761	27
成都	0.5260	12	乌鲁木齐	0.4754	28
海口	0.5219	13	呼和浩特	0.4709	29
北京	0.5157	14	石家庄	0.4632	30
南京	0.5156	15	太原	0.4461	31
济南	0.5125	16	平均值	0.5168	

从城市自然安全感指数的总体排名来看，不同城市的平均指数绩效得分为0.5168，排名前15名的城市中，多数为东部沿海地区或为中西部的中心城市，排名靠后的城市中，多为中西部欠发达地区或边疆地区。作为一个西部省会城市，西安的城市自然安全指数（0.5930）排名高居榜首。四个直辖市的城市自然安全感排名可谓喜忧参半。重庆市城市自然安全感指数最

高。重庆和上海的城市自然安全感指数排名靠前，分别位居在所有 31 个城市的第 7 位和第 9 位。北京和天津的城市自然安全感指数分别是 0.5157 和 0.4999，排在所有城市的第 14 位和第 22 位，北京和天津的指数排名均低于全国的平均水平（0.5168），这也说明城市自然安全感的指数排名除与所处的地理位置有关，此外，政府对于城市自然安全的治理体系和治理能力是影响城市自然安全感排名的内在因素。

对于中西部地区和边疆地区而言，城市自然安全感指数排名呈现"总体靠后，局部亮丽"的特征。中西部地区的城市自然安全感整体排名不是特别理想。但是局部地区的城市安全感指数排名高于全国平均水平。西安、贵阳、拉萨和西宁这些城市自然安全感指数比较靠前，它们的城市自然安全感得分分别为 0.5930、0.5598、0.5451、0.5330，均高于全国平均水平。虽然这些城市地理位置在中西部地区，但是由于国家和地方对自然灾害治理的高度重视、对自然环境保护力度在加大，居民对于当地的自然生态环境治理的认可与评价总体较高有关。

3. 城市自然安全感与城市公共安全感的比较

城市自然安全感指数反映的是城市公共安全治理的一个重要内容，通过比较二者之间的关系，了解人们对于分项（城市自然安全感指数）与总项（城市公共安全感指数）的关系，以及城市公共安全感指数排名与城市自然安全感指数排名之间的关系见图 1、图 2。

图 1 呈现的是全国城市公共安全感指数与城市自然灾害安全感指数的对比。对比发现全国城市公共安全感指数排名与城市自然安全感排名还是有较大差别，反映出大部分城市的自然安全感指数略大于公共安全感指数，说明了城市居民在接受调查时，与其他八个一级指标相比，城市居民对当地的城市自然安全治理水平更加认可或者表现出对于地方政府在城市自然安全治理绩效的"确认"。只有银川的城市自然安全感指数低于公共安全感指数。调查发现，银川的这种特殊情况，与宁夏的地理位置和特殊的自然生态环境有关，每年的沙尘暴、干旱和水资源短缺导致的水土流失对银川的城市居民的自然安全感影响比较显著，这是导致该城市自然安全指数偏低的重要原因。

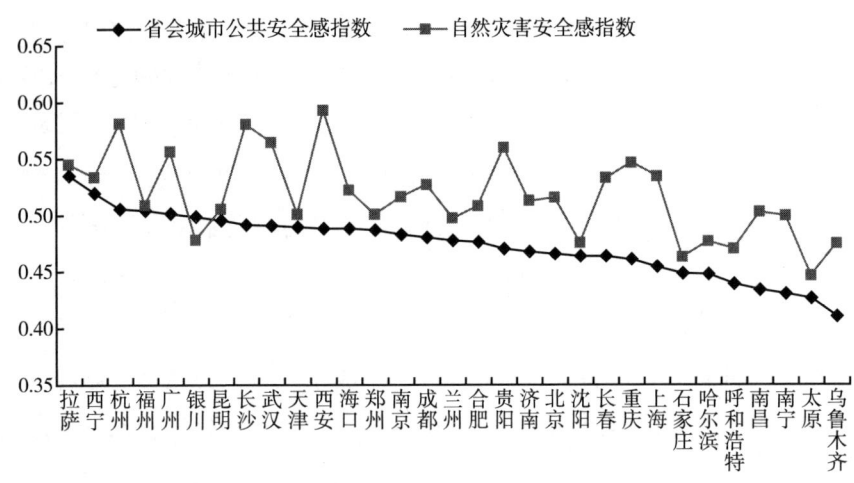

图1 全国城市公共安全感与自然安全感指数比较

如果城市自然安全指数位于公共安全感指数曲线上方，说明该城市自然安全感指数高于公共安全感指数，意味着自然安全是该城市公共安全各项领域中的优势因素，对于城市公共安全的贡献比较大；反之，意味着自然安全是该城市公共安全各项领域中的弱势因素。从图1可知，以公共安全感指数为标线，由于31个省会城市的居民普遍对城市自然安全感评价比较高，所以在图1呈现了一个"线上行"的状态，西安、长沙、杭州、贵阳、重庆、南昌、广州、西宁等城市的城市自然安全感指数明显优于全国城市公共安全感指数。而南昌、郑州、天津、南宁、兰州、哈尔滨、沈阳、乌鲁木齐、呼和浩特、石家庄、太原等城市的自然安全感指数虽然也优于城市公共安全感指数，但是优势并不是特别显著。

图2呈现的是城市公共安全感指数排名与自然安全感指数排名的比较。从该图中可见，在公共安全感指数排名中，排名越靠前表明该城市公共安全感越高，排名第一位的是拉萨，最末位的是乌鲁木齐；在城市自然安全感指数排名中，排名越靠前表明该城市自然安全感越高，排名第一位的是西安，排名最末位的是太原。

所有城市中，除杭州、广州、海口、合肥、哈尔滨等7个城市在两个排

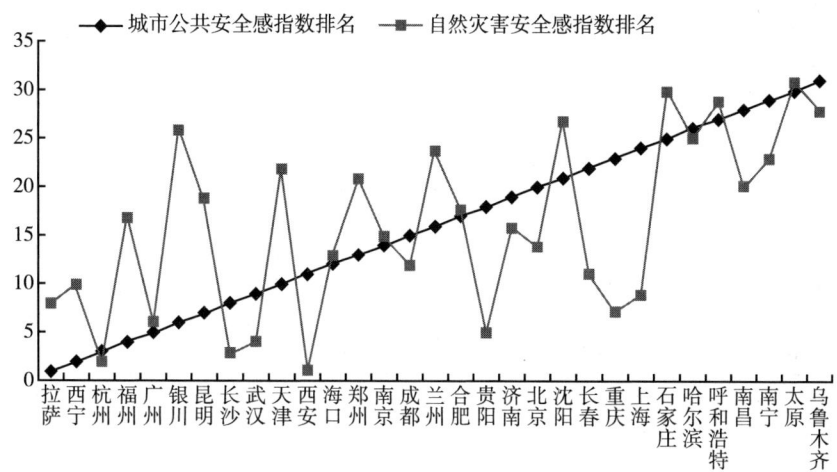

图 2　全国城市公共安全感与自然安全感指数排名比较

名趋于一致,其他所有城市的自然安全感指数排名同样是围绕公共安全感指数排名呈现上下波动状态。波动幅度的大小反映了两种指数排名偏差的大小。如果自然安全指数排名居于公共安全感指数曲线的上方,则说明该城市的自然安全指数排名低于公共安全感指数排名;如果自然安全感指数排名居于公共安全感指数曲线的下方,则说明该城市的自然安全感指数排名高于公共安全感指数排名。长沙、武汉、济南、北京、乌鲁木齐、呼和浩特等13个城市的两项指标排名偏差较为缓和。重庆、银川、贵阳、西安等11个城市的两项指标排名偏差相对较大。

(二)城市自然安全感的描述性统计分析

1. 城市居民自然安全担心程度的描述性统计

除对城市自然安全感指数进行评价外,通过问卷中城市居民对自然安全担心程度的描述性统计,可以直观地了解每个城市的自然安全感状况。调查问卷设置的问题如下:(1)您担心本市自然灾害会给您造成生命财产损失吗?(2)您担心本市防范自然灾害的设施有缺陷吗?(3)自然灾害发生时,市民会得到及时有效救助吗?这三个问题反映了城市居民对城市自然安全的担心程度。其中将问题(1)概括为生命财产损失,问题(2)概括为基础设施缺陷，问题（3）概括为风险及时救助，运用 SPSS 20.0 软件对 3 个指标进行描述性统计，结果如表 4 所示。

表 4　全国城市居民自然安全担心程度描述性统计结果

	N	极小值	极大值	均值	标准差	方差
NL	9268	1	10	5.76	2.797	7.821
NFS	9266	1	10	5.53	2.636	6.947
RIT	9254	1	10	5.76	2.622	6.876
有效的 N(列表状态)	9246					

注：NL＝自然灾害所造成的生命财产损失，NFS＝防范自然灾害的基础设施安全，RIT＝救助的及时性。

据表 4 所示，全国城市居民对自然安全不同领域的担心程度有所差异。指标均值越高表示越不担心，三个题项的均值都超过了 5.5，但未超过 6，表示居民对自然安全不同领域处于中间模糊状态。其中，第一个问题（自然灾害所造成的损失的担忧）与第三个问题（自然灾害救助的及时性）均值相等，而第二个问题（对城市基础设施缺陷的担忧）均值略低。标准差值和方差显示，调查的样本针对"生命财产的担忧程度"意见相对较分散，其他两个问题的回答较为一致。

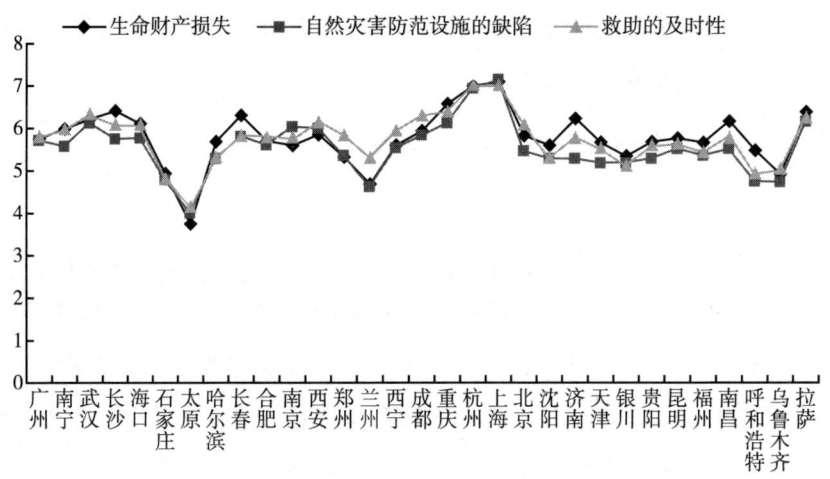

图 3　各城市居民对自然安全不同层面的担心程度指数

在描述全国城市居民的自然安全感总体状况基础之上，基于城市特性，有必要分别描述各城市居民对城市自然安全感的整体差别，了解全国各城市之间城市自然安全感的差异（见图3）。数据显示，上海、杭州、重庆、拉萨四个城市与其他城市相比，在各领域不担心程度都排在前列。在城市自然灾害可能造成的财产损失方面，不担心程度最高的是上海居民；在防范基础设施可能存在的缺陷担心程度方面，不担心程度最高的是依然是上海居民；在灾害救助的及时性方面，不担心程度最高的亦是上海居民；乌鲁木齐、兰州、太原、石家庄四个城市排名都比较靠后。

2. 城市自然安全感的组间对比分析

根据对基础数据的均值和方差描述，全国城市居民在自然安全方面的意见趋于离散。在性别、年龄、收入水平、文化程度等变量情况下，不同群体对自然安全的心理感受是不同的。因此，对不同组别进行描述性统计和独立样本t检验，确定不同群体的自然安全感差异，对于了解全国城市居民自然安全感差异状况，具有重要的参考意义。

二 基于性别的自然安全感状况

由于男性与女性对于自然安全方面关注点、关注程度的不同，在"性别"这一变量下的自然安全感往往呈现不同的特点。运用单因素方差分析和独立样本t检验了解性别变量与城市自然安全感状况及不同层面担心程度的相关关系，结果如表5所示。

表5 全国城市居民性别与自然安全感状况关系

变量	男		女		t	p
	均值M	标准差	均值M	标准差		
NL	6.01	2.82	5.50	2.75	8.751	0.000
NFS	5.74	2.64	5.31	2.61	7.847	0.000
RIT	5.95	2.64	5.57	2.59	6.937	0.000

注：NL=自然灾害的生命财产损失，NFS=防范自然灾害设施的缺陷，RIT=自然灾害救助及时性。

根据表5，各分项指标显著性水平小于0.05，表示性别影响城市自然安全的感受。不同性别居民在自然灾害的生命财产损失、防范自然灾害设施的缺陷、自然灾害救助及时性三个变量检验的t统计量均达到显著水平，显著性概率p值均小于0.005，表示不同性别的居民对自然灾害的生命财产损失、防范自然灾害设施的缺陷、自然灾害救助及时性的担心程度都有显著的不同。男性在这三个指标上的表现均优于女性，也即男性在这些指标上的评价均优于女性，女性自身的性别特质表现得比较明显，他们对诸多的不确定性都持比较谨慎的态度，对自身的安全比较关注。指标值最大为10分，表示完全不担心，最小为1分，表示极为担心，因此，男性居民对自然灾害的生命财产损失（M=6.01）、防范自然灾害设施的缺陷（M=5.74）、自然灾害救助及时性（M=5.95）安全感显著高于女性居民对自然灾害的生命财产损失（M=5.50）、防范自然灾害设施的缺陷（M=5.31）、自然灾害救助及时性（M=5.57）的担心程度。

三 基于年龄的自然安全感状况

不同年龄段的居民可能对自然安全感的担心程度也表现得不尽相同。因此运用描述统计和单因素方差分析方法，得出城市居民年龄变量与自然安全感的相关关系。结果见表6。

表6 全国城市居民年龄与自然安全感状况的关系

变量	18~29岁(1)		30~44岁(2)		45~59岁(3)		60岁以上(4)		F	p	事后比较
	M	SD	M	SD	M	SD	M	SD			
NL	5.83	2.8	5.62	2.74	5.7	2.8	5.98	3.02	4.681	0.003	1>2
NFS	5.55	2.67	5.42	2.56	5.53	2.59	5.83	2.82	3.951	0.008	2<4
RIT	5.71	2.61	5.68	2.57	5.94	2.64	6.08	2.84	6.588	0.000	1<3,1<4 2<3,2<4

注：NL=自然灾害的生命财产损失，NFS=防范自然灾害设施的缺陷，RIT=自然灾害救助及时性。

根据表6，显著性水平小于0.05，表示年龄影响城市自然安全感的变化。就自然灾害的生命财产损失、防范自然灾害设施的缺陷、自然灾害救助及时性三个因变量而言，均呈显著水平。就自然灾害的生命财产损失而言，18~29岁比30~44岁年龄更关注财产损失的情况，与现实中人们的感受有差异，一般情况认为年轻人重享受轻财产，现在出现的情况年轻人更担心财产损失可能与年轻人现在的生存压力（买房、结婚、生孩等）相关。就防范自然灾害设施的缺陷而言，30~44岁年龄组居民与45~59岁年龄组居民相比，后者更担心基础设施存在的缺陷，这与现实中稍微高年龄组的居民更关注社会，关注城市人居环境有关。就灾害应急救助及时性而言，呈现一个高年龄段居民更加关注救助及时性的特征。

基于文化教育程度的自然安全感状况。

居民所受的文化教育水平也是影响自然安全感的重要因素。不同受教育程度的居民可能对自然安全感的担心程度也表现得不尽相同。因此运用描述统计和单因素方差分析方法，得出城市居民年龄变量与自然安全感的相关关系。结果如表7所示。

表7 全国城市居民文化程度与自然安全感状况关系

	小学(1)		初中(2)		高中(3)		大学(4)		研究生(5)		F	p	事后比较
	M	SD	M	SD	M	SD	M	SD	M	SD			
NL	5.78	2.97	5.77	2.90	5.69	2.82	5.79	2.75	5.71	2.80	0.546	0.702	4>1
NFS	5.75	2.67	5.61	2.83	5.58	2.61	5.48	2.60	5.32	2.63	2.354	0.052	1>2
RIT	6.05	2.61	5.87	2.75	5.77	2.64	5.74	2.58	5.50	2.60	2.957	0.019	1>2 1>3 1>4 1>5

注：NL=自然灾害的生命财产损失，NFS=防范自然灾害设施的缺陷，RIT=自然灾害救助及时性。

针对居民调研问卷中的三个问题，自然灾害的生命财产损失、防范自然灾害设施的缺陷、自然灾害防治评价三个问题不存在显著差异。在看待自然灾害的生命财产损失问题上，大学学历居民显然比其他群体更加重视，可能是因为大学学历的居民评价一方面比低学历的较理性，另一方面没有研究生学历收入高的原因。在防范自然灾害设施的缺陷、自然灾害救助及时性问题上，出现一种共同的现象，学历越低的居民越是对防范自然灾害设施的缺陷、自然灾害救助及时性问题越是重视，而且呈现逐级变化的情况，这可能是因为在自然灾害预防和救助上，学历高的人由于收入高而更有抵抗力，当然也可能会有其他原因，需要针对数据做进一步研究。

基于月收入水平的自然安全感状况。

居民的月收入水平也是影响城市自然安全感的重要因素。居民的收入水平不同也会不同程度影响到对自然安全感的担心程度。因此运用描述统计和单因素方差分析方法，得出城市居民月收入的变量与城市自然安全感的相关关系。结果如表8所示。

表8 全国城市居民月收入与自然安全感状况关系

单位：元

变量	2000(1)		2001~3500(2)		3501~5000(3)		5001~8000(4)		8001~12500(5)		12500以上(6)		F	p	事后比较
	M	SD	M	SD	M	SD	M	SD	M	SD	M	SD			
NL	5.80	2.84	5.62	2.91	5.67	2.67	5.86	2.71	6.14	2.75	6.30	2.96	5.044	0.000	2<5, 3<5, 2<6
NFS	5.53	2.68	5.44	2.73	5.49	2.50	5.56	2.55	5.85	2.63	6.13	2.90	4.046	0.001	2<5, 3<6, 2<6
RIT	5.76	2.68	5.70	2.69	5.71	2.50	5.77	2.60	5.97	2.57	6.41	2.75	3.441	0.004	1<6, 4<6, 3<6, 2<6

注：NL=自然灾害的生命财产损失，NFS=防范自然灾害设施的缺陷，RIT=自然灾害救助及时性。

针对城市自然安全感评价的三个问题（自然灾害的生命财产损失、防范自然灾害设施的缺陷、自然灾害救助及时性）的显著水平为 $p=0.000$，0.001，0.004，呈显著差异。就自然灾害给生命财产可能造成损失的担忧上，低收入水平（2001~3500元）的居民更担忧；每月5000元收入水平以上的居民对生命财产安全的担忧程度则比较低。前者是由于收入水平低，可支配收入水平低而产生的一种主观上的顾虑，高收入水平的居民由于其自身可支配收入水平比较高，其对于可能的财产损失的担忧程度不像低收入居民那么强烈；不同收入水平的居民在对"防范自然灾害风险的基础设施可能存在的缺陷"的担忧上，与第一个问题相似，高收入水平的群体对基础设施可能存在的缺陷的担忧程度比低收入水平的居民低；在灾害救助的及时性的担忧程度上，不同收入水平的群体也呈现显著性差异，收入水平12500元以上的居民对于灾害救助及时的担忧程度比其他收入群体都明显，这可能与收入水平所带来的风险预防和应急能力比较高有密切的关系。

四 城市自然安全感存在的问题与挑战

城市自然安全问题的产生是以人类为中心的社会生产系统和自然界本身之间相互耦合的一个结果。自然界本身的承载力是有限的，灾害的频繁发生为我国城市自然灾害的治理提出了新的挑战。全国城市自然安全感调查显示，虽然城市自然安全感的指数总体上排名第一，但是不同城市的自然安全感指数比较也暴露出诸多问题与挑战。

（一）不同地区城市安全感差别比较明显，地域特征明显

不同地区的城市自然安全指数排名呈现一个"东部优于中西部、中心城市优于边疆欠发达城市"的一个总体状况（见表9、表10、表11）。调研结果中反映了城市自身的等级和所处位置的不同，很大程度上影响了不同地区的城市自然安全排名。

表9 "自然灾害发生时受到生命财产损失的担忧"统计结果

城市名称	N	极小值	极大值	均值	标准差
广州	296	1	10	5.77	2.06
南宁	293	1	10	5.96	2.93
武汉	299	1	10	6.11	2.53
长沙	299	1	10	6.41	2.69
海口	304	1	10	6.08	2.59
石家庄	298	1	10	4.87	2.20
太原	300	1	10	3.82	2.29
哈尔滨	299	1	10	5.64	2.66
长春	300	1	10	6.26	3.10
合肥	299	1	10	5.63	2.51
南京	300	1	10	5.65	2.29
西安	300	1	10	5.77	2.51
郑州	293	1	10	5.32	2.79
兰州	298	1	10	4.65	2.53
西宁	300	1	10	5.67	2.41
成都	300	1	10	5.86	2.63
重庆	299	1	10	6.52	2.89
杭州	298	1	10	6.97	2.55
上海	306	1	10	7.07	2.65
北京	300	1	10	5.81	2.82
沈阳	300	1	10	5.56	2.97
济南	295	1	10	6.20	3.10
天津	300	1	10	5.66	3.05
银川	300	1	10	5.29	2.87
贵阳	303	1	10	5.63	2.81
昆明	300	1	10	5.73	2.96
福州	298	1	10	5.59	2.59
南昌	300	1	10	6.14	3.06
呼和浩特	300	1	10	5.49	3.15
乌鲁木齐	291	1	10	4.96	2.92
拉萨	300	1	10	6.36	3.02

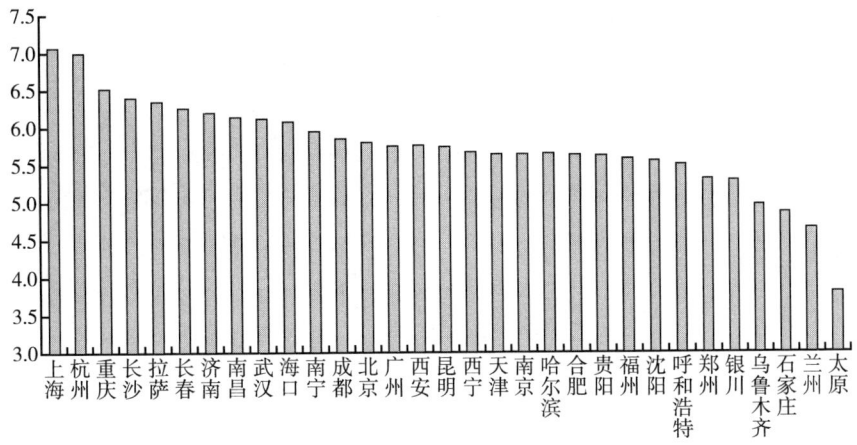

图 4　人们对因自然灾害所致的生命财产损失的担忧情况

从图 4 中可以看出，31 个省会城市在"自然灾害发生时受到生命财产损失的担忧"这项指标上均值的平均水平是 5.756。高于全国平均水平的有 15 个城市。排名前十的城市分别为上海（均值为 7.07）、杭州（均值为 6.97）、重庆（均值为 6.52）、长沙（均值为 6.41）、拉萨（均值为 6.36）、长春（均值为 6.26）、济南（均值为 6.2）、南昌（均值为 6.14）、武汉（均值为 6.11）、海口（均值为 6.08）。低于 31 个省会城市的平均水平的城市有 16 个，排在倒数的主要为太原（均值为 3.82）、兰州（均值为 4.65）、石家庄（均值为 4.87）、乌鲁木齐（均值为 4.96），均低于 5 的均值水平，且低于全国平均水平。从整个排名来看，可以看出一个比较明显的问题。沿海和中心城市的均值水平明显优于欠发达地区或边疆地区。显示出少数经济欠发达地区的城市自然安全的治理水平面临着比较大的压力和挑战，这些城市或为落后的工业城市，或为边疆地区，受到的自然环境的压力比较大，国家城市自然安全治理应该聚焦在这些"落后"城市。

表10 "防范自然灾害的基础设施可能存在缺陷"统计结果

城市名称	N	极小值	极大值	均值	标准差
广州	296	1	10	5.70	1.86
南宁	294	1	10	5.58	2.81
武汉	299	1	10	6.08	2.42
长沙	298	1	10	5.74	2.52
海口	304	1	10	5.74	2.62
石家庄	298	1	10	4.71	2.11
太原	300	1	10	4.04	2.25
哈尔滨	300	1	10	5.30	2.44
长春	300	1	10	5.77	2.96
合肥	299	1	10	5.64	2.23
南京	300	1	10	6.03	2.19
西安	300	1	10	5.92	2.38
郑州	293	1	10	5.40	2.54
兰州	299	1	10	4.61	2.44
西宁	299	1	10	5.55	2.20
成都	300	1	10	5.83	2.41
重庆	299	1	10	6.13	2.71
杭州	298	1	10	6.93	2.43
上海	305	1	10	7.09	2.37
北京	299	1	10	5.42	2.59
沈阳	300	1	10	5.26	2.83
济南	296	1	10	5.23	2.77
天津	300	1	10	5.19	2.91
银川	300	1	10	5.15	2.59
贵阳	303	1	10	5.33	2.68
昆明	299	1	10	5.44	2.78
福州	298	1	10	5.34	2.49
南昌	300	1	10	5.50	2.89
呼和浩特	300	1	10	4.72	2.88
乌鲁木齐	291	1	10	4.77	2.81
拉萨	299	1	10	6.13	3.01

中国城市自然安全感调查报告（2018）

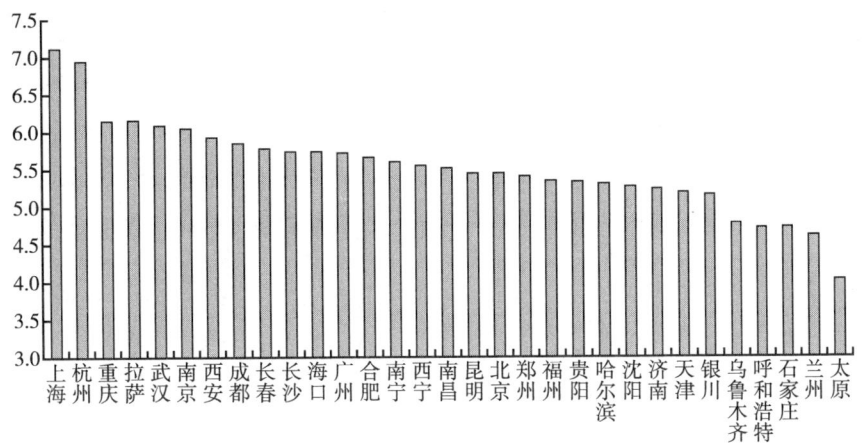

图5　对防范自然灾害基础设施的严重缺陷的担忧情况

从图5中可以看出，31个省会城市在"防范自然灾害的基础设施可能存在缺陷"这项指标上均值的平均水平是5.525。高于全国平均水平的有15个城市。排名前十的城市分别为上海（均值为7.09）、杭州（均值为6.93）、重庆（均值为6.13）、拉萨（均值为6.13）、武汉（均值为6.08）、南京（均值为6.03）、西安（均值为5.92）、成都（均值为5.83）、长春（均值为5.77）、长沙（均值为5.74）。低于31个省会城市的平均水平的城市有16个，排在倒数的主要为太原（均值为4.04）、兰州（均值为4.61）、石家庄（均值为4.71）、呼和浩特（均值为4.72）、乌鲁木齐（均值为4.77），均低于5的均值水平，且低于全国平均水平。北京的居民对于基础设施的担忧程度低于全国平均水平，这是一个比较显著的特例，这可能是由于其自身的规模和人口聚集程度所造成的一个问题，也可能是北京人在防范自然灾害的基础设施上更加在意，而事实上一般认为北京的基础设施投入与管理比其他地方要好一些。有的超大城市的市民担忧程度就没那么明显，如上海居民的担心程度是最低的，这也可能是发达地区的投入和管理水平给人更多的信心和满意。

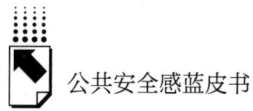

表11 "灾害发生时能否得到及时的救助"统计结果

城市名称	N	极小值	极大值	均值	标准差
广州	296	1	10	5.79	1.86
南宁	292	1	10	5.93	2.65
武汉	299	1	10	6.32	2.32
长沙	299	1	10	6.07	2.55
海口	305	1	10	6.09	2.49
石家庄	298	1	10	4.87	2.01
太原	300	1	10	4.15	2.21
哈尔滨	300	1	10	5.36	2.54
长春	300	1	10	5.85	2.96
合肥	299	1	10	5.77	2.33
南京	300	1	10	5.76	2.29
西安	300	1	10	6.17	2.32
郑州	293	1	10	5.85	2.66
兰州	297	1	10	5.26	2.50
西宁	299	1	10	5.94	2.14
成都	300	1	10	6.29	2.45
重庆	299	1	10	6.37	2.64
杭州	298	1	10	7.02	2.38
上海	305	1	10	7.06	2.49
北京	298	1	10	6.08	2.66
沈阳	298	1	10	5.32	2.69
济南	296	1	10	5.80	2.90
天津	300	1	10	5.53	2.94
银川	300	1	10	5.12	2.65
贵阳	301	1	10	5.61	2.64
昆明	299	1	10	5.65	2.65
福州	297	1	10	5.45	2.43
南昌	300	1	10	5.82	2.67
呼和浩特	300	1	10	4.91	2.89
乌鲁木齐	291	1	10	5.04	2.86
拉萨	295	1	10	6.26	3.09

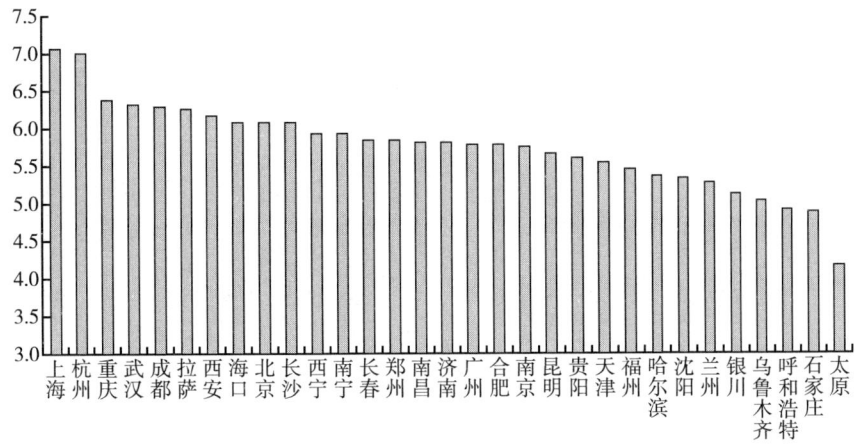

图6　对自然灾害发生时灾害救助及时性的担忧情况

从图6中可以看出，31个省会城市在这项指标上均值的平均水平是5.758。高于全国平均水平的有19个城市。排名前十的城市的均值均高于6，而且高于全国的平均水平，分别为上海（均值为7.06）、杭州（均值为7.02）、重庆（均值为6.37）、武汉（均值为6.32）、成都（均值为6.29）、拉萨（均值为6.26）、西安（均值为6.17）、海口（均值为6.09）、北京（均值为6.08）、长沙（均值为6.07）。低于31个省会城市的平均水平的城市有12个，排在倒数的主要为太原（均值为4.15）、银川（均值为5.12）、石家庄（均值为4.87）、呼和浩特（均值为4.91）、乌鲁木齐（均值为5.04），且低于全国平均水平。自然灾害发生时，救助的及时性问题比较担忧的依然是欠发达地区和边疆地区。救助的及时性反映了一个城市应急救助效率问题，同时也体现了城市所在地政府与其他组织或部门之间的协作问题。与前面两个指标相似，该指标同样也有较强的地域特征。当然排名靠前的也有欠发达地区的西部城市。这种数据折射出的问题是我国的部分城市需要强化政府与其他社会机构和部门之间的协作，增加社会公众得到及时救助的信心。

（二）城市居民自身的风险意识需要加强

城市居民对于风险的关注以及认知决定着其自身的行为偏好。为测度城市居民的主观行为偏好，本次调查设置了一个问题"您会经常关注本地天气预报吗？"（见表12、图7）课题组设置该指标的目的在于了解当地居民对于自然灾害环境的关注和关切程度。一般而言，如果公众对于天气预报比较在意或比较关注的话，一般有两个原因，一个是和自己的职业或者自己的生产和生活行为密切相关，另外一种可能就是当地的城市自然灾害可能频发、多发。也就是说，居民可能为了规避自然灾害风险而关注天气预报。城市居民对于天气预报的关注情况是地区自然安全治理水平的一个间接性体现。

表12　您会经常关注本地天气预报吗？

选项	有效百分比（%）	选项	有效百分比（%）
基本不看	9.16	每天都看	38.75
想知道的时候问别人天气情况	12.00	合计	100
需要的时候看一看	40.09		

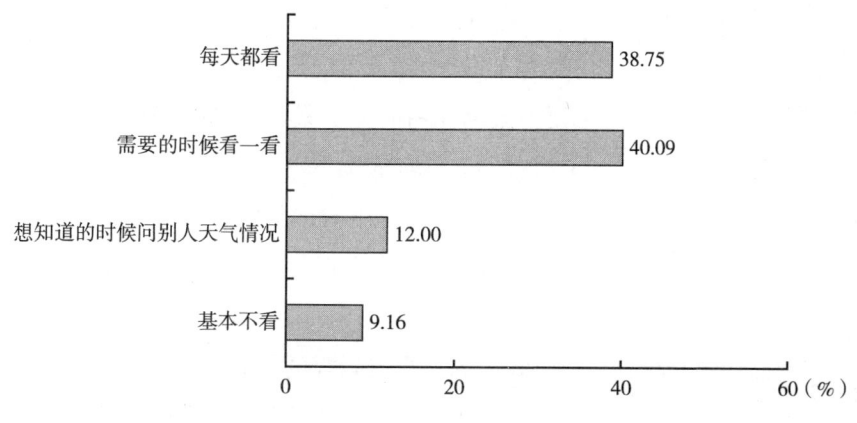

图7　您会经常关注本地天气预报吗？

数据统计看出，将近80%的受访者表示自己对天气变化很关注或比较关注，这也说明其实人们对于自己所处的自然环境及其可能带来的潜在自然生态风险是比较在意的。仅有20%的受访者表示,"基本不看"或"想知道的时候问别人"。通常而言,人们对城市天气预报的高度关注意味着人们对于城市自然安全的发展以及城市自然安全所带来的潜在的风险高度关注。这也启示我们,城市居民自身的安全风险意识和行为偏好直接影响地区的自然灾害治理水平和行动能力。该题反映一个值得人们关注的问题就是,社会个体自身的风险能力是一个任重道远的社会性挑战。这个问题虽然是属于城市居民自身的个体问题,是社会个体自身对于风险或潜在风险的关注和感知能力,但是,它反映了个人主动应对和防控风险的积极性和主动性,是一个城市自然安全治理能力提升需要面对的普遍而迫切的现实问题。

(三)城市自然安全风险教育需要加强

在调研过程中,问卷设计了这样一个问题:您是否参与了自然灾害防范的教育或相关的培训。通过这个问题了解全国针对自然灾害风险教育和培训的情况。如表13所示。

表13 样本参与自然灾害风险教育或培训情况

指标	频率	百分比(%)
未受自然灾害的教育或培训	6574	70.9
接受自然灾害的教育或培训	2280	24.6
缺失	419	4.5

城市自然灾害的应急和治理水平从居民所受的教育和培训上可以得到反馈。通常而言,受过相关的培训和教育,居民的自救和他救能力就比较强,反之相反。这个问题一方面反映了政府和社区的公共责任的履行情况,另一方面反映了城市居民对于自然灾害应急处置知识的储备情况。从表13可以看出,全国调查样本中,超过70%的受访对象表示自己未接受过自然灾害防范的教育或培训,只有接近1/4的受访者认为接受过相关的教育和培训。这种情况说明,城市自然灾害的应急演练并没有引起政府和公众的高度关注,大家在这方面并没有达成共识。市民在生产、生活中所接受的相关的培

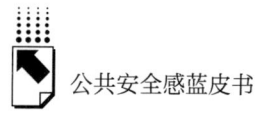
公共安全感蓝皮书

训和教育严重"短缺",社会公众在面对风险时自救或他救的能力就会大打折扣,城市自然安全的治理体系和治理能力的现代化就成为一个严重的挑战。这个问题反映出政府在城市自然安全治理方面的顶层设计和制度建设情况。各级政府要切实履行自然灾害预防的公共责任,加强对于自然风险的预防和管控措施,提升城市应对自然灾害的治理能力。

五 提升城市自然安全感的对策与建议

城市自然灾害风险的管理不再是一个短期的应急管理行为,而应视为一个周期性的常规管理过程,减灾防灾、预警、应急响应和恢复重建处在循环之中,每一环节的工作缺陷都将引起恶性循环,从而削弱整体性绩效。城市自然灾害的管理和治理必须打破部门界限,逐步改变传统的碎片化的灾害风险管理体制以适应现代灾害管理和治理的需要。这本质上是在承认且尊重部门边界的前提下建立一种联动机制,重点对灾害风险治理的"碎片化"结构进行调整,从技术层面有效地整合不同政府部门的公共资源,进一步优化当前自然灾害治理体系,提升自然灾害治理的能力。

(一)必须加强城市自然灾害的整体性治理

从宏观视角进行自然灾害治理的规划与部署。城市管理必须高度重视城市的规划、强化城市改扩建的质量,尊重城市自身的发展规律,以城市的可持续发展为基本诉求。在自然灾害治理过程中,尊重生命、保护人民生命财产安全是城市灾害管理的一个重要原则。因为缺乏战略的自然灾害应急规划与应对而造成防御能力严重弱化甚至丧失,进而导致严重的人员伤亡和财产损失,则更需要从主观方面寻找自身不足。应当及时总结教训、反思不足,采取积极措施,全力把可能导致人为不利因素消灭于萌芽之中。从风险的教育和培训,到风险的演练、应急处置以及事后恢复,甚至包括心理救援和干预等方面进行全面的规划和部署,并强化对于城市自然灾害风险治理的政策和制度的顶层设计。

从源头上增强城市抵御防范灾害的能力。城市应对自然灾害必须系统重构城市抵御防范灾害的能力，这种能力是多种要素耦合的一个结果。从城市规划建设的环节就要高度重视城市自身防御自然灾害的能力。城市规划建设标准偏低，将严重弱化城市抵御自然灾害的能力，甚至常规的自然灾害都有可能会造成灾难性的后果。当前，在快速城镇化进程背景下，尽管城市建设与形态开发的步伐加速，但是由于建设标准偏低，甚至达不到建设标准，为日后的防灾减灾埋下了重大隐患。政府必须强化城市居民自身的自然灾害风险应急能力，比如根据不同地区的实际情况，因地制宜开展城市自然灾害的应急演练和训练。

（二）构建统一协调的自然灾害预案体系

生态环境是一个更为复杂的动态系统，自然灾害从自然问题的逐渐积累、逼近临界点直到突然形成灾难性的后果是一个长期的过程，其形成与爆发的滞后性和不确定性特点对日常自然灾害管理的预警与监测提出了更高的要求。自然灾害预案无疑是自然灾害治理之前基本的行动框架与制度保障，但现有的各种预案都是以各种类型自然灾害的治理为核心，以各个地域为主体，采取条条为主、块块为辅的方式建立的，需要在条与块之间保持充分的协调，既实现自然灾害应对的统一领导，又充分发掘各个地域的主导作用。

2006年以来，国家制定了包括《国家自然灾害救助应急预案》《国家防汛抗旱应急预案》《国家地震应急预案》等诸多的预案，各个地方也加紧了各类自然灾害预案的制定。但不论是国家层面还是地方层面或者是部门的各类应急预案，都只针对特定类型的自然灾害，各种类型的预案之间彼此分散，缺乏科学的衔接与协调，而地方预案又由于"以邻为壑"的现象存在，大大削弱了治理自然灾害的协作与合力。现实而言，自然灾害的爆发更多地来自多种因素的综合和叠加作用，当两个或两个以上自然灾害问题相互发生作用，而相互作用的共同产品不是增加而是倍增的时候，便会产生这种现象。仅仅将自然灾害视为生态领域问题的传统思维和单一危机类型分而治之的现状，无疑难以应对现代社会中的自然灾害，迫切需要以系统和整体的思维构建自然灾害的综合治理体系。因此，需要进一步完善相应预案体系，充实预案内容，细化要素分类，增强预案的规范化、体系化和可操作化。逐步形成以总体预案为龙头，以地方应急预案和专项、部门预案、部分基层应急管理单元预案和重大活动应急预案为主体的覆盖全面、衔接严密、处置高效、切实管用的立体式应急预案体系。

（三）有意识提升个体的自然灾害风险应对能力

城市自然安全治理能力需要政府的宏观管理和规划，更需要城市居民自身不断强化对于自然灾害风险的认知和感知能力。从公民个人的角度讲，城市自然安全治理体系和治理能力的现代化是公众不断强化对于自然灾害风险认知并预控的过程，是提升公民个人在自然灾害中自救和他救的能力的过程。公民自身的风险防控意识和能力的培养有赖于公民个人自身的主动性和积极性，同时也有赖于政府所提供相应的平台和资源，应对城市自然灾害，提升公民的安全感，需要政府引导社会公众建构一种全员参与的协同治理模式。

需要大力开展减灾宣传教育活动。通过减灾的教育和培训，能够使公众自身的风险意识不断强化。政府和其他公共部门充分利用全国防灾减灾日和重要节假日，利用不同的渠道和方式，强化减灾防灾的宣传和教育活动，有步骤，有计划地提升公众自身减灾防灾的意识和自救、互救的能力。需要推广建立减灾示范社区。国家减灾委、民政部以提升城乡综合减灾能力为重点，组织开展了全国综合减灾示范社区创建活动。在创建过程中，各地区创新社区减灾工作的方法和途径，加大支持和投入力度，组织社区居民经常性开展疏散逃生和自救互救演练，城乡基层的综合减灾能力得到提高。[①] 城市居民自身需要通过各种形式了解、认识风险的生成和发展规律，不断调整优化自己的生产和生活行为，获取风险的信息和数据，主动或有意识地调整和

---

① 姜力：《履行政府主导职责发挥社会力量作用努力提升自然灾害治理能力》，《中国领导科学》2015年第2期，第11~13页。

改善自身的行为，并与其他的利益相关主体共享城市自然安全风险的数据和信息，提升城市自然安全治理的能力，逐步构建一个全社会参与、全面覆盖的灾害风险群防群控体系。要鼓励引导群众参加自然灾害保险。不少城市居民对于自然灾害来临时可能造成的财产损失比较担忧。购买保险则是一个有效规避风险的现代金融工具，政府和社区干部要积极引导居民参保，金融保险在提高群众防灾意识增强群众灾后恢复重建上能够发挥重要作用。

（四）加强城市自然灾害治理的多元主体参与

城市自然灾害的治理能力提升有赖于社会公众的多元协同参与。历史和现实充分表明，面对复杂多元的自然灾害，除了发挥政府的主导作用和协调能力，还需要社会多元主体的共同努力，在应对自然灾害过程树立自然灾害共治意识，最大限度地减少自然灾害带来的各种损失。

要构建城市自然安全治理中的公民制度性参与。公民参与公共事务治理是政治价值、管理价值和法律价值的有机统一。正是由于公民的有效参与才提高了社会的整体危机应对能力和政府危机管理的效能，大大减少了各种危机带来的损失。对重大自然灾害的预防、处置和恢复，历来是各级政府的一项重大政治任务，但由于重大自然灾害的发生具有多重不确定性，政府在短期内所能提供的公共资源有限和公共管理能力的局限。因此，仅仅依靠政府的力量很难很快实现灾区的社会稳定。公民参与自然灾害治理，可以更好地把公民各方面的诉求通过合理的渠道和方式表达出来，从而架构起政府和公民沟通协调的桥梁，同时使公民了解自然灾害的真相，消除不必要的恐慌，以及减少轻信、参与传播谣言以及灾害现场混乱等不合作行为的发生概率，从而有效地维护社会秩序的稳定。充分挖掘社会组织在城市自然安全治理中的价值和作用。治理已成为当前社会管理领域的发展方向与必然路径。在我国城市自然安全事件频发的背景下和多年灾区管理实践中，政府的城市自然安全协同治理经验不断累积。政府要积极引导社会组织有效有序参与城市自然安全的治理，既能从一定程度上减轻政府的压力，同时也能为社会组织的参与提供空间，促进政府社会的协同共治。

B.3
中国城市治安安全感调查报告（2018）

韦长伟　张彦华*

摘　要： 本次全国城市公共安全感调查显示，治安安全感指数在全国城市公共安全感九个专项指标中位居第三，反映了居民对城市治安现状展现了较高的评价和认可。对问卷进行统计分析发现，性别、年龄、政治面貌和月收入四个变量显著地影响了居民治安安全感和治安安全认知与评价；文化程度和身份职业变量虽然对治安安全评价的影响没有获得证实，却显著地影响居民的治安安全感；民族和宗教信仰变量对居民治安安全感的影响没有显现差异。研究发现，居民的治安安全感体现了明显的地区间差异、城市等级间差异，城市分组内部的差异也较为明显，一些中心城市的治安安全感呈现了三段式分布的特点，需要采取多种针对性的积极措施才能有效地提升城市居民治安安全感。

关键词： 社会治安　治安安全感　治安安全评价

城市社会治安是一个城市居民安全感的温度计。治安安全感反映了居民对居住地社会治安状况的主观感受和评价，是居民对一定时期内在城市生活、工作和学习中合法权益受到或者可能受到侵害和被保护程度的综合心理

---

* 韦长伟，博士，中国矿业大学公共管理学院讲师，研究方向为风险与冲突管理；张彦华，博士，中国矿业大学公共管理学院讲师，研究方向为城市舆情与安全管理。

心态的反映，它能够勾描出居民对社会治安的需求、担忧和恐慌的程度。社会治安评价是居民对居住城市一定时期内社会治安状况、社会治安管理与社会治安服务的综合评价。现实中出于治安安全的需要，居民和相关方总会体现出某种对应的行为倾向。治安安全感知、社会治安评价和治安安全行为倾向，体现了城市居民寻求安全、免受威胁、呼唤秩序的需求。

一 城市治安安全感的基本状况

通过全国31个省会城市居民公共安全感指标的主观感受和评价，研究发现，在9项一级指标中，治安安全感的权重居于第2位，治安安全感指数位列第3位。由此可见，治安安全感毋庸置疑是城市公共安全感最重要的部分之一。本部分主要选取"晚间单独出行担忧"、"陌生人进入小区担忧"、"暴力冲突伤害担忧"和"及时获得保护担忧"四个分项，用以考察城市居民对城市治安安全状况的认知和感受，并从性别、年龄、政治面貌、文化程度、月收入、身份职业、户口类型、宗教信仰和民族等因素，具体分析对治安安全感的影响。

（一）城市治安安全感调查说明

表1 城市治安安全感状况测量指标

治安安全	0.124351	自身安全	0.074409323	一个人夜晚出行时担心人身安全
				陌生人随意进入所居住的小区担心程度
		公众安全	0.049942018	发生暴力冲突事件造成伤害
				发生治安事件时担心会得不到及时保护

本次城市治安安全感测量在问卷中分为两部分内容。第一模块是测量城市治安安全感状况，如表1所示，治安安全感在城市公共安全感中所占权重为0.124351，排在9个一级指标的第2位，凸显了治安安全感在城市公共安全感中的重要地位。具体分为四个子项，分别测量居民对晚间出行、陌生人进入小区、暴力冲突伤害、及时获得保护的担忧程度，得分从1～10，分值越高，说明

居民对该项内容的担忧程度越低，同时意味着居民对该项治安安全状况认可程度越高，该部分意在发现居民对所居住城市治安安全状况的认知和感受。

第二部分测量城市居民的治安安全行为倾向。分为两个问题，分别测量居民个体的治安安全行为倾向和其他方提供的治安安全行为倾向。前者是"在人群中走路时，您会把包背在前面吗"：一般不会、偶尔会、经常这么做；后者是"您是否看到小区保安在夜间巡逻"：经常见到、偶尔见到、很少见到、从没见到。

（二）城市治安安全感指数分析

1. 治安安全感在公共安全感分项指标指数中的排名情况

表2　城市公共安全感分项指标指数排行榜

分项指标	指数	排名	分项指标	指数	排名
自然安全感	0.5091	1	生态安全感	0.4840	6
公共设施安全感	0.4941	2	医疗卫生安全感	0.4799	7
社会治安安全感	0.4934	3	食品安全感	0.4693	8
交通安全感	0.4917	4	信息安全感	0.3835	9
社会保障安全感	0.4843	5			

从本次调查来看，公共安全感9项分项指标指数结果分别为（见表2）：自然安全感指数0.5091、公共场所设施安全感指数0.4941、社会治安安全感指数0.4934、交通安全感指数0.4917、社会保障安全感指数0.4843、生态安全感指数0.4840、医疗卫生安全感指数0.4799、食品安全感指数0.4693、信息安全感指数0.3835。根据排名显示，自然安全感指数排名最高，治安安全感指数在城市居民公共安全感的分项主观安全感指数中居于第三位，仅比排名第二位的公共设施安全感指数略低，但明显高于其他六个分项，该结果也呼应了公共安全感指标设计过程对治安安全的分配权重。由此观之，居民对省会城市治安安全感的主观评价非常高，反映了居民对省会城市社会治安状况的认可，城市治安管理和治安服务为城市居民带来了较高的获得感和满足感。

2. 城市治安安全感指数排行

表3 城市治安安全感指数排行

排序	城市	得分	排序	城市	得分
1	重庆	0.5572	17	西宁	0.4765
2	拉萨	0.5438	18	哈尔滨	0.4748
3	石家庄	0.5417	19	长春	0.4741
4	杭州	0.5281	20	福州	0.4737
5	广州	0.5258	21	海口	0.4720
6	成都	0.5158	22	郑州	0.4691
7	长沙	0.5155	23	太原	0.4677
8	西安	0.5134	24	乌鲁木齐	0.4569
9	济南	0.5126	25	合肥	0.4561
10	南京	0.5101	26	沈阳	0.4532
11	贵阳	0.5079	27	天津	0.4425
12	上海	0.4996	28	昆明	0.4423
13	北京	0.4872	29	兰州	0.4412
14	南昌	0.4822	30	南宁	0.4405
15	银川	0.4816	31	呼和浩特	0.4323
16	武汉	0.4788		平均得分	0.4863

与全国城市公共安全感指数估算原理相同，对每一个城市样本进行计算，可以得出治安安全感这一分项指标指数。如表3所示，对各个城市的治安安全感指数按高低顺序排名，从第1到第31的城市分别是：重庆、拉萨、石家庄、杭州、广州、成都、长沙、西安、济南、南京、贵阳、上海、北京、南昌、银川、武汉、西宁、哈尔滨、长春、福州、海口、郑州、太原、乌鲁木齐、合肥、沈阳、天津、昆明、兰州、南宁、呼和浩特。

从排名来看，四大直辖市的治安安全感可谓喜忧参半。重庆市治安安全感指数最高，排在所有31个城市的第1位。上海和北京的治安安全感指数分别是0.4996和0.4872，堪堪达到或超过平均水平，排在所有城市的第12位和第13位。天津在四大直辖市中的治安安全感指数不仅得分最低，而且排在所有31个城市的倒数第5位，这明显与其城市的行政级别（直辖市）

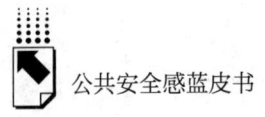

和经济总量（所有城市2017年GDP排名第5位）不符。

西部地区的治安安全感指数令人担忧。除了拉萨出人意料地高居全国第2位外，其他四个城市均未达到平均水平。宁夏回族自治区的银川相对接近平均水平，排在第15位。新疆维吾尔自治区的乌鲁木齐排名第24位，广西壮族自治区的南宁和内蒙古自治区的呼和浩特分别排名第30位和31位，且得分远低于平均水平。这反映出在少数民族聚居地区，社会治安得分整体偏弱，居民对该地区治安的感受和评价明显偏低。

从地理位置来看，分布在北纬27度至32度空间地带的城市，除去南昌（排名第14位）、武汉（排名第16位）、合肥（排名第25位）等3个城市外，重庆（排名第1位）、拉萨（排名第2位）、杭州（排名第4位）、成都（排名第6位）、长沙（排名第7位）、南京（排名第10位）、上海（排名第12位）的治安安全感指数明显较高，而且上述7个城市的治安安全感指数都超过了平均水平，形成了地理上的治安安全地带。

3.城市治安安全感与公共安全感的比较

图1呈现的是省会城市公共安全感指数与治安安全指数的对比。从该图可知，以公共安全感指数为标线，治安安全感指数曲线围绕公共安全感指数曲线呈现上下波动。这种上下波动关系说明，从整体上看治安安全感和公共安全感是相脱离的，表明除治安安全因素外，公共安全感受到公共场所设施安全、生态安全、社会保障安全等多重因素的综合影响。

如果是位于公共安全感指数曲线上方，说明该城市治安安全感指数高于公共安全感指数，意味着治安安全是该城市公共安全各项领域中的优势因素；反之，意味着治安安全是该城市公共安全各项领域中的弱势因素。从图1可知，拉萨、武汉、沈阳、长春、呼和浩特和南宁6个城市在两项指标上比较接近。西宁、福州、银川、昆明、天津、海口、郑州、兰州、合肥等9个城市中的治安安全在整个公共安全中相对较弱，尤其是昆明和天津两市的治安安全感与公共安全感偏差最大。杭州、广州、长沙、西安、南京、成都、贵阳、济南、北京、重庆、上海、石家庄、哈尔滨、南昌、太原和乌鲁木齐等16个城市的治安安全感明显高于公共安全感，尤其是重庆和石家庄两市的治安安全感对整体的城市公共安全感的拉动和提升效应最为显著。

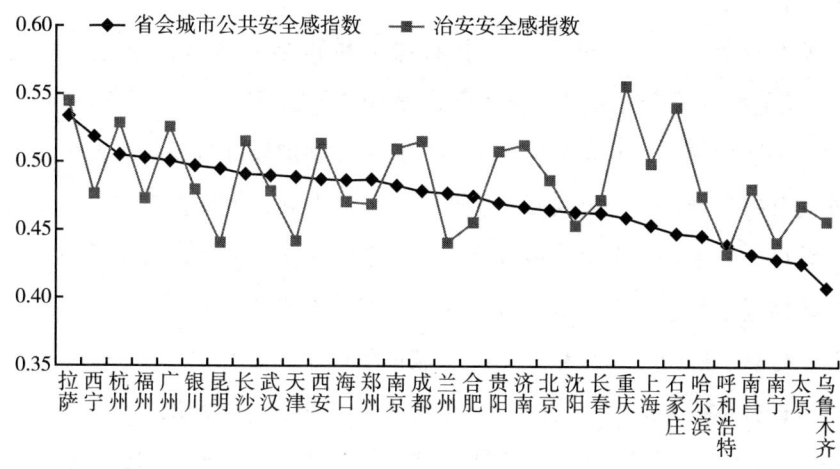

图1 城市公共安全感与治安安全感指数比较

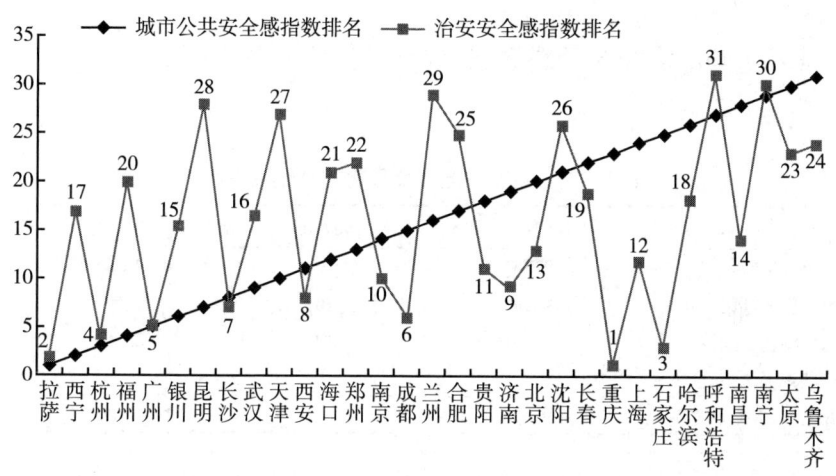

图2 城市公共安全感与治安安全感指数排名比较

图2呈现的是省会城市公共安全感指数排名与治安安全感指数排名的比较。在公共安全感指数排名中，排名越靠前表明该城市公共安全感越高，排

名第一位的是拉萨,最末位的是乌鲁木齐;在治安安全感指数排名中,排名越靠前表明该城市治安安全感越高,排名第一位的是重庆,排名最末位的是呼和浩特。

所有城市中,除广州在两个指标排名中保持一致外(都是排名第5位),其他所有城市的治安安全感指数排名同样是围绕公共安全感指数排名呈现上下波动状态。波动幅度的大小反映了两种指数排名偏差的大小。如果治安安全指数排名居于公共安全感指数曲线的上方,则说明该城市的治安安全指数排名低于公共安全感指数排名;如果治安安全指数排名居于公共安全感指数曲线的下方,则说明该城市的治安安全指数排名高于公共安全感指数排名。拉萨、杭州、长沙和南宁4个城市的两项指数排名趋于一致。西安、南京、长春、呼和浩特、沈阳、太原和乌鲁木齐等7个城市的两项指标排名偏差较为缓和。银川、武汉、海口、郑州、成都、合肥、贵阳、济南、北京、哈尔滨10个城市的两项指标排名偏差较大。西宁、福州、昆明、天津、兰州、上海、重庆、石家庄、南昌等9个城市的两项指标排名偏差偏大。

(三)城市治安安全感描述统计分析

表4 居民治安安全担忧程度的描述性统计

	N	极小值	极大值	均值	标准差	方差
晚间单独出行担忧	9255	1	10	5.32	2.705	7.319
陌生人进入小区担忧	9258	1	10	5.17	2.594	6.727
暴力冲突伤害担忧	9255	1	10	5.44	2.599	6.753
及时获得保护担忧	9241	1	10	5.46	2.582	6.665
有效的N(列表状态)	9200					

"晚间单独出行担忧"、"陌生人进入小区担忧"、"暴力冲突伤害担忧"和"及时获得保护担忧"四个分项用以具体考察城市居民对城市治安安全状况的认知和感受。从表4居民对治安安全上述四个分项担忧程度的描述性统计结果看,居民对陌生人随意进入小区最为敏感和担忧,该项得分显著低

于其他3个分项。从常情来看，在最高分为10分的情况下，所有4个分项的均值都未达到6分，意味着居民对治安安全状况4个分项的认知和感受并非乐观，有着较大的上升空间。而且从标准差和方差来看，居民对治安安全状况的认知和感受的离散性较强，大部分的数值和平均值之间差异较大，这表明得分存在着高低偏差较大的情况。

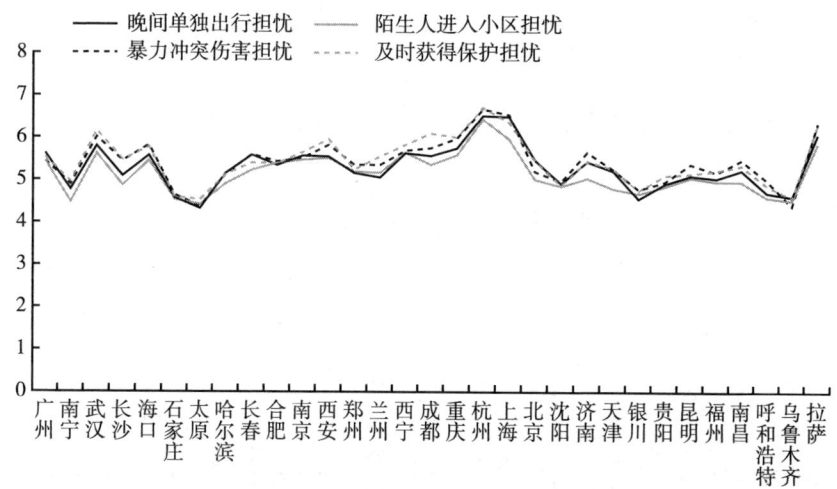

图3 各城市居民治安安全担忧程度指数

图3呈现的是全国31个省会城市居民治安安全四个分项担忧程度指数。从图3来看，基于城市的四个分项曲线的走势大致呈现了一种一致性，变化趋势较为趋同。如图3所示，曲线走势存在三处比较突出的波峰。处于峰顶的城市分别是武汉、杭州、上海和拉萨，这四个城市与其他城市相比在治安安全四个分项中得分高，排在所有城市的最前列。与此同时，曲线走势也存在两处比较突出的波谷。处于波谷的城市分别是石家庄、太原和乌鲁木齐，这意味着这三个城市在治安安全四个分项中的得分低，排在所有城市的末尾几名。

（四）基于组间对比的城市治安安全感状况

1. 基于性别的城市治安安全感状况

性别上的差异，会影响男性和女性对城市社会治安状况的实际感知，进而产生态度上的差异，最终导致男性和女性的城市治安安全感呈现为不同的结果。通过独立样本 t 检验，得到表 5 的分析结果。根据表 5 所示，显著性水平 = 0.000，小于 0.05，显示性别确实影响着男性和女性的治安安全评价。

表 5　性别与治安安全评价

性别	N	均值	标准差	t 值
男	4623	3.59	.917	5.987***
女	4633	3.48	.886	
总计	9256	3.53	0.903	

表 6　性别与治安安全状况担忧程度的差异性比较

因变量	性别	N	均值	标准差	标准误	t 值
晚间单独出行担忧	男	4625	5.94	2.624	.039	22.569***
	女	4628	4.70	2.644	.039	
陌生人进入小区担忧	男	4625	5.60	2.544	.037	16.218***
	女	4631	4.74	2.572	.038	
暴力冲突伤害担忧	男	4623	5.78	2.589	.038	12.653***
	女	4630	5.10	2.564	.038	
及时获得保护担忧	男	4616	5.74	2.582	.038	10.467***
	女	4623	5.18	2.551	.038	

运用单因素方差分析，得到性别与治安安全状况担忧程度的差异性比较，如表 6 所示。通过分析发现，性别在"晚间单独出行担忧"、"陌生人进入小区担忧"、"暴力冲突伤害担忧"和"及时获得保护担忧"四个分项检验的 t 值都达到显著性水平，四项的 p 值 = 0.000。该结果说明，男性和女性对治安安全状况四个分项的担忧程度出现显著的差异。从表 3-6 中的均值可见，女性在全部四个分项上的担忧程度明显都高于男性，该结果也符合生活中的经验常识。

2. 基于年龄的治安安全感状况

年龄从某种程度上代表了在长年的生活处世阅历中形成的风险感知、承压抗压、规避危险等方面的综合能力。不同年龄段居民的治安安全感可能表现出一定的差异性。通过描述性统计分析和单因素方差分析得到表7和表8的结果。根据表7所示，显著性水平=0.000，小于0.05，说明年龄确实影响居民的治安安全评价结果。

表7 年龄与治安安全评价

年龄	N	均值	标准差	标准误	极小值	极大值	F值
18~29岁	4445	3.50	0.923	0.014	1	5	
30~44岁	2674	3.52	0.881	0.017	1	5	7.745***
45~59岁	1587	3.62	0.887	0.022	1	5	
60岁以上	544	3.59	0.881	0.038	1	5	
总数	9250	3.53	0.903	0.009			

根据表8所示，年龄与治安安全状况担忧程度四个分项的显著性水平均为0.000，都小于0.05，也就是说不同年龄段的居民在上述四个分项的认知和感受表现出显著差异性。经过事后比较可知，在"晚间单独出行担忧"、"陌生人进入小区担忧"和"暴力冲突伤害担忧"三个分项上，18~29岁居民的担忧程度明显高于其他年龄段居民，该结果贴近现实社会中年轻人的心理状态。在"及时获得保护担忧"分项上，随着年龄的增加，居民的担忧程度出现消减趋势。这其中，45岁以上年龄的群体对及时获得保护的信心明显高于45岁以下年龄的群体。

表8 年龄与治安安全状况担忧程度的差异性比较

因变量	年龄	N	均值	标准差	F值	事后比较
晚间单独出行担忧	18~29岁	4443	5.13	2.762	16.156***	2,3,4>1
	30~44岁	2676	5.44	2.606		
	45~59岁	1587	5.51	2.667		
	60岁以上	541	5.74	2.711		
	总 数	9247	5.32	2.705		
陌生人进入小区担忧	18~29岁	4448	5.02	2.616	12.035***	2,3,4>1
	30~44岁	2675	5.25	2.534		
	45~59岁	1585	5.42	2.563		
	60岁以上	542	5.38	2.704		
	总 数	9250	5.17	2.593		

续表

因变量	年龄	N	均值	标准差	F 值	事后比较
暴力冲突伤害担忧	18~29岁	4443	5.24	2.597	19.901***	2,3,4>1; 4>2
	30~44岁	2674	5.52	2.554		
	45~59岁	1586	5.7	2.58		
	60岁以上	544	5.88	2.732		
	总 数	9247	5.44	2.598		
及时获得保护担忧	18~29岁	4440	5.29	2.588	19.443***	2>1; 3,4>1,2
	30~44岁	2668	5.48	2.527		
	45~59岁	1581	5.74	2.576		
	60岁以上	544	5.95	2.661		
	总 数	9233	5.46	2.581		

3. 基于政治面貌的治安安全感现状

政治面貌从一定程度上影响着居民对社会治安状况的认知和态度。基于政治面貌，分析它与治安安全评价、治安安全状况担忧程度的关系，结果如表9和表10所示。由表9可知，显著性水平 = 0.037，小于0.05，说明不同的政治面貌确实影响居民对治安安全状况的认知和评价。其中，中共党员对治安安全的评价明显高于其他三类群体。

表9 政治面貌与治安安全评价

政治面貌	N	均值	标准差	标准误	显著性
中共党员	1663	3.61	0.886	0.022	0.037
民主党派	227	3.41	0.998	0.066	
共青团员	2766	3.49	0.909	0.017	
群众	4575	3.54	0.900	0.013	
总 数	9231	3.53	0.904	0.009	

由表10可知，治安安全状况担忧程度四个分项的显著性水平均为0.000，说明政治面貌对治安安全担忧的四个分项的影响呈显著性水平。在

事后比较后得出以下结果,在"晚间单独出行担忧"分项上,共青团员的担忧程度显著高于中共党员和民主党派;在"陌生人进入小区担忧"、"暴力冲突伤害担忧"和"及时获得保护担忧"三项上存在相同的情况,都表现为中共党员和群众的担忧低于共青团员,也就是说中共党员和群众在此三项上比共青团员更有信心。

表10 政治面貌与治安安全状况担忧程度的差异性比较

因变量	户口类型	N	均值	标准差	F值	事后比较
晚间单独出行担忧	中共党员	1666	5.4	2.693	20.224***	1>3,2>3
	民主党派	227	5.67	2.174		
	共青团员	2765	5	2.728		
	群众	4570	5.48	2.702		
	总数	9228	5.33	2.705		
陌生人进入小区担忧	中共党员	1665	5.15	2.587	15.718***	1>3,4>3
	民主党派	227	5.35	2.153		
	共青团员	2767	4.91	2.589		
	群众	4572	5.33	2.607		
	总数	9231	5.17	2.594		
暴力冲突伤害担忧	中共党员	1666	5.52	2.619	19.163***	1>3,4>3
	民主党派	228	5.53	2.3		
	共青团员	2768	5.13	2.543		
	群众	4566	5.6	2.624		
	总数	9228	5.44	2.599		
及时获得保护担忧	中共党员	1664	5.58	2.592	16.792***	1>3,4>3
	民主党派	227	5.37	2.332		
	共青团员	2764	5.18	2.546		
	群众	4560	5.6	2.596		
	总数	9215	5.46	2.581		

4. 基于文化程度的治安安全感现状

对文化程度与治安安全评价、治安安全状况担忧程度的相关性分析如表11和表12所示。根据表11可知,显著性水平=0.277,大于0.05,说明文化程度的高低对居民的治安安全评价并没有产生显著性的影响。

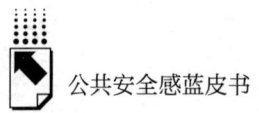

表 11 文化程度与治安安全评价

文化程度	N	均值	标准差	标准误	显著性
小学及以下	341	3.61	0.993	0.054	
初中	1136	3.54	0.962	0.029	
高中	2368	3.54	0.900	0.019	0.277
大学	4860	3.52	0.883	0.013	
研究生以上	546	3.58	.912	.039	
总　数	9251	3.53	.903	.009	

表 12 的结果表明，文化程度对治安安全状况担忧的四个分项存在显著性影响，而且显著性水平都是 0.000。这说明，虽然文化程度与治安安全评价并没有在此次的调查中存在相关性，但是它却影响着居民对个人安全和公众安全的认知和感受，文化程度与治安安全担忧呈正方向变化。从事后比较的结果来看，文化程度越高，居民对治安安全的忧虑越多，感觉越不安全。随着文化程度的增加，居民对晚间独自出行、陌生人随意进入小区、暴力冲突造成的伤害、无法获得及时保护等方面的担忧越多，不安全感越强烈。尤其是大学生和研究生以上学历的两个群体身上体现得最为显著，在所有四个分项中的得分都是最低的。反之，高中及以下文化程度的居民在以上四项的担忧反而是越少。

表 12 政治面貌与治安安全状况担忧程度的差异性比较

因变量	文化程度	N	均值	标准差	标准误	F 值	事后比较
晚间单独出行担忧	小学及以下	339	5.65	2.624	0.143	6.245***	1>4,3>4
	初中	1137	5.39	2.815	0.083		
	高中	2369	5.5	2.709	0.056		
	大学	4858	5.21	2.685	0.039		
	研究生以上	545	5.19	2.634	0.113		
	总　数	9248	5.32	2.705	0.028		
陌生人进入小区担忧	小学及以下	340	5.54	2.52	0.137	12.423***	1,2,3>4,5
	初中	1136	5.34	2.707	0.08		
	高中	2367	5.4	2.61	0.054		
	大学	4863	5.03	2.563	0.037		
	研究生以上	545	4.9	2.49	0.107		
	总　数	9251	5.17	2.594	0.027		

续表

因变量	文化程度	N	均值	标准差	标准误	F值	事后比较
暴力冲突伤害担忧	小学及以下	341	5.77	2.638	0.143	9.739***	1,2,3>4,5
	初中	1134	5.69	2.675	0.079		
	高中	2364	5.58	2.608	0.054		
	大学	4864	5.31	2.562	0.037		
	研究生以上	545	5.21	2.614	0.112		
	总数	9248	5.44	2.599	0.027		
及时获得保护担忧	小学及以下	339	5.81	2.656	0.144	6.304***	1>4,5; 3>4
	初中	1136	5.59	2.702	0.08		
	高中	2360	5.59	2.586	0.053		
	大学	4856	5.36	2.533	0.036		
	研究生以上	545	5.26	2.631	0.113		
	总数	9236	5.46	2.581	0.027		

5. 基于月收入的治安安全感现状

表13 月收入与治安安全评价

月收入	N	均值	标准差	标准误	显著性
2000元以下	2730	3.52	0.920	0.018	0.001
2001~3500元	2106	3.48	0.916	0.020	
3501~5000元	2283	3.50	0.878	0.018	
5001~8000元	1323	3.61	0.889	0.024	
8001~12500元	429	3.71	0.827	0.040	
12500元以上	202	3.70	0.968	0.068	
总数	9073	3.53	0.903	0.009	

从理论层面上看，生活水平的改善和收入水平的提高对城市治安产生提振效应，从而促进一个城市的治安改善，进而提升居民对治安效果的认可和评价。由表13可知，显著性水平=0.001，小于0.05，说明居民月收入水平影响其对所居住城市治安安全状况的评价。收入水平越高，对居民的治安安全评价影响越显著，评价就越高。尤其是月收入在5000元以上的居民，明显要比月收入在5000元以下的居民对城市治安状况的评价高。

表14 月收入与治安安全状况担忧程度的差异性比较

因变量	月收入	N	均值	标准差	标准误	F值	事后比较
晚间单独出行担忧	2000元以下	2730	5.03	2.781	0.053	18.168***	3,4,5,6>1,2
	2001~3500元	2105	5.20	2.763	0.060		
	3501~5000元	2284	5.45	2.559	0.054		
	5001~8000元	1320	5.70	2.543	0.070		
	8001~12500元	430	5.82	2.712	0.131		
	12500元以上	202	5.87	2.838	0.200		
	总数	9071	5.33	2.699	0.028		
陌生人进入小区担忧	2000元以下	2731	4.97	2.611	0.050	7.942***	3,4,5,6>1
	2001~3500元	2105	5.14	2.664	0.058		
	3501~5000元	2284	5.28	2.530	0.053		
	5001~8000元	1321	5.36	2.468	0.068		
	8001~12500元	430	5.49	2.624	0.127		
	12500元以上	202	5.55	2.686	0.189		
	总数	9073	5.18	2.590	0.027		
暴力冲突伤害担忧	2000元以下	2730	5.21	2.636	0.050	9.676***	3,4,5,6>1; 4>2
	2001~3500元	2107	5.39	2.665	0.058		
	3501~5000元	2281	5.53	2.493	0.052		
	5001~8000元	1322	5.70	2.497	0.069		
	8001~12500元	430	5.76	2.624	0.127		
	12500元以上	202	5.81	2.803	0.197		
	总数	9072	5.45	2.597	0.027		
及时获得保护担忧	2000元以下	2727	5.24	2.609	0.050	8.292***	3,4,5>1
	2001~3500元	2101	5.45	2.657	0.058		
	3501~5000元	2280	5.54	2.520	0.053		
	5001~8000元	1320	5.67	2.416	0.067		
	8001~12500元	430	5.80	2.572	0.124		
	12500元以上	201	5.72	2.786	0.197		
	总数	9059	5.46	2.579	0.027		

运用单因素方差分析，得出表14的结果。从表14可知，治安安全状况担忧的四个分项的显著性水平均为0.000，小于0.05，月收入水平影响四个分项的结果。通过事后比较分析发现，在晚间单独出行担忧、陌生人进入小区担忧、暴力冲突伤害担忧和及时获得保护担忧四个反映治安安全

状况的认知指标方面,月收入水平与居民对治安安全状况的忧虑呈现为一种反方向变化。随着月收入水平的升高,居民对城市治安安全状况的忧虑和担忧越淡化;反之,月收入水平越低,对治安安全状况的担忧情绪越高,反映出低收入者在现实生活中更加关注治安问题,对治安安全的需求相对更强烈。

6. 基于身份职业的治安安全感现状

表15 身份职业与治安安全评价

身份职业	N	均值	标准差	标准误	显著性
公务员	338	3.60	0.951	0.052	
事业单位人员	1060	3.55	0.885	0.027	
公司职员	2029	3.51	0.897	0.020	
进城务工人员	485	3.53	0.965	0.044	0.693
学生	2411	3.53	0.895	0.018	
自由职业者	1394	3.55	0.907	0.024	
离退休人员	532	3.55	0.865	0.038	
其他	993	3.52	0.926	0.029	
总　数	9242	3.53	0.904	0.009	

由表15可知,显著性水平=0.693,高于0.05,所以身份职业在本部分的研究中并不影响居民对治安安全状况的评价,受访居民的治安安全评价大致趋同,并未因身份职业的不同而产生治安安全评价的差异。

但是,根据表16可以发现,身份职业明显影响着居民对治安安全担忧四个分项的感受和认知,显著性水平均为0.000。其中,最为突出的是学生群体,他们在四个分项上的均值在所有受访群体中都是最低的,分别是5、4.95、5.14和5.24。特别值得注意的是,学生群体要比其他任何群体都显示出对晚间出行和暴力冲突伤害非常强烈的担忧和恐惧。这或许与近年来频频曝出的女大学生外出失联遇害事件有关,反复出现的事件加剧了学生群体对晚间外出和暴力冲突的深深忧虑。

该部分有两个有意思的发现。一个是离退休人员的治安安全感表现得很高。除了对陌生人进出小区表现了较多的担忧外（该项也是处于正常预期内），离退休人员对"晚间单独出行担忧"（得分 5.62，排第 1 位）、"暴力冲突伤害担忧"（得分 5.79，排第 2 位）、"及时获得保护担忧"（得分 5.89，排第 1 位）三个子项上的安全感都高于其他群体。

另一个出人意料的群体是进城务工人员也表现出很高的治安安全感。该群体对"陌生人进入小区担忧"（得分 5.51，排第 1 位）、"暴力冲突伤害担忧"（得分 5.82，排第 1 位）两个子项没有预期中的高度担忧，而在"晚间单独出行担忧"（得分 5.61，排第 2 位）上仅略低于离退休人员。作为治安问题上的脆弱群体和风险人群，离退休人员和进城务工人员的治安安全感大大超乎了预期。

表16 身份职业与治安安全状况担忧程度的差异性比较

因变量	身份职业	N	均值	标准差	标准误	F值	事后比较
晚间单独出行担忧	公务员	342	5.39	2.612	0.141	7.314***	2,3,4,6,7,8>5
	事业单位人员	1060	5.39	2.619	0.080		
	公司职员	2027	5.39	2.595	0.058		
	进城务工人员	485	5.61	2.613	0.119		
	学生	2409	5.00	2.741	0.056		
	自由职业者	1395	5.39	2.787	0.075		
	离退休人员	531	5.62	2.738	0.119		
	其他	991	5.45	2.808	0.089		
	总数	9240	5.32	2.705	0.028		
陌生人进入小区担忧	公务员	341	5.27	2.515	0.136	4.438***	3,4>5
	事业单位人员	1061	5.17	2.516	0.077		
	公司职员	2027	5.27	2.509	0.056		
	进城务工人员	484	5.51	2.549	0.116		
	学生	2412	4.95	2.559	0.052		
	自由职业者	1393	5.22	2.695	0.072		
	离退休人员	530	5.27	2.751	0.119		
	其他	995	5.21	2.716	0.086		
	总数	9243	5.17	2.594	0.027		

续表

因变量	身份职业	N	均值	标准差	标准误	F 值	事后比较
暴力冲突伤害担忧	公务员	342	5.64	2.528	0.137	8.294***	1,2,3,4,6,7,8>5
	事业单位人员	1058	5.49	2.589	0.080		
	公司职员	2027	5.45	2.521	0.056		
	进城务工人员	485	5.82	2.516	0.114		
	学生	2410	5.14	2.555	0.052		
	自由职业者	1392	5.53	2.693	0.072		
	离退休人员	532	5.79	2.731	0.118		
	其他	993	5.51	2.667	0.085		
	总　数	9239	5.44	2.600	0.027		
及时获得保护担忧	公务员	341	5.58	2.627	0.142	5.829***	4,6>5；7>3,5,8
	事业单位人员	1059	5.52	2.541	0.078		
	公司职员	2023	5.46	2.506	0.056		
	进城务工人员	485	5.75	2.573	0.117		
	学生	2407	5.24	2.524	0.051		
	自由职业者	1389	5.52	2.694	0.072		
	离退休人员	532	5.89	2.623	0.114		
	其他	990	5.42	2.679	0.085		
	总　数	9226	5.46	2.582	0.027		

7. 基于户口类型的治安安全感现状

如表 17 所示，显著性水平 = 0.000，小于 0.05，说明户口类型影响居民对治安安全状况的评价，本市城市户口的居民评价得分最高（3.56），本市农村户口的居民评价得分最低（3.42）。相对而言，城市户口居民的治安评价高于农村户口，这可能与省会城市落户难，尤其是对农村居民更是难上加难，导致其虽身在城市，但作为实际上的漂流族、游离在城市和农村之间的两栖人因户籍限制长期难以真正成为市民有很大关系。此外，值得注意的是，不分本市还是外地，城市户口居民的治安安全评价非常接近。

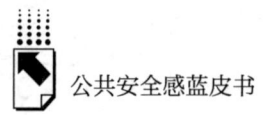

表 17 户口类型与治安安全评价

户口类型	N	均值	标准差	标准误	显著性
本市城市	4810	3.56	0.878	0.013	
本市农村	1352	3.42	0.914	0.025	0.000
外地城市	1718	3.55	0.924	0.022	
外地农村	1366	3.52	0.946	0.026	
总 数	9246	3.53	0.903	0.009	

表 18 户口类型与治安安全状况担忧程度的差异性比较

因变量	户口类型	N	均值	标准差	标准误	F值	显著性
晚间单独出行担忧	本市城市	4810	5.37	2.668	0.038		
	本市农村	1353	5.17	2.585	0.070		
	外地城市	1715	5.34	2.747	0.066	1.91	0.089
	外地农村	1365	5.28	2.891	0.078		
	总 数	9243	5.32	2.706	0.028		
陌生人进入小区担忧	本市城市	4809	5.17	2.592	0.037		
	本市农村	1356	5.16	2.454	0.067		
	外地城市	1717	5.17	2.618	0.063	0.068	0.997
	外地农村	1364	5.18	2.709	0.073		
	总 数	9246	5.17	2.594	0.027		
暴力冲突伤害担忧	本市城市	4805	5.48	2.585	0.037		
	本市农村	1354	5.43	2.484	0.068		
	外地城市	1719	5.40	2.611	0.063	1.538	0.174
	外地农村	1365	5.33	2.742	0.074		
	总 数	9243	5.44	2.599	0.027		
及时获得保护担忧	本市城市	4797	5.52	2.568	0.037		
	本市农村	1355	5.40	2.493	0.068		
	外地城市	1712	5.44	2.591	0.063	2.284	0.044
	外地农村	1366	5.32	2.698	0.073		
	总 数	9230	5.46	2.582	0.027		

表18 户口类型与治安安全状况担忧程度的差异性比较结果显示，"晚间单独出行担忧"、"陌生人进入小区担忧"和"暴力冲突伤害担忧"三个分项的显著性水平分别为0.089、0.997和0.174，均大于0.05，说明不同户口类型对上述三项的影响并没有在本次调查中得到证实。"及时获得保护担忧"的显

著性水平为 0.044，小于 0.05，说明不同户口类型在能否及时获得保护的担忧方面存在差异。在这方面，外地农村居民的不安全感最为明显。

8. 基于其他因素影响的治安安全感现状

对不同的宗教信仰——无、佛教、道教、基督教、伊斯兰教、天主教和其他宗教信仰，不同民族——汉族、其他民族，与治安安全感的相关性研究如表19、表20和表21所示。

表19 宗教信仰与治安安全评价

宗教信仰	N	均值	标准差	标准误	显著性
无	7774	3.53	0.893	0.010	
佛教	768	3.59	0.945	0.034	
道教	95	3.36	0.933	0.096	
基督教	198	3.38	0.936	0.067	0.106
伊斯兰教	213	3.62	0.972	0.067	
天主教	38	3.32	0.933	0.151	
其他	157	3.54	1.003	0.080	
总数	9243	3.53	0.903	0.009	

表20 民族与治安安全评价

民族	N	均值	标准差	标准误	显著性
汉族	8111	3.52	0.897	0.010	0.008
其他民族	1145	3.60	0.944	0.028	

表21 民族与治安安全状况担忧程度的差异性比较

因变量	民族	N	均值	标准差	标准误	显著性
晚间单独出行担忧	汉族	8106	5.32	2.710	0.030	0.803
	其他民族	1147	5.30	2.679	0.079	
陌生人进入小区担忧	汉族	8105	5.18	2.604	0.029	0.518
	其他民族	1151	5.13	2.522	0.074	
暴力冲突伤害担忧	汉族	8105	5.44	2.596	0.029	0.900
	其他民族	1148	5.43	2.621	0.077	
及时获得保护担忧	汉族	8094	5.47	2.582	0.029	0.383
	其他民族	1145	5.40	2.578	0.076	

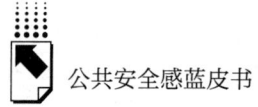

根据表 19 可知,显著性水平 =0.106,大于 0.05,说明不同的宗教信仰与居民治安安全评价的相关性没有在本次调查中获得证实。从样本分布来看,没有宗教信仰的受访者占比 84.11%,其他有宗教信仰的受访者最高不过是佛教,占比仅有 8.31%。

根据表 20 可知,显著性水平 =0.008,小于 0.05,意味着民族影响了居民治安安全评价的结果,其他民族居民的评价相对高于汉族居民。但是表 21 的结果显示,在治安安全状况担忧程度的四个分项中,显著性水平分别是 0.803、0.518、0.900 和 0.383,均高于 0.05,这说明汉族和其他民族居民在这四个分项中并不存在显著的不同。

二 城市治安安全感存在的问题

通过全国城市治安安全感调查数据分析发现,当前我国居民治安安全认知薄弱,居民的治安安全感存在明显的地区间差异、城市等级间差异,城市分组内部的差异也较为明显,国家中心城市的治安安全感呈现了三段式分布问题,不同群体间治安安全感差异较为显著。

(一)居民治安安全认知薄弱

此次城市公共安全感调查中,在回答"您是否接受过社会组织(如公益团体)关于公共安全的教育或服务"时,4241 名居民认为自己没有接受过公共安全教育或服务,占比为 46.21%(见表 22)。该结论也印证了当前我国在公共安全教育方面的薄弱。虽然我国的公共安全管理取得了长足的进步,但是从安全风险预防方面讲,公共安全教育在很大程度上存在流于形式、不重实效的问题。[1]

---

[1] 王文惠:《我国公共安全教育的缺陷与解决思路——基于降低社会脆弱性的角度》,2010 年应急管理国际研讨会。

表22 您是否接受过社会组织（如公益团体）关于公共安全的教育或服务？

选项	有效百分比(%)	选项	有效百分比(%)
没有	46.21	合计	100.00
有	53.79		

公共安全教育涉及公共安全领域的方方面面，尚且如此，更不必说治安教育和服务。在是否接受过社会治安教育或服务方面，本次调查共获取8857个有效样本。表23的统计显示，接受过社会治安教育或服务的受访居民只有1588人，占比17.1%。也就是说，只有不足两成的居民接受过某种程度的治安教育或服务。

表23 接受社会治安教育或服务的情况

		频率	百分比(%)	有效百分比(%)
有效	没有接受过	7269	78.4	82.1
	接受过	1588	17.1	17.9
	合计	8857	95.5	100.0
缺失	系统	416	4.5	
合计		9273	100.0	

从城市的角度看，根据表24所示，31个省会城市平均接受过社会治安教育或服务的人数只有51人，绝大多数城市的这一比例不足两成，比例最低的哈尔滨只有8.3%，然后是仅有10%的武汉和呼和浩特。比例超过20%的城市屈指可数，分别是南宁（24.8%）、石家庄（28.5%）、太原（25.7%）、贵阳（20.8%）和拉萨（24%），超过30%的更是凤毛麟角，只有乌鲁木齐（32%）。由此可知，居民接受的社会治安教育或服务乏善可陈。

表24 以城市统计的居民接受社会治安教育或服务的情况

单位：%

城市		接受教育	频率	百分比	城市		接受教育	频率	百分比
广州	有效	没有	246	83.1	重庆	有效	没有	191	63.9
		有	50	16.9			有	53	17.7
		合计	296	100.0			合计	244	81.6

续表

城市		接受教育	频率	百分比	城市		接受教育	频率	百分比
南宁	有效	没有	219	74.5	杭州	有效	没有	152	51.0
		有	73	24.8			有	49	16.4
		合计	292	99.3			合计	201	67.4
武汉	有效	没有	269	90.0	上海	有效	没有	103	33.7
		有	30	10.0			有	57	18.6
		合计	299	100.0			合计	160	52.3
长沙	有效	没有	234	78.3	北京	有效	没有	245	81.7
		有	61	20.4			有	55	18.3
		合计	295	98.7			合计	300	100.0
海口	有效	没有	204	66.9	沈阳	有效	没有	249	83.0
		有	58	19.0			有	51	17.0
		合计	262	85.9			合计	300	100.0
石家庄	有效	没有	213	71.5	济南	有效	没有	247	83.4
		有	85	28.5			有	49	16.6
		合计	298	100.0			合计	296	100.0
太原	有效	没有	223	74.3	天津	有效	没有	263	87.7
		有	77	25.7			有	37	12.3
		合计	300	100.0			合计	300	100.0
哈尔滨	有效	没有	275	91.7	银川	有效	没有	266	88.7
		有	25	8.3			有	34	11.3
		合计	300	100.0			合计	300	100.0
长春	有效	没有	259	86.3	贵阳	有效	没有	240	79.2
		有	41	13.7			有	63	20.8
		合计	300	100.0			合计	303	100.0
合肥	有效	没有	254	84.9	昆明	有效	没有	236	78.7
		有	44	14.7			有	50	16.7
		合计	298	99.7			合计	286	95.3
南京	有效	没有	250	83.3	福州	有效	没有	248	83.2
		有	50	16.7			有	50	16.8
		合计	300	100.0			合计	298	100.0
西安	有效	没有	255	85.0	南昌	有效	没有	244	81.3
		有	45	15.0			有	56	18.7
		合计	300	100.0			合计	300	100.0

续表

城市		接受教育	频率	百分比	城市		接受教育	频率	百分比
郑州	有效	没有	252	86.0	呼和浩特	有效	没有	264	88.0
		有	41	14.0			有	30	10.0
		合计	293	100.0			合计	294	98.0
兰州	有效	没有	260	87.0	乌鲁木齐	有效	没有	198	68.0
		有	39	13.0			有	93	32.0
		合计	299	100.0			合计	291	100.0
西宁	有效	没有	261	87.0	拉萨	有效	没有	228	76.0
		有	38	12.7			有	72	24.0
		合计	299	99.7			合计	300	100.0
成都	有效	没有	221	73.7					
		有	32	10.7					
		合计	253	84.3					

注：本表忽略了系统缺失项，因此有些统计百分比不足100%。

（二）居民主观治安安全感与客观治安安全存在偏离现象

治安安全感实际上反映的是居民个体主观层面上对治安风险和治安问题的认知和判断，结果如何受个人主观因素影响的可能性很大。尽管本次调查的结果显示，治安安全感指数在公共安全感九个分项中得分居于第三位，但是从治安安全感具体的四项指标得分看，"晚间单独出行担忧"为5.32，"陌生人进入小区担忧"为5.17，"暴力冲突伤害担忧"为5.44，"及时获得保护担忧"为5.46，在极大值为10的情况下，主观上对治安的认知和感受很难称满意。

从图4可见，"晚间单独出行担忧"分项指标中上海（6.55）、杭州（6.54）和拉萨（6.10）排在所有城市的前三位，也是仅有的超过6分的城市，其他城市的得分都在6分以下，排名后三位的是太原（4.36）、石家庄（4.53）和银川（4.57）。所有城市的得分均值是5.32，这说明居民对晚间单独出行仍具有较强的忧虑和担心。

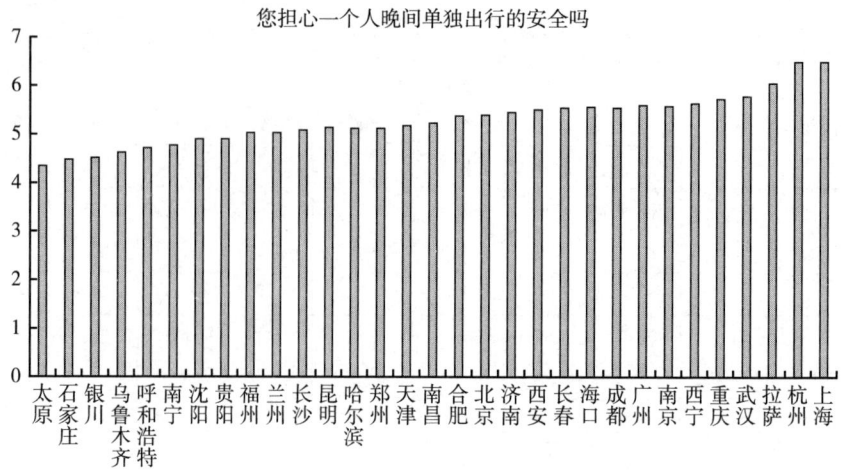

图 4 晚间单独出现担忧的均值统计结果

根据图 5 可知，居民对"陌生人进入小区担忧"的均值为 5.17，总计有 14 个城市的得分在 5 分以下，说明居民从主观感受上仍旧对陌生人随意进入小区怀有较强的不信任和戒备心理。在该项指标中，杭州（6.48）、上海（5.95）和拉萨（5.89）排在前三位，杭州是 31 个城市中仅有的得分超过 6 分的城市。与之形成鲜明对比的是，太原（4.45）、南宁（4.48）和乌鲁木齐（4.53）居于后三位。这与长期形成的封闭式小区带来的安全感惯性有关，有形的围墙、严密的保安、门禁象征着安全。实际上，各地为落实 2015 年中央城市工作会议，都在大力推进城市网格化管理，省会城市建立起完善的市、区、街道和社区四级网格系统，加上数字城市、智慧城市建设，遍及城市角落尤其是小区的视频监控系统，治安犯罪的可能和风险被大大降低。

根据图 6，"暴力冲突伤害担忧"分项中，杭州（6.71）、上海（6.55）和拉萨（6.41）排在前三位，第四位的武汉（6.04）得分也超过了 6，排在最后三位的乌鲁木齐（4.39）、太原（4.41）和石家庄（4.66）。该项的得分均值是 5.44，同样体现了居民对暴力冲突的担忧。实际上，经过几十年的平安创建活动，重点治安防控上的全覆盖和无死角，治安状况良好，我国

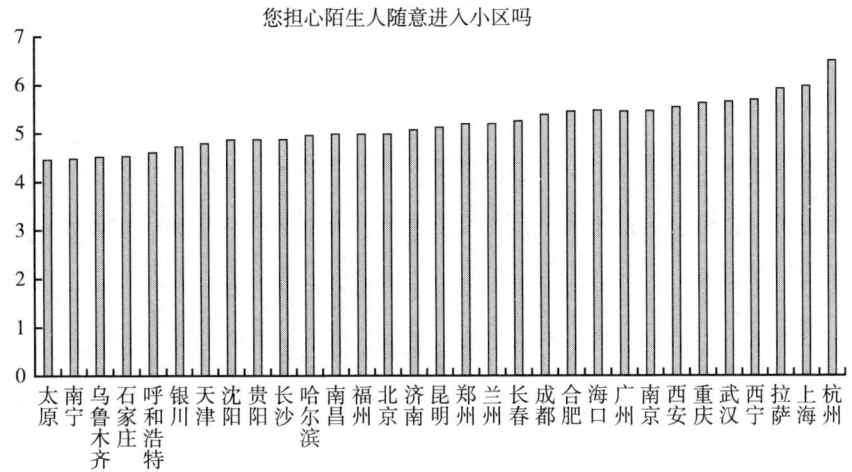

图 5　陌生人进入小区担忧的均值统计结果

甚至入选了全球最安全国家。最新数据显示，2016 年我国每 10 万人中发生命案 0.62 起，是世界上命案发案率最低的国家之一。与一些主要发达国家相比，如 2015 年美国每 10 万人命案发案率是 4.88，法国是 1.58，瑞士是 0.69，德国是 0.85；与一些被公认治安较好的国家相比，2015 年丹麦是 0.99，芬兰是 0.91，瑞典是 1.15，我国的命案发案率都低于这些国家。[①] 根据 2018 年中央政法工作会议公布的数据，2017 年，中国每 10 万人中发生命案 0.81 起，是命案发案率最低的国家之一；严重暴力犯罪案件比 2012 年下降 51.8%，重特大道路交通事故下降 43.8%；人民群众对社会治安满意度从 2012 年的 87.55% 上升到 2017 年的 95.55%。[②]

根据图 7 所示，在"及时获得保护担忧"分项中，得分超过 6 分的城市达到 6 个，是所有四个分项中最多的，分别是杭州（6.79）、拉萨（6.40）、上海（6.37）、武汉（6.19）、成都（6.10）、重庆（6.01），此外

---

① 李彭宇：《中国何以成为"全球最安全的国家之一"》，http://finance.sina.com.cn/roll/2017-09-21/doc-ifymeswc9003246.shtml。

② 张小兵：《安全感何以成为中国的新名片》，http://ex.cssn.cn/zx/201804/t20180414_4135938.shtml。

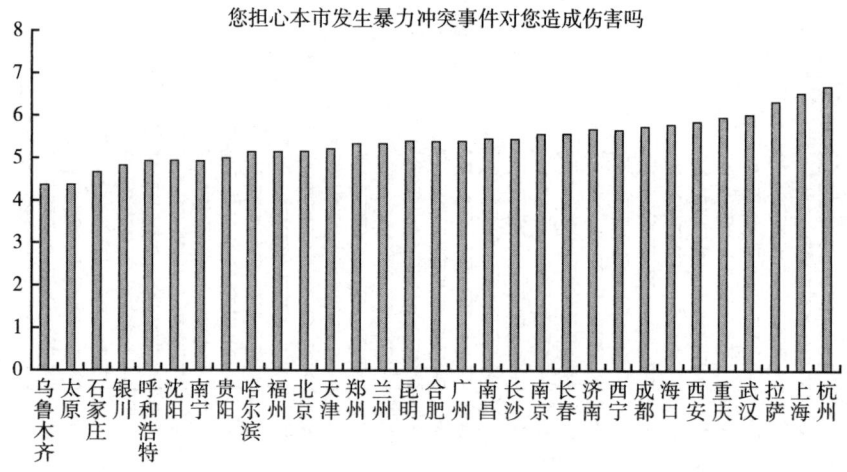

图6 暴力冲突伤害担忧的均值统计结果

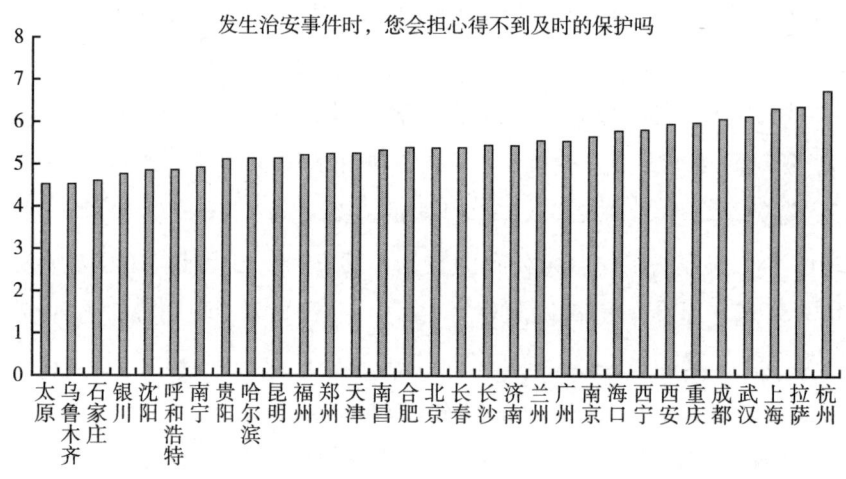

图7 及时获得保护担忧的均值统计结果

西安（5.99）和西宁（5.85）也接近6。排在最后三位的城市依然是太原（4.53）、乌鲁木齐（4.57）和石家庄（4.61）。该项的得分均值是5.46，是四个指标中均值最高的，但是依然能从得分中感受到居民对治安事件发生后是否能够获得及时保护表示了较大的担忧。以110为例，治安事件发生后,110 起到及时提供保护、救助的功能。哈尔滨市在 2017 年共受理市民报警求助 226 万余件,日均接警 6000 余件,平均每小时 260 件左右。2017年,长沙共接到群众报警 120 余万起,可其中有 2/3 以上是不属于公安处警范畴的无效报警或假警。据统计,近年来全国每年有 400 多名警察倒在工作岗位上,其中很大一部分是过劳死。

(三)治安安全感城市间分布不均衡

1. 地区间城市治安安全感分布不均衡

根据 2011 年我国对经济社会发展区域的划分方法,31 个省会城市分布如下:东部包括北京、天津、石家庄、上海、南京、杭州、福州、济南、广州和海口等 10 个城市;中部包括太原、合肥、南昌、郑州、武汉和长沙等 6 个城市;西部包括呼和浩特、南宁、重庆、成都、贵阳、昆明、拉萨、西安、兰州、西宁、银川和乌鲁木齐等 12 个城市;东北包括沈阳、长春和哈尔滨等 3 个城市。

表 25 自身治安安全感和公众治安安全感城市排名

排序	城市	自身治安安全得分	排序	城市	公众治安安全得分
1	杭州	6.5118	1	杭州	6.7500
2	上海	6.2500	2	上海	6.4639
3	拉萨	5.9966	3	拉萨	6.3955
4	武汉	5.7348	4	武汉	6.1284
5	重庆	5.6856	5	重庆	5.9916
6	西宁	5.6797	6	成都	5.9367
7	南京	5.5483	7	西安	5.9300
8	广州	5.5372	8	海口	5.8316
9	西安	5.5250	9	西宁	5.7908
10	海口	5.5200	10	南京	5.6217
11	成都	5.4783	11	济南	5.5811
12	合肥	5.4097	12	长春	5.5233
13	长春	5.4033	13	广州	5.4898

续表

排序	城市	自身治安安全感得分	排序	城市	公众治安安全感得分
14	济南	5.2661	14	兰州	5.4663
15	北京	5.1963	15	长沙	5.4610
16	郑州	5.1826	16	南昌	5.4047
17	兰州	5.1368	17	合肥	5.4013
18	昆明	5.1317	18	北京	5.3232
19	南昌	5.1104	19	郑州	5.3055
20	哈尔滨	5.0567	20	昆明	5.2850
21	福州	5.0252	21	天津	5.2609
22	天津	5.0083	22	福州	5.2027
23	长沙	4.9933	23	哈尔滨	5.1672
24	沈阳	4.9060	24	贵阳	5.0828
25	贵阳	4.9026	25	南宁	4.9640
26	呼和浩特	4.6683	26	呼和浩特	4.9150
27	南宁	4.6416	27	沈阳	4.8953
28	银川	4.6367	28	银川	4.7883
29	乌鲁木齐	4.5997	29	石家庄	4.6376
30	石家庄	4.5319	30	乌鲁木齐	4.4794
31	太原	4.4080	31	太原	4.4700

根据表25可以获知，在居民自身治安安全感和公众治安安全感两个指标上，东部地区的杭州和上海两市都是排在第1、第2位，表现不佳的是石家庄分别排在倒数第2、第3位；中部地区治安安全感最高的武汉在两项指标上均排在第4位，但是令人揪心的是同属中部地区的太原在这两项指标上都是排在最后一位；西部地区12个城市中，治安安全感最高的是拉萨，在这两个指标上均排在第3位，此外重庆、西安和西宁也都排进了前十名，当然也不乏南宁、银川、贵阳和乌鲁木齐等市均排在两项指标的后8位；东北地区3城中，表现最好的长春市的治安安全感仅处于中间偏上的水平，分别排第13、第12名，其他两城市均排名后十位。

表26 居民自身治安安全感地区分布

东部地区	得分	中部地区	得分	西部地区	得分	东北地区	得分
杭州	6.5118	武汉	5.7348	拉萨	5.9966	长春	5.4033
上海	6.2500	合肥	5.4097	重庆	5.6856	哈尔滨	5.0567
南京	5.5483	郑州	5.1826	西宁	5.6797	沈阳	4.9060
广州	5.5372	南昌	5.1104	西安	5.5250		
海口	5.5200	长沙	4.9933	成都	5.4783		
济南	5.2661	太原	4.4080	兰州	5.1368		
北京	5.1963			昆明	5.1317		
福州	5.0252			贵阳	4.9026		
天津	5.0083			呼和浩特	4.6683		
石家庄	4.5319			南宁	4.6416		
				银川	4.6367		
				乌鲁木齐	4.5997		
平均值	5.4395	平均值	5.1398	平均值	5.1736	平均值	5.1220
标准差	0.5572	标准差	0.4694	标准差	0.4055	标准差	0.2082
方差	0.5874	方差	0.4903	方差	0.4442	方差	0.2550

表27 公众治安安全感地区分布

东部地区	得分	中部地区	得分	西部地区	得分	东北地区	得分
杭州	6.7500	武汉	6.1284	拉萨	6.3955	长春	5.5233
上海	6.4639	长沙	5.4610	重庆	5.9916	哈尔滨	5.1672
海口	5.8316	南昌	5.4047	成都	5.9367	沈阳	4.8953
南京	5.6217	合肥	5.4013	西安	5.9300		
济南	5.5811	郑州	5.3055	西宁	5.7908		
广州	5.4898	太原	4.4700	兰州	5.4663		
北京	5.3232			昆明	5.2850		
天津	5.2609			贵阳	5.0828		
福州	5.2027			南宁	4.9640		
石家庄	4.6376			呼和浩特	4.9150		
				银川	4.7883		
				乌鲁木齐	4.4794		
平均值	5.6163	平均值	5.3618	平均值	5.4188	平均值	5.1953
标准差	0.5838	标准差	0.4829	标准差	0.5645	标准差	0.2572
方差	0.6154	方差	0.5290	方差	0.5896	方差	0.3150

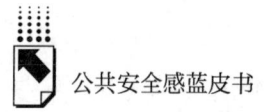

根据表26和表27可以获知,在居民自身治安安全感和公众治安安全感两项上,体现了较为明显的地区间差异,从高至低依次为东部地区、西部地区、中部地区和东北地区。从地区平均值来看,在两项指标上,东部地区和东北地区的治安安全感差异非常显著,说明东北三城的治安安全在所有城市中是认同程度最低的。

当然,从表26和表27中可以发现,治安安全感不仅存在地区间的差异,在地区内也呈现了较高的离散性。在自身治安安全感方面,东部地区城市的离散性远远高于其他地区城市,城市间差异不明显的是东北三城。在公众治安安全感方面,东部地区和西部地区城市的离散程度比较接近,但是要高于中部地区和东北地区城市,东北地区三城的公众治安安全感的差异性仍然是最低的。

2.国家中心城市治安安全感的三段式不均衡分布

住建部联合多个部委推进和编制的《全国城镇体系规划》提出了建设十个全国和国家中心城市。截至2017年,北京、天津、上海、广州、重庆、成都、武汉、郑州、西安等九个城市被国家明确定位建设国家中心城市,且全部都是省会城市(或直辖市)。

根据表28可知,在所有31个省会城市中,九个国家中心城市的治安安全感呈现了一种接近三段式分布的态势。从"自身治安安全感"来看,上海、武汉、重庆、广州、西安进入前十名;成都、北京和郑州排在中间档位;而只有天津位列最后十名内。从"公众治安安全感"来看,上海、武汉、重庆、成都、西安仍旧进入前十;广州排名下降,与同样排名出现下降的北京和郑州排在第二档;天津的安全感仍旧是九市中最低的,列入第三档。

从治安安全感得分来看,九个国家中心城市的整体得分明显高于其他城市,具有较为明显的优势,凸显了国家中心城市对人的吸附性和居民对国家中心城市治安的认可。其中,"自身治安安全感"均值为5.5109,既高于全国31个省会城市的平均水平(5.2478),也高于其他22个省会城市的平均水平(5.1402)。与之相似,"公众治安安全感"均值为5.7589,既高于全国 31 个省会城市的平均水平（5.4498），也高于其他 22 个省会城市的平均水平（5.3234）。不仅如此，从离散程度看，九大国家中心城市治安安全感明显弱于 31 个省会城市和其他 22 个省会城市。

表 28 国家中心城市治安安全感统计

城市	自身治安安全感	位序	公众治安安全感	位序
北京	5.1963	15	5.3232	18
天津	5.0083	22	5.2609	21
上海	6.2500	2	6.4639	2
广州	5.5372	8	5.4898	13
重庆	5.6856	5	5.9916	5
成都	5.4783	11	5.9367	6
武汉	5.7348	4	6.1284	4
郑州	5.1826	16	5.3055	19
西安	5.5250	9	5.9300	7
9 城均值	5.5109		5.7589	
9 城标准差	0.3477		0.4034	
31 城均值	5.2478		5.4498	
31 城标准差	0.4892		0.5495	
22 城均值	5.1402		5.3234	
22 城标准差	0.4978		0.5512	

3. 不同等级城市间治安安全感分布不均衡

根据第一财经·新一线城市研究所对 2017 年中国城市的等级划分，全国 31 个省会城市中，一线城市 3 个（北京、上海、广州），新一线城市 10 个（成都、杭州、武汉、重庆、南京、天津、西安、长沙、沈阳、郑州），二线城市 14 个（福州、合肥、昆明、哈尔滨、济南、长春、石家庄、南宁、南昌、乌鲁木齐、兰州、海口、贵阳、太原），三线城市 3 个（呼和浩特、西宁、银川），五线城市 1 个（拉萨）。

根据表 26、27 所示，一线城市中的上海在"自身治安安全感"和"公众治安安全感"两个指标中均高居第 2 位，反映了上海良好的治安秩序，并得到居民的认可。广州和北京在前一个指标上分居第 8、第 15 位，但是

在后一个指标上出现了些许下滑，分居第13、第18位。作为一线城市，广州和北京的治安安全感只能说比较好。有意思的是，居民对上海和广州的自身安全评价与治安安全感相符（分别居第2、第16位），但是比较矛盾的现象是虽然居民对北京的治安安全感评分相对不高，但是治安安全评价却是位居第3位。除了作为一线城市外，或许与北京作为首都具有重要的政治、经济、社会和文化意义，政府对治安异常重视具有相关性。

新一线城市的治安安全得分非常引人关注，存在较为明显的两极分化现象。在反映治安安全感的两个指标上，其中杭州（第1和第1）、武汉（第4和第4）、重庆（第5和第5）、南京（第7和第10）、西安（第9和第7）等5个城市双双排在前十位，另外成都分别居第11和第6位。尽管如此，郑州（第16和第19）、天津（第22和第21）、长沙（第23和第15）和沈阳（第24和第27）4个城市的治安安全感统计结果两相对照后显得相对欠佳。需要指出的是，虽然郑州在"自身治安安全感"方面排在第16位（5.1826），但是和排在第11位（5.4783）的成都在得分上相差较大，长沙市的情况也类似。

表29　二线城市治安安全感得分统计和排序

城市	自身治安安全得分	排序	城市	公众治安安全感得分	排序
海口	5.5200	10	海口	5.8316	8
合肥	5.4097	12	济南	5.5811	11
长春	5.4033	13	长春	5.5233	12
济南	5.2661	14	兰州	5.4663	14
兰州	5.1368	17	南昌	5.4047	16
昆明	5.1317	18	合肥	5.4013	17
南昌	5.1104	19	昆明	5.2850	20
哈尔滨	5.0567	20	福州	5.2027	22
福州	5.0252	21	哈尔滨	5.1672	23
贵阳	4.9026	25	贵阳	5.0828	24
南宁	4.6416	27	南宁	4.9640	25
乌鲁木齐	4.5997	29	石家庄	4.6376	29
石家庄	4.5319	30	乌鲁木齐	4.4794	30
太原	4.4080	31	太原	4.4700	31

由表 29 可知，二线城市在"自身治安安全感"和"公众治安安全感"两个指标上的排名情况近似形成了数学中以 1~2 为常数的等差数列。其排名从第 10 或第 8 位开始到第 31 位较为均匀地分布着。如表 29 所示，在二线省会城市中，较为固定的是除了乌鲁木齐和石家庄有一个换位外，贵阳、南宁、乌鲁木齐、石家庄和太原以一个近乎雷同的顺序排在两个指标的最后 5 位。而且，令人印象深刻的是乌鲁木齐、石家庄和太原三市在两个指标上固定地排在所有 31 个城市的最后 3 位。

（四）不同群体间治安安全感差异较为显著

在对性别与治安安全感进行差异性比较分析后发现，男性和女性对治安安全状况四个分项的担忧程度出现显著的差异，女性在全部四个分项上的担忧程度明显都高于男性（评分男性在前，女性在后），"晚间单独出行担忧"（5.94 VS 4.70）、"陌生人进入小区担忧"（5.60 VS 4.74）、"暴力冲突伤害担忧"（5.78 VS 5.10）和"及时获得保护担忧"（5.74 VS 5.18）。该结果意味着，在治安问题上，女性相对男性更加脆弱，对治安问题更加担忧。

在对年龄与治安安全感进行差异性比较分析后发现，不同年龄段的居民在上述四个分项的认知和感受表现出显著差异性。经过事后比较可知，在"晚间单独出行担忧"、"陌生人进入小区担忧"和"暴力冲突伤害担忧"三个分项上，18~29 岁居民的担忧程度明显高于其他年龄段居民。

在对月收入与治安安全感进行差异性比较分析后发现，随着月收入水平的升高，居民对城市治安安全状况的忧虑和担忧越淡化；反之，月收入水平越低，对治安安全状况的担忧情绪越高，反映出低收入者在现实生活中更加关注治安问题，对治安安全的需求相对更强烈。说明在治安管理和服务方面应该更加关注低收入群体的治安需求。

在对身份职业与治安安全感进行差异性比较分析后发现，学生群体要比其他任何群体都显示出对晚间出行和暴力冲突伤害非常强烈的担忧和恐惧。

三 提升城市治安安全感的对策与建议

在风险社会背景下,处于特殊转型时期的中国社会在某种程度上正处于矛盾多发时期。在此时期,社会治安安全问题在治安风险多重性与多样性等基本特性之上,不仅呈现鲜明的群体和地域差别特征,也同时出现了城市居民主观治安安全感与客观治安安全偏离现象等其他问题。作为体现居民生活质量的重要指标以及作为衡量社会治安及国家公共安全的重要参考因素,城市居民的社会治安安全感不仅与其自身的生命和财产等安全问题息息相关,而且也直接影响到社会心理的健康、社会秩序的稳定与经济的可持续发展。针对该领域内出现的相关问题,需要做出多种积极应对措施,才能有效提升城市居民的治安安全感。

(一)提升居民社会治安安全的认知

由于我国相对薄弱的公共安全教育基础等因素的制约,多数城市居民的治安认知能力相对薄弱并对我国城市社会治安的预防及治理工作造成了较大困难。在此情况下,通过各种渠道的治安教育和治安服务,来传播治安安全文化,提升居民的治安认知水平,便显得紧迫而重要。

首先,应强化对城市治安安全的宣传力度,扩大安全认知教育的覆盖面。这是因为:在此次调查中,居民接受过社会治安教育或治安服务的人数,呈现出绝对人数少、相对比例小等鲜明特征。此种尴尬境况的出现,凸显出对城市治安安全教育进行有效宣传的必要性。

作为重要的信息传播途径,无论是报纸、杂志和电视等传统媒体,还是微信、微博、App等新媒体平台,均具有强大的信息传达功能、雷达功能和教育功能,在较大程度上可以有效承载城市社会治安教育和宣传工作的重要职责,因而通过强化城市社会治安宣传力度并有效扩大其覆盖层面,便具有现实意义上的可行性。难能可贵的是,城市社会治安内容教育及其服务的公益属性,更是与大众传媒本身所具有的公共属性相契合,故此种情况也为上述措施的实施提供了得天独厚的便利。

具体而言,大众媒体应有效发挥其作为雷达的社会功能,及时发现城市社会治安的风险隐患,并通过新闻采访、问题曝光等方式来吸引大众的注意及政府相关部门的重视;同时,新闻媒体还应有效发挥其在社会议题设置方面的作用,有效推动社会治安相关公共政策的制定,为相关政策的实施提供现实的依据和可靠的支撑。不仅如此,传播媒体还应切实发挥其社会监督和舆论引导方面的强大功能,通过电视问政、网络问政等媒体问政的渠道,强化对城市社会治安治理的监督、披露,并以舆论等形式进行追责,来确保相关社会治安问题真正得以解决。

但是,由于现实中部分媒体的不良作为,也会引发社会大众对其内容真实性的质疑,故媒体应恪守新闻职业伦理,强化自身作为"把关人"重要性的认知,在对不法行为保持强大威慑的同时,也避免对社会治安相关问题的不实报道或恶意炒作,通过合理而有效的方式来强化城市居民对社会治安问题的正确认知并提升其对社会治安的信心。

其次,应提升居民自我的安全防范技能,强化正向的安全认知。具体而言,城市居民对社会治安的认知,不仅对其安全感的态度形成、城市情感融入和某种具有倾向性的安全行为有直接而重要的影响,而且也会在虚拟或现实反馈之下有着更为深刻的体会。因而,提升居民对社会治安安全的认知,不仅应重视媒体作用的切实发挥,还应该通过对居民参与的有效引导,来切实强化居民自我安全防范意识和防范技能。以诸如此类的务实的治安安全预防措施,对城市居民的安全认知形成正向的反馈,并通过理论与实践的相互结合来切实提升社会治安的安全实效。

面对社会治安的各种风险和威胁,城市居民预防能力、规避能力和排除能力的提升,以及由此而产生的正向激励效应,不仅能够强化居民治安安全素养和能力的形成与巩固,还可以提高犯罪成本,对犯罪行为形成无形的威慑效应。相关政府部门及其他公益组织,不仅可以邀请包括专家、警务人员在内的社会治安专家,在居民社区或单位内部开展诸如社会治安知识或技能的相关培训及实践演练,而且可以鼓励具有一定资格的居民以志愿者、义工或辅助警察的形式有序地加入社会治安的具体治理事务之中，以切实增强居民对治安危险判断、预防、治理等各方面的实践认知和相关技能。上述活动不仅可以融洽警民关系，更重要的是为居民的安全感内化为某种优质心理体验营造了一种良好的社会氛围。

再次，应健全治安安全体验式教育，增强治安安全的理解和认同。这是因为，随着社会的发展和个人需求的变化，传统的说教式安全教育越来越无法满足居民日益增长的多元化的安全需求。在此情况下，效果更为明显的体验式安全教育走上前台，成为公共安全教育的发展潮流和变革趋向。相比传统的填鸭式、单方独白、定向传递的说教式安全教育，体验式安全教育有着无可比拟的先天优势。

体验式安全教育是一种采取实景模拟、互动体验、实物展示等多种形式，让受教育者亲身经历危险来临时的情景，从而达到提升受教育者增强安全防范意识、提升安全行为技能的教育手段和方式。在此理念指导下，近年来，北京、深圳、宁波、济南、南昌等地陆续建成了公共安全体验馆。例如，北京市海淀区建成的公共安全馆，面积超过1万平方米，馆内包括社会治安、安全生产、环境安全等13个展区。由此可知，作为公共安全体验式教育的一个方面，体验式治安安全教育是指让居民通过亲身体验治安犯罪行为的危害性与严重性，通过体验式治安执法等方式，来增进居民对社会治安管理规则的理解和认同，增强居民的治安防范意识和治安防范能力。

（二）缩小主观安全感与客观安全的偏离程度

城市居民个体主观层面对城市社会治安风险的认知和判断的偏差，直接导致城市居民主观治安安全感和客观治安安全在较大程度上的偏离。然而，此种偏离，一方面是作为个体的居民主观层面上对治安问题和治安综合治理的认知、态度、认可度等原因所导致，另一方面则与政府职能部门在治安综合治理领域的投入及由此产生的客观绩效有关。针对此种情况，要纠正或缩小居民主观治安安全感与客观治安安全之间的偏离倾向，则需要从作为个体的城市居民及作为治安治理主体的职能机构来进行针对性的努力。

首先，就居民个体而言，其对城市社会治安安全感的主观判断，在较大程度上反映了居民对该城市由政府职能机构主导的社会治安防控体系的信任和认可程度。二者的偏离，或因居民个体警惕心和风险意识的缺失而造成各种风险多发事故，或因过度紧张而造成不必要的公共资源的严重浪费。究其原因，这主要源于当前居民对高质量、高层次安全的需求，当然也不乏过于苛刻甚至偏激的要求。在此情况下，必须对居民的心理安全需求给予足够的重视。例如，当前频发的因报复社会引发的"砍童事件""保姆虐童事件"均突出映射了居民所严重关注的"下一代"安全问题，因此应对重点区域和领域予以重点预防、管控，并在治安事件发生后及时、有效处理居民心理安全需求导致的各种"蝴蝶效应"。同时，建立和健全社会治安保障体系，强化它与居民日常生活的联系程度，强化易被感知和获得的程度，从而使居民的心理安全处于一种合适的位置并能够在治安风险来临之时做出恰当的举动。

其次，就政府而言，面对居民多元化、多层次的治安需求，不仅要通过提升警务资源的配置效率，在重点领域和区域进行重点防控，配置足够的应急资源和治安管理人员，还应该关注治安管理效率的提升，增进治安管理的效果。例如，及时向社会和居民开放社会治安的各类信息，有助于公民知情权的满足，而居民也将更加认可职能机构的治安治理能力和水平；强化治安相关的基础设施的维护和管理，并以适当的形式增强居民对警务资源的熟悉和利用程度；对于警务人员、警务室等警务资源的配置状况，要与不同地区的社会治安安全隐患的实际情况相互结合，以"稻草人效应"来消除城市居民因不确定性而易产生的治安恐惧心理，从而有利于警务绩效的提升和社会治安秩序的强化。上述措施，不仅能够直接提示居民对城市治安的主观评价和安全感，更有利于提升居民的主观心理安全感与实际治安治理效果的吻合程度。

（三）促进城市间治安安全感的整体均衡性提升

经研究发现，不同城市之间的治安安全感表现出较为鲜明的不均衡特性—即地区间城市治安安全感分布不均衡、不同等级城市间治安安全感不均衡，甚至同为国家中心城市的各个城市之间也呈现明显的"三段式"不均衡分布。这种治安安全感在城市间的不平衡状态体现了下列特征：那些在经济保障、居民生存空间、政府管理、信息环境等方面均较为发达和开明的城市，城市居民对社会治安的满意度和认可度较高，而治安安全感也会较高。上述情况，对于那些居民安全感尚待提升的部分城市而言，具有重要的借鉴意义。换言之，那些在治安安全感排名中处于平均水平以下的部分城市，可以在促进经济发展、改善生存空间条件、提升政府管理水平，以及营造发达的信息环境等方面加大力度，从而创造并巩固能够给居民带来更高安全感的城市氛围，并借此来提升该城市居民的生活质量。

首先，经济收入和财富水平不仅是民众赖以生存和发展的基本保障，也是安全感赖以维持的根本要素。特别是在经济不景气的时期，居民的社会压力增加，安全感更是处于较为敏感和脆弱的时刻，更容易因各种意外因素的冲击而陷入崩溃的境遇。相反，如果一个城市的经济发展相对发达，不仅能够提供给居民足够的就业机会和稳定、可预期的可观的经济收入，也会惠及居民的亲属亲朋，而这无疑可以作为安全感的基本来源和保障；如果城市能够进一步为居民提供相对稳定、可以信赖的福利安全保障，也无疑会增加和强化居民抵抗治安风险的能力。有鉴于此，相关城市的职能部门应该从根源上着手，消除对居民治安安全感产生重大威胁的经济隐患。

其次，作为城市居民赖以生存的重要空间，城市场域中分布的文化、社会和人口等要素各不相同。正如马斯洛需求模型之中所揭示的，包括社会治安在内的安全问题是城市居民生存和生活所需要的基本元素，也是非常关心的基本问题。然而，由于治安问题所具有的现实性、直观性和敏感性，社会治安问题对城市居民生存空间的影响是普遍而重大的。在此情况下，相关城市的职能部门需要从社会安全防范、民生安全防范、管理安全防范等诸多层面来入手，及时预防、消除和中止各类治安隐患和治安事件，提升城市居民的内在向心力，营造一个利于生产、生活的安全空间，有效维护社会治安秩序，进而提升居民的治安安全感。

(四)尽力提升不同群体的治安安全感

每个个体均具有不同的特性,群体亦如此。此种特点,同样表现在各群体对治安安全的感知和评价层面。由上述研究可知,低收入者、女性、18～29岁年龄段的城市居民,以及学生群体对于城市治安安全的评价明显低于其他社会群体,并表现出对治安安全更为强烈的需求。依据罗尔斯的社会正义论,上述群体明显处在最不利地位中的前列。然而对那些最不利者的境遇进行改善,将明显有利于整个社会群体安全感福利的改善和提升。因此,应针对不同社会群体的需求,对症下药,加大社会治安的治理及强化相关服务对上述群体的覆盖程度。

首先,低收入与低安全感之间的正向对应关系,已经在不同城市治安安全感的分析中得到了证明,对不同类别群体治安安全感的比较研究也再次确认了此种安全感对应规则。具体而言,对低收入群体而言,所拥有的包括经济收入和财富在内的社会基本价值呈现匮乏状态,用于支撑其发展的其他高级价值便面临威胁——此种威胁不仅会直接影响其现有生活和生存状态,而且对今后的发展、社会地位的形成及解决包括社会治安等危机在内的能力有直接而重大的影响。因此,该群体对包括社会治安在内的诸多安全感便会呈现较大的敏感度和脆弱性。因此,建构某种低收入群体从中可以寻求帮助的功能性社会组织,强化其在遇到危机时所能够得到支援的各种稳定预期,将有助于提升该群体的治安安全感。

不仅如此,基于经济水平的限制,低收入群体的安全感也会受到居住环境的影响。已有相关研究表明,"在城市功能越是多样、街区尺度越是宜人、经济社会活动越是紧凑的传统城市建成环境里,市民的居住安全感反而较差。相反,在用途较为单一、地块尺度较大、人流相对稀疏的建成环境里,市民却普遍具有更高的居住安全感"。[①] 与此同时,相关证据也显示,

---

[①] 张延吉、秦波、唐杰:《城市建成环境对居住安全感的影响——基于全国278个城市社区的实证分析》,《地理科学》2017年第9期。

"街头抢劫等犯罪行为也主要发生在土地利用混合度较高"① 的场域之中。换言之,"当人进入拥挤、弯曲的街道时,视线的不通,周围环境的封闭、围堵无疑产生恐惧感,同时,无序的居住空间结构造成社会互动低,形成较疏离的人际关系,守望相助的意愿以及社会互助降低,增加居民或进入者对于周围不安全事件发生的担忧与恐慌"。② 与高收入群体所居住的低密度、高保安措施的高档公寓不同,低收入群体所居住的区域往往是历史较长且布局有待改进的传统建筑区域,也多是那些社区内居住人员成分复杂、空间密度大且土地混合利用程度较高的区域。由于在此治安问题多发区域的耳濡目染,拉低了低收入群体对治安安全现状的认知和预期。针对此种情况,相关城市的政府职能部门不仅要合理规划廉价房或公租房的建设布局,优化或改善城市的空间布局形态,还应该强化该区域警力资源的配置程度,从制度和硬件设施方面来为低收入群体安全感的培养和提升提供支持。

当然,无论弱势群体处在何种环境,如果其所居住的社区内部人员的凝聚力较强的话,那么居民也可能从该社区交往所积累形成的内部组织及社区文化之中得到更高的安全感。反之,"若居民构成的异质性愈强,社区凝聚力较弱,彼此视对方为过客,那么人流集聚不仅不能提高居住安全感,反而会增加居民对潜在安全风险的担忧"。③ 换言之,当该社区内人口成分的异质性较强且缺乏共同的情感纽带或价值理念时,该社区居民的安全感便会被削弱。因此,在通过各种外在途径对治安问题和治安事件进行治理的同时,更应该将之与该治理领域内部的特性紧密结合起来,才能更好地建构起有助于提升低收入群体生活幸福感和治安安全感的保护机制。

其次,就青年群体和学生群体而言,他们有的在父母等监护人的谆谆教诲、部分媒体对社会危险程度的过分渲染等因素之下,对其所涉足不久的现

---

① 徐冲、柳林、周素红、叶信岳、姜超:《半岛街头抢劫犯罪案件热点时空模式》,《地理学报》2013年第12期。
② 丁传标、张涵、程明洋、王绍续、陶伟:《城中村空间形态对居民居住安全感的影响——以广州珠村为例》,《地域研究与开发》2015年第8期。
③ 张延吉、秦波、唐杰:《城市建成环境对居住安全感的影响——基于全国278个城市社区的实证分析》,《地理科学》2017年第9期。

实社会的危险程度报以强烈的警惕之心；有的因个人不能很好地处理美好愿望与社会现实的矛盾而导致情绪沮丧；有的因"象牙塔"内单纯的生活环境与社会现实之间的强烈对比而产生较大的心理冲突。因此，这两种群体往往倾向于对治安安全予以较低的评价。同时，由于这两类群体社会经验较少，兼之具有情绪化、心理脆弱、流动性强等特点，也容易成为治安事件的受害者。然而，这两类群体又是社会的生力军和未来建设社会的重要力量，对治安安全的认知和感受，不仅会影响其对包括社会治安等诸多安全问题的认知、态度、情感，而且也可能直接或间接地影响其后期的相关社会行为。同时，由于青年群体和学生群体所遇到的相关问题，多是在融入社会过程中易发生的。针对此种特点，相关政府职能部门及非政府组织，在对以上两类群体实现自我角色充分尊重和鼓励的基础上，采用技术培训、政策扶持、心理咨询和法律援助等方式合理引导他们融合社会的程度，强化他们积累社会资本或获得社会支持的力度，避免他们因社会化过程的诸多挫折而游离在社会主流体系之外，并因此成为社会治安的不稳定因素的可能性。

最后，对于一个正常的国家或地区来讲，有效的社会治安预防及其治理，不仅是社会稳定和社会秩序有序运转的重要标志之一，也是所有社会群体的正常期望。相对而言，女性群体对社会治安水平有着更高的期望和要求，并试图以此来对抗或缓解因各种犯罪所带来的各种现实威胁。这是因为，对于女性群体而言，由于力量较弱等自身特点和其他各种不良社会现实因素的影响，使其容易成为各种治安事件的受害者。不仅如此，"女性群体较易受传播媒介的影响……表现出较弱的社会责任感，对不法侵害所采取的态度更为消极"。[①] 由于部分女性较为感性，且更担心事故发生后社会保守舆论对其所造成的二次伤害，故此种对女性特点的分析是有一定道理的。针对女性群体的上述特点，相关政府职能部门和非政府组织应以公益广告、系列讲座等形式，通过传播媒介对女性群体进行专门的社会治安安全教育，不仅应帮助她们掌握各种对抗各种社会治安事件的相关知识和技能，而且也应

---

① 王智民：《我国女性群体安全感比较分析》，《犯罪与改造研究》1992年第2期。

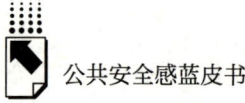

鼓励她们树立与犯罪分子做斗争和面对不法侵害时采取更为积极的态度。与此同时，政府相关职能部门也应采取各种措施对社会治安环境进行积极整顿，对女性群体正当、合法权利予以充分尊重和保护，并以制度化、体系化、规模化的措施来切实保护女性群体的安全，最大限度地打击针对女性的各种犯罪行为。

B.4 中国城市食品安全感调查报告（2018）

陈世民[*]

摘　要： 民以食为天，食以安为先。当前我国食品安全问题已成为众人诟病的公共安全问题。本次全国城市调查结果显示，我国目前城市食品安全感指数倒数第二，居民评价较低，餐馆食品安全感、菜市场食品安全感、未来食品安全感预期很不理想。根据食品安全感认知调查发现，当前食品事故数量较多，违法信息透明度不高，消费者食品安全维权难度不小，居民食品安全教育培训偏少，食品安全的未来预期较低。只有加强企业食品安全的自身建设，减少食品安全事故数量；加强食品安全的政府规制，实现多渠道的食品安全公共监督，才是提升城市食品安全感的重要途径。

关键词： 城市　食品安全感　食品管理

食品安全感是消费者在食品购买过程中，感知到购买的食品对身体健康的不利后果或是不确定性的损失及其可能性。食品安全风险感知兼具客观实在性和主观建构性的综合特征。消费者对食品安全突发事件，如禽流感、疯牛病、三聚氰胺、猪肉精等会产生非理性或严重的反应。虽然这些食品危害的后果非常严重，但发生的概率非常小，从技术角度看，实际风险水平非常低。然而，由于消费者风险感知的偏差，会认为这些食品安全问题的风险水平非常高。近几年我国频发的食品安全事件让人们心有余悸、谈吃色变，如

---

[*] 陈世民，中国矿业大学公共管理学院讲师，研究方向为安全心理、积极心理学。

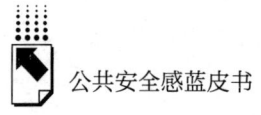

2006年11月"苏丹红"事件、2008年三鹿奶粉事件、2010年2月海南"毒豇豆"事件、2011年4月上海"染色馒头"事件、2014年上海福喜量采用"过期肉"事件等。显示出我国食品安全形势严峻,卫生指标超标、超量食品添加剂、食品包装不规范等问题层出不穷,造成的负面社会影响呈现传播速度快、范围广、危害大的趋势,给人们的食品安全感造成很大影响。

一 城市食品安全感的基本状况

目前关于食品安全感测量的研究比较少。王常伟和顾海英(2013)采用4道测题在上海、无锡等地637个被试者进行过调查,马亮(2015)采用"你对你平时所吃的食物的质量担心吗?"一题对全国38个大城市25115个常住居民进行过统计分析。本报告从食品安全感、食品安全认知和行为两个方面来测量全国城市居民食品安全感。

(一)城市食品安全感指数及排行

全国城市公共安全感调查数据如表1所示,对全国城市公共安全感分项指标指数由高到低进行排名,排名顺序为自然安全感、公共场所设施安全感、治安安全感、交通安全感、社会保障安全感、生态安全感、医疗卫生安全感、食品安全感和信息安全感。

由此可以看出,全国城市居民对食品安全感的评价较低,位居倒数第二。在民以食为天、食以安为先情况下,我国食品安全问题是众人诟病最严重的城市公共安全问题之一。

表1 全国城市公共安全感分项指标指数排行榜

分项指标	指数	排名
自然安全感	0.5091	1
公共场所设施安全感	0.4941	2
治安安全感	0.4934	3
交通安全感	0.4917	4

分项指标	指数	排名
社会保障安全感	0.4843	5
生态安全感	0.4840	6
医疗卫生安全感	0.4799	7
食品安全感	0.4693	8
信息安全感	0.3835	9

与全国城市公共安全感指数估算原理相同，对每一个城市样本可以计算出其食品安全感这一分项指标指数。如表2所示，对全国31个城市的食品安全感指数按照高低进行排名，排名第1到第31的城市分别是上海、广州、武汉、西宁、哈尔滨、北京、昆明、石家庄、南京、重庆、合肥、长春、长沙、西安、兰州、拉萨、成都、天津、南昌、海口、沈阳、贵阳、太原、乌鲁木齐、呼和浩特、郑州、银川、杭州、福州、济南、南宁。

表2 全国食品安全感指数排名

城市	食品安全感指数	排名	城市	食品安全感指数	排名
上海	0.5564	1	成都	0.4812	17
广州	0.5563	2	天津	0.4800	18
武汉	0.5466	3	南昌	0.4781	19
西宁	0.5415	4	海口	0.4770	20
哈尔滨	0.5265	5	沈阳	0.4712	21
北京	0.5207	6	贵阳	0.4708	22
昆明	0.5159	7	太原	0.4687	23
石家庄	0.5085	8	乌鲁木齐	0.4583	24
南京	0.5057	9	呼和浩特	0.4510	25
重庆	0.4971	10	郑州	0.4379	26
合肥	0.4922	11	银川	0.4310	27
长春	0.4862	12	杭州	0.4238	28
长沙	0.4854	13	福州	0.4158	29
西安	0.4844	14	济南	0.4069	30
兰州	0.4841	15	南宁	0.4059	31
拉萨	0.4826	16			

图 1 是全国城市公共安全感指数与食品安全感指数的对比。图 2 是全国城市公共安全感指数排名与食品安全感指数排名的比较。其中，城市食品安全感指数越高，排名越靠前，表明城市居民对该城市的食品安全满意度越高。

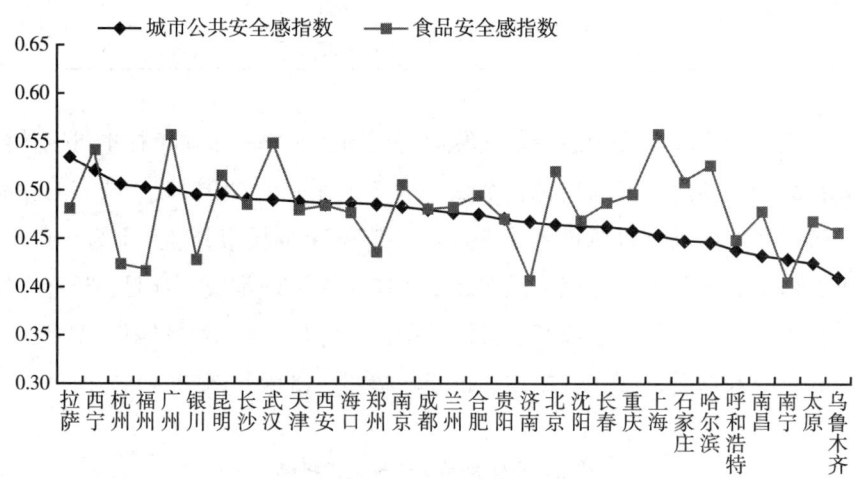

图 1　全国城市公共安全感指数与食品安全感指数比较

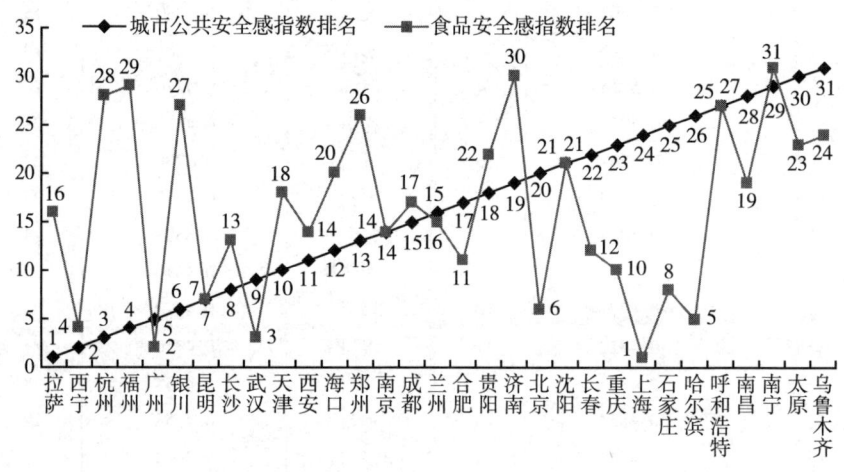

图 2　全国城市公共安全感指数排名与食品安全感指数排名比较

(二)城市食品安全感描述性统计

餐馆食品安全感、菜市场食品安全感的均值、标准差和相关分析结果如表3所示。从表3可看出,餐馆食品安全感的均值仅为4.75,菜市场食品安全感的均值为4.86,均低于中值5.50,表明我国的餐馆和菜市场食品安全感令人担忧;菜市场食品安全感高于餐馆食品安全感,较符合人们日常生活经验,一般买菜在家自己做饭比去餐馆吃饭更卫生。

表3 描述性统计结果

变量	均值	标准差
餐馆食品安全感	4.75	2.52
菜市场食品安全感	4.86	2.52

1. 不同城市的餐馆食品安全感

不同城市的餐馆食品安全感的结果如表4和图3所示,餐馆食品安全感最高的是上海,其均值为5.68,最低的是呼和浩特,其均值为3.96。拉萨的餐馆食品安全感均值刚好等于中值(5.50);餐馆食品安全感均值高于中值的城市有上海和杭州两个城市;餐馆食品安全感均值低于中值,但高于全国均值(4.75)的城市有广州、南京、武汉、西宁、重庆、合肥、海口、长春、北京、郑州、成都11个城市;餐馆食品安全感均值低于全国均值的城市有兰州、西安、贵阳、石家庄、昆明、长沙、哈尔滨、太原、济南、南昌、福州、南宁、天津、沈阳、银川、乌鲁木齐、呼和浩特17个城市。

表4 不同城市的餐馆食品安全感

城市	均值	标准差	排序
上海	5.68	2.57	1
杭州	5.65	2.48	2

续表

城市	均值	标准差	排序
拉萨	5.50	3.04	3
广州	5.42	1.84	4
南京	5.28	2.15	5
武汉	5.26	2.40	6
西宁	5.19	2.28	7
重庆	5.16	2.61	8
合肥	4.97	2.25	9
海口	4.96	2.77	10
长春	4.85	2.79	11
北京	4.84	2.57	12
郑州	4.83	2.54	13
成都	4.82	2.43	14
兰州	4.72	2.39	15
西安	4.64	2.32	16
贵阳	4.60	2.41	17
石家庄	4.58	1.92	18
昆明	4.56	2.59	19
长沙	4.54	2.60	20
哈尔滨	4.53	2.26	21
太原	4.39	2.17	22
济南	4.38	2.64	23
南昌	4.34	2.63	24
福州	4.32	2.45	25
南宁	4.31	2.73	26
天津	4.31	2.73	27
沈阳	4.30	2.36	28
银川	4.27	2.47	29
乌鲁木齐	4.10	2.63	30
呼和浩特	3.96	2.63	31

对上海与广州、南京的餐馆食品安全感进行 t 检验，结果如表 5 所示。从表 5 中可看出，上海的餐馆食品安全感与广州的餐馆食品安全感没有显著差异，但显著高于南京的餐馆食品安全感。因此，将上海、杭州、拉萨、广州 4 个城市的餐馆食品安全感列为第一级别。

中国城市食品安全感调查报告（2018）

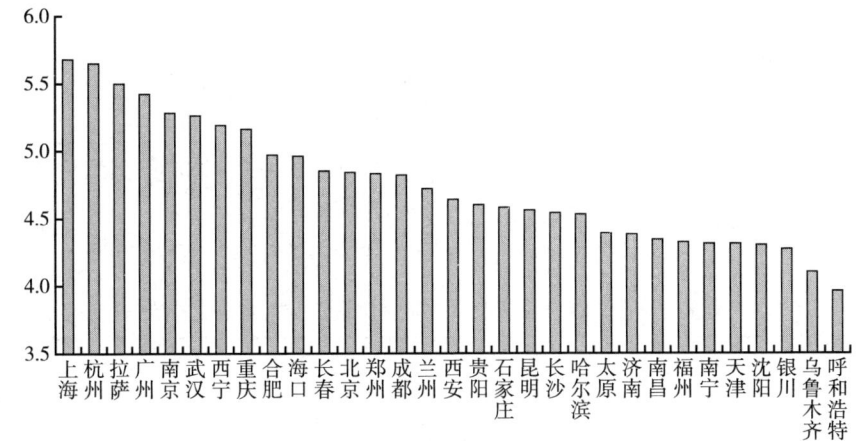

图 3 不同城市的餐馆食品安全感

表 5 上海与广州、南京的餐馆食品安全感差异性检验

变量	上海		广州		t	p
	M	SD	M	SD		
餐馆食品安全感	5.68	2.57	5.42	1.84	1.445	0.149
变量	上海		南京		t	p
	M	SD	M	SD		
餐馆食品安全感	5.68	2.57	5.28	2.15	2.087	0.037

注：*：$p<0.05$，**：$p<0.01$，***：$p<0.001$，下同。

对南京与海口、长春的餐馆食品安全感进行 t 检验，结果如表 6 所示。从表 6 中可看出，南京的餐馆食品安全感与海口的餐馆食品安全感没有显著差异，但显著高于长春的餐馆食品安全感。因此，将南京、武汉、西宁、重庆、合肥、海口 6 个城市的餐馆食品安全感列为第二级别。

表 6 南京与海口、长春的餐馆食品安全感差异性检验

变量	南京		海口		t	p
	M	SD	M	SD		
餐馆食品安全感	5.28	2.15	4.96	2.77	1.55	0.122
变量	南京		长春		t	p
	M	SD	M	SD		
餐馆食品安全感	5.28	2.15	4.85	2.79	2.099	0.036

对长春与哈尔滨、太原的餐馆食品安全感进行 t 检验，结果如表 7 所示。从表 7 中可看出，长春的餐馆食品安全感与哈尔滨的餐馆食品安全感没有显著差异，但显著高于太原的餐馆食品安全感。因此，将长春、北京、郑州、成都、兰州、西安、贵阳、石家庄、昆明、长沙、哈尔滨 11 个城市的餐馆食品安全感列为第三级别。

表 7　长春与哈尔滨、太原的餐馆食品安全感差异性检验

变量	长春		哈尔滨		t	p
	M	SD	M	SD		
餐馆食品安全感	4.85	2.79	4.53	2.26	1.545	0.123
变量	长春		太原		t	p
	M	SD	M	SD		
餐馆食品安全感	4.85	2.79	4.39	2.17	2.27	0.024

对太原与乌鲁木齐、呼和浩特的餐馆食品安全感进行 t 检验，结果如表 8 所示。从表 8 中可看出，太原的餐馆食品安全感与乌鲁木齐的餐馆食品安全感没有显著差异，但显著高于呼和浩特的餐馆食品安全感。因此，将太原、济南、南昌、福州、南宁、天津、沈阳、银川、乌鲁木齐 9 个城市的餐馆食品安全感列为第四级别，将呼和浩特的餐馆食品安全感列为第五级别。

表 8　太原与乌鲁木齐、呼和浩特的餐馆食品安全感差异性检验

变量	太原		乌鲁木齐		t	p
	M	SD	M	SD		
餐馆食品安全感	4.39	2.17	4.10	2.63	1.463	0.144
变量	太原		呼和浩特		t	p
	M	SD	M	SD		
餐馆食品安全感	4.39	2.17	3.96	2.63	2.185	0.029

根据餐馆食品安全感，将不同安全级别的城市列表如下（见表 9）。

表9 不同餐馆食品安全感级别的城市

安全级别	城市
1	上海、杭州、拉萨、广州
2	南京、武汉、西宁、重庆、合肥、海口
3	长春、北京、郑州、成都、兰州、西安、贵阳、石家庄、昆明、长沙、哈尔滨
4	太原、济南、南昌、福州、南宁、天津、沈阳、银川、乌鲁木齐
5	呼和浩特

2. 不同城市的菜市场食品安全感

计算不同城市的菜市场食品安全感，结果如表10和图4所示。从表10中可看出，菜市场食品安全感最高的是杭州，其均值为5.77，最低的是乌鲁木齐，其均值为4.03。广州的菜市场食品安全感刚好等于中值（5.50）；菜市场食品安全感高于中值的城市有杭州、上海、拉萨3个城市；菜市场食品安全感低于中值、高于全国均值（4.86）的城市有武汉、长春、南京、海口、合肥、西宁、重庆、成都、西安9个城市；低于中值和全国均值的城市有郑州、北京、昆明、长沙、兰州、哈尔滨、济南、石家庄、贵阳、南宁、南昌、银川、太原、天津、福州、沈阳、呼和浩特、乌鲁木齐18个城市。

表10 不同城市的菜市场食品安全感

城市	均值	标准差	排序
杭州	5.77	2.47	1
上海	5.58	2.58	2
拉萨	5.56	2.84	3
广州	5.50	1.82	4
武汉	5.48	2.44	5
长春	5.25	2.83	6
南京	5.25	2.23	7
海口	5.21	2.65	8
合肥	5.18	2.21	9
西宁	5.18	2.32	10
重庆	5.14	2.57	11
成都	5.02	2.46	12

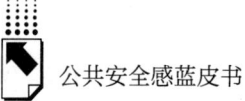

续表

城市	均值	标准差	排序
西安	4.94	2.38	13
郑州	4.79	2.55	14
北京	4.73	2.52	15
昆明	4.72	2.61	16
长沙	4.71	2.60	17
兰州	4.71	2.40	18
哈尔滨	4.67	2.31	19
济南	4.64	2.68	20
石家庄	4.63	1.95	21
贵阳	4.58	2.35	22
南宁	4.55	2.79	23
南昌	4.53	2.65	24
银川	4.50	2.46	25
太原	4.46	2.30	26
天津	4.45	2.79	27
福州	4.43	2.36	28
沈阳	4.41	2.40	29
呼和浩特	4.09	2.68	30
乌鲁木齐	4.03	2.57	31

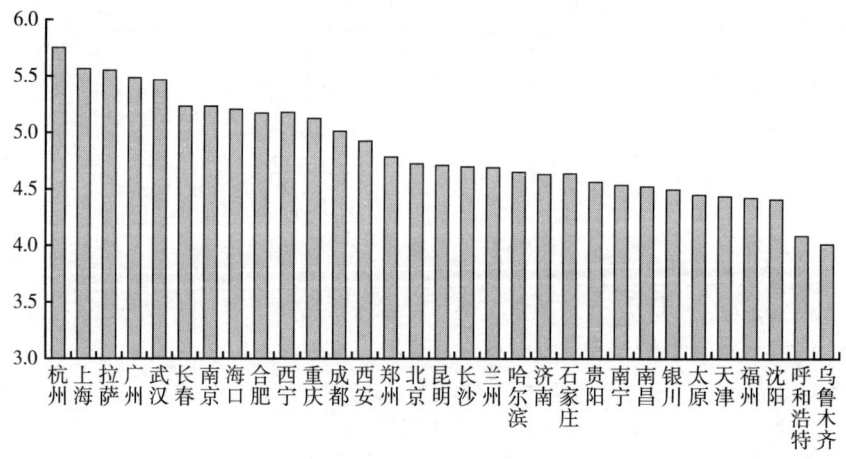

图4 不同城市的菜市场食品安全感

对杭州与武汉、长春的菜市场食品安全感进行 t 检验，结果如表 11 所示。从表 11 中可看出，杭州的菜市场食品安全感与武汉的菜市场食品安全感没有显著差异，但显著高于长春的菜市场食品安全感。因此，将杭州、上海、拉萨、广州、武汉 5 个城市的菜市场食品安全感列为第一级别。

表 11　杭州与武汉、长春的菜市场食品安全感差异性检验

变量	杭州		武汉		t	p
	M	SD	M	SD		
菜市场食品安全感	5.77	2.47	5.48	2.44	1.403	0.161
变量	杭州		长春		t	p
	M	SD	M	SD		
菜市场食品安全感	5.77	2.47	5.25	2.83	2.371	0.018

对长春与西安、郑州的菜市场食品安全感进行 t 检验，结果如表 12 所示。从表 12 中可看出，长春的菜市场食品安全感与西安的菜市场食品安全感没有显著差异，但显著高于郑州的菜市场食品安全感。因此，将长春、南京、海口、合肥、西宁、重庆、成都、西安 8 个城市的菜市场食品安全感列为第二级别。

表 12　长春与西安、郑州的菜市场食品安全感差异性检验

变量	长春		西安		t	p
	M	SD	M	SD		
菜市场食品安全感	5.25	2.83	4.94	2.38	1.438	0.151
变量	长春		郑州		t	p
	M	SD	M	SD		
菜市场食品安全感	5.25	2.83	4.79	2.55	2.07	0.039

对郑州与沈阳、呼和浩特的菜市场食品安全感进行 t 检验，结果如表 13 所示。从表 13 中可看出，郑州的菜市场食品安全感与沈阳的菜市场食品安全感没有显著差异，但显著高于呼和浩特的菜市场食品安全感。因此，将郑州、北京、昆明、长沙、兰州、哈尔滨、济南、石家庄、贵阳、南宁、南昌、银川、太原、天津、福州、沈阳 16 个城市的菜市场食品安全感列为第三级别。

表 13 郑州与沈阳、呼和浩特的菜市场食品安全感差异性检验

变量	郑州		沈阳		t	p
	M	SD	M	SD		
菜市场食品安全感	4.79	2.55	4.41	2.40	1.86	0.063
变量	郑州		呼和浩特		t	p
	M	SD	M	SD		
菜市场食品安全感	4.79	2.55	4.09	2.68	3.267	0.001

对呼和浩特和乌鲁木齐的菜市场食品安全感进行 t 检验，结果如表 14 所示。从表 14 中可看出，呼和浩特的菜市场食品安全感与乌鲁木齐的菜市场食品安全感没有显著差异。因此，将这两个城市的菜市场食品安全感列为第四级别。

表 14 呼和浩特和乌鲁木齐的菜市场食品安全感差异性检验

变量	呼和浩特		乌鲁木齐		t	p
	M	SD	M	SD		
菜市场食品安全感	4.09	2.68	4.03	2.57	0.274	0.784

根据菜市场食品安全感，将不同安全级别的城市列表如下（见表 15）。

表 15 不同菜市场食品安全感级别的城市

安全级别	城市
1	杭州、上海、拉萨、广州、武汉
2	长春、南京、海口、合肥、西宁、重庆、成都、西安
3	郑州、北京、昆明、长沙、兰州、哈尔滨、济南、石家庄、贵阳、南宁、南昌、银川、太原、天津、福州、沈阳
4	呼和浩特、乌鲁木齐

3. 对未来食品的预期安全感

根据城市食品未来预期安全感数据（见表 16），食品安全未来预期高于中值的城市有杭州、上海、拉萨、广州、武汉 5 个城市；食品安全未来预期低于中值、高于全国均值的城市有重庆、成都、西安、海口、西宁、合肥、南京、长春 8 个城市；其余 18 个城市包括郑州、昆明、北京、兰州、长沙、济南、贵阳、哈

尔滨、南宁、天津、福州、太原、南昌、石家庄、沈阳、银川、呼和浩特、乌鲁木齐的食品安全未来预期低于全国均值。

表 16　不同城市的食品未来预期安全感

城市	均值	标准差	排序
杭州	6.09	2.44	1
上海	6.04	2.58	2
拉萨	5.75	2.96	3
广州	5.74	1.83	4
武汉	5.51	2.31	5
重庆	5.44	2.64	6
成都	5.38	2.45	7
西安	5.36	2.20	8
海口	5.34	2.69	9
西宁	5.24	2.21	10
合肥	5.23	2.24	11
南京	5.16	2.34	12
长春	5.05	2.94	13
郑州	4.98	2.58	14
昆明	4.98	2.62	15
北京	4.96	2.63	16
兰州	4.94	2.37	17
长沙	4.91	2.59	18
济南	4.90	2.86	19
贵阳	4.85	2.45	20
哈尔滨	4.79	2.39	21
南宁	4.73	2.76	22
天津	4.73	2.83	23
福州	4.67	2.44	24
太原	4.58	2.28	25
南昌	4.58	2.65	26
石家庄	4.53	1.95	27
沈阳	4.46	2.44	28
银川	4.41	2.53	29
呼和浩特	4.29	2.78	30
乌鲁木齐	4.23	2.60	31

4. 食品安全感的差异性检验

（1）性别差异性检验

餐馆食品安全感和菜市场食品安全感的性别差异性检验结果，如表17

所示。从表17中可看出，男性餐馆食品安全感和菜市场食品安全感均显著高于女性。这可能是因为女性相对男性对风险更敏感。

表17 食品安全感的性别差异检验结果

变量	男		女		t
	M	SD	M	SD	
餐馆食品安全感	4.95	2.51	4.55	2.52	7.663***
菜市场食品安全感	5.07	2.50	4.65	2.52	7.958***

（2）年龄差异性检验

餐馆食品安全感和菜市场食品安全感的年龄差异性检验结果如表18所示。从表18中可看出，18~29岁被试的餐馆食品安全感显著低于45岁以上被试，30~44岁被试的餐馆食品安全感显著低于60岁以上被试；18~29岁被试的菜市场食品安全感显著低于60岁以上被试。从这些调查可看出，总体上，年轻人的食品安全感低于中老年人。这可能有两方面原因：一是年轻人相对中老年人在外面餐馆就餐次数更多，接触不安全食品的概率更高；二是年轻人的经济状况相对中老年人较差，不像中老年人对食品安全那样注重，他们可能更多到一些较便宜、卫生状况较差的餐馆就餐、购买一些价格较低、卫生状况较差的食品，因此食品安全感较低。

表18 食品安全感的年龄差异检验结果

变量	18~29岁（1）		30~44岁（2）		45~59岁（3）		60岁以上（4）		F	事后比较
	M	SD	M	SD	M	SD	M	SD		
SoFSfR	4.63	2.53	4.78	2.49	4.88	2.49	5.15	2.61	9.54***	1<3, 1<4, 2<4
SoFSfVM	4.78	2.52	4.90	2.51	4.91	2.50	5.20	2.58	5.25**	1<4

注：SoFSfR：餐馆食品安全感（sense of food safety from restaurant），SoFSfVM：菜市场食品安全感（sense of food safety from vegetable market），*：<0.05；**：<0.01；***：<0.001，下同。

(3) 文化程度差异性检验

餐馆食品安全感和菜市场食品安全感的文化程度差异性检验结果，如表19所示。从表19中可看出，小学和初中学历者的餐馆食品安全感显著低于本专科、研究生学历者；小学学历者的菜市场食品安全感显著低于本专科、研究生学历者。这可能是因为学历较低者，他们的经济状况较差、食品安全知识和食品安全意识较缺乏，更常购买一些较便宜、但卫生状况较差的食品，因此其食品安全感较低。

表19 食品安全感的文化程度差异检验结果

变量	小学（1）		初中（2）		高中（3）		本专科（4）		研究生（5）		F	事后比较
	M	SD	M	SD	M	SD	M	SD	M	SD		
SoFSfR	5.21	2.58	4.95	2.67	4.81	2.55	4.67	2.48	4.51	2.39	7.63***	1<4,1<5 2<4,2<5
SoFSfVM	5.29	2.53	4.99	2.64	4.91	2.55	4.80	2.48	4.72	2.47	4.62**	1<4,1<5

(4) 个人月收入差异性检验

餐馆食品安全感和菜市场食品安全感的个人月收入差异性检验结果如表20所示。从表20中可看出，个人月收入对食品安全感没有显著影响，不同收入水平者的总食品安全感、餐馆食品安全感和菜市场食品安全感均不存在显著差异。

表20 食品安全感的个人月收入差异检验结果

变量	2000元以下（1）		2001~3500元（2）		3501~5000元（3）		5001~8000元（4）		8001~12500元（5）		12500元以上（6）		F
	M	SD	M	SD	M	SD	M	SD	M	SD	M	SD	
SoFSfR	4.66	2.53	4.74	2.60	4.81	2.49	4.82	2.39	4.85	2.55	4.91	2.57	1.473
SoFSfVM	4.78	2.53	4.82	2.59	4.89	2.48	5.01	2.43	5.02	2.56	4.93	2.70	1.935

二 城市食品安全感存在的问题

在调查全国城市食品安全感状况基础上，本调查组通过调查消费者亲身经历的食品安全问题数量、食品事故违法信息公开程度、消费者维权容易度、食品安全未来预期、食品安全教育等方面来探讨与食品安全相关的行为问题，表现出以下几个方面。

（一）身边食品安全事故数量较多

亲身经历食品安全事故数量有 1 道测题，即"在过去一年内，你发生过多少起因食品质量问题而身体不适的事故（如拉肚子、肚痛甚至上医院）?"选项为：无、1 起、2 起、3 起、4 起及以上，分别记为 0、1、2、3、4 分。

根据描述性统计结果，亲身经历食品安全事故数量的均值是 1.59 起，标准差为 1.41。也就是说，平均每个人在过去 1 年内亲身经历了 1.59 起食品安全事故。计算不同食品安全事故数量的频率与百分比，结果如表 21 所示。从表 21 中可看出，只有 31.6% 被调查居民在过去 1 年内自身没有发生过食品安全事故，其余 68.4% 的被试在过去 1 年内至少发生过 1 起食品安全事故；而有 14.0% 的被试在过去 1 年内至少发生了 4 起食品安全事故，也就是平均 1 个季度就发生至少一起食品安全事故。

表 21 不同食品安全事故数量的频率与百分比

食品事故数量	频率	百分比（%）	食品事故数量	频率	百分比（%）
0	2930	31.6	3	1209	13.0
1	1749	18.9	4 及以上	1294	14.0
2	2091	22.5			

按食品安全事故数量的均值对 31 个城市进行排名，如表 22 所示。从表 22 中可看出，太原和乌鲁木齐的食品安全事故数量最多，而上海和武汉的食品安全事故数量最少。广州的食品安全事故数量刚好与全国食品安全事故数量相同，太原、乌鲁木齐、福州、南宁、贵阳、兰州、成都、南昌、昆明、拉萨、重庆、沈阳、石家庄、银川、长春 15 个城市的食品安全事故数量高于全国平均水平，而西宁、北京、哈尔滨、海口、济南、南京、呼和浩

特、天津、西安、合肥、郑州、长沙、杭州、上海、武汉 15 个城市的食品安全事故数量低于全国平均水平。

表22 不同城市的食品安全事故数量排名

城市	均值	标准差	排名
太原	2.16	1.27	1
乌鲁木齐	1.91	1.38	2
福州	1.85	1.45	3
南宁	1.82	1.54	4
贵阳	1.79	1.33	5
兰州	1.79	1.44	6
成都	1.78	1.46	7
南昌	1.78	1.49	8
昆明	1.76	1.44	9
拉萨	1.76	1.48	10
重庆	1.75	1.54	11
沈阳	1.70	1.37	12
石家庄	1.65	1.41	13
银川	1.62	1.43	14
长春	1.60	1.47	15
广州	1.59	1.28	16
西宁	1.56	1.35	17
北京	1.54	1.37	18
哈尔滨	1.53	1.37	19
海口	1.50	1.40	20
济南	1.45	1.37	21
南京	1.43	1.27	22
呼和浩特	1.43	1.48	23
天津	1.42	1.38	24
西安	1.39	1.31	25
合肥	1.39	1.36	26
郑州	1.37	1.34	27
长沙	1.33	1.40	28
杭州	1.31	1.30	29
上海	1.23	1.30	30
武汉	1.09	1.21	31

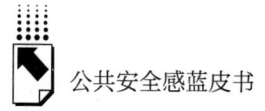

（二）食品事故违法信息透明度低

食品事故违法信息公开程度有1道测题，即"你认为目前的食品安全违法信息公开程度"。选项为非常不透明、比较不透明、比较透明、非常透明，分别记为1、2、3、4分。

根据描述性统计结果，食品事故违法信息公开程度的均值是2.21，标准差为0.69。其均值小于中值2.50。计算不同城市的食品事故违法信息公开程度，如表23所示。从表23中可看出，食品事故违法信息公开程度低于中值、高于均值的城市有：广州、拉萨、上海、武汉、长沙、石家庄、太原、北京、海口、南京、杭州、呼和浩特12个城市，其余19个城市包括西宁、重庆、贵阳、哈尔滨、沈阳、昆明、银川、长春、成都、济南、合肥、兰州、南昌、南宁、天津、福州、西安、郑州、乌鲁木齐的食品事故违法信息公开程度均低于全国均值。

表23 不同城市的食品事故违法信息公开程度

城市	均值	标准差	排序
广州	2.46	0.64	1
拉萨	2.43	0.76	2
上海	2.36	0.75	3
武汉	2.34	0.67	4
长沙	2.30	0.69	5
石家庄	2.30	0.64	6
太原	2.30	0.74	7
北京	2.24	0.71	8
海口	2.23	0.65	9
南京	2.23	0.73	10
杭州	2.23	0.62	11
呼和浩特	2.23	0.72	12
西宁	2.20	0.63	13
重庆	2.20	0.65	14
贵阳	2.20	0.67	15
哈尔滨	2.19	0.65	16

续表

城市	均值	标准差	排序
沈阳	2.19	0.66	17
昆明	2.19	0.72	18
银川	2.18	0.76	19
长春	2.17	0.71	20
成都	2.17	0.63	21
济南	2.17	0.69	22
合肥	2.15	0.68	23
兰州	2.15	0.63	24
南昌	2.15	0.68	25
南宁	2.12	0.68	26
天津	2.10	0.70	27
福州	2.10	0.63	28
西安	2.09	0.63	29
郑州	2.09	0.68	30
乌鲁木齐	2.09	0.75	31

食品事故违法信息公开程度对公众的食品安全感具有重要影响。食品事故违法信息公开程度低，则容易存在"暗箱操作"、权钱交易，公众对食品安全风险感就会提高；相反，如果公开程度高，发生食品安全事故的企业就会受到舆论谴责、失去顾客，其违法成本就会提高，就会努力去提升食品安全，对其他企业也会起到警戒作用，因此，公众对食品安全风险感会降低。

（三）消费者维权难度不小

消费者维权容易度有1道测题，即"当出现食品安全事件时，你认为消费者维权容易度"。选项为非常麻烦、比较麻烦、比较容易、非常容易，分别记为1、2、3、4。

根据描述性统计结果，消费者维权容易度的均值是2.14，标准差为0.73。其均值小于中值2.50。计算不同城市的消费者维权容易度，如表24所示。从表24中可看出，消费者维权容易度低于中值、高于全国均值的城市有：广州、拉萨、杭州、石家庄、武汉、成都、上海、太原、海口、西宁、呼和浩特、长春、南京13个城市，其余18个城市包括合肥、银川、长沙、郑州、重庆、济南、天津、兰州、贵阳、福州、西安、北京、沈阳、哈尔滨、昆明、南昌、乌鲁木齐、南宁的消费者维权容易度均低于全国均值。

表24 不同城市的消费者维权容易度

城市	均值	标准差	排序
广州	2.47	0.71	1
拉萨	2.41	0.76	2
杭州	2.28	0.68	3
石家庄	2.26	0.67	4
武汉	2.25	0.73	5
成都	2.25	0.67	6
上海	2.24	0.71	7
太原	2.23	0.75	8
海口	2.20	0.70	9
西宁	2.17	0.66	10
呼和浩特	2.16	0.74	11
长春	2.15	0.78	12
南京	2.15	0.66	13
合肥	2.13	0.64	14
银川	2.12	0.73	15
长沙	2.11	0.66	16
郑州	2.10	0.73	17
重庆	2.10	0.75	18
济南	2.10	0.74	19
天津	2.09	0.76	20
兰州	2.08	0.76	21
贵阳	2.06	0.70	22
福州	2.05	0.67	23
西安	2.04	0.68	24
北京	2.03	0.78	25
沈阳	2.03	0.71	26
哈尔滨	2.01	0.67	27
昆明	2.01	0.78	28
南昌	1.97	0.67	29
乌鲁木齐	1.96	0.83	30
南宁	1.95	0.69	31

这些调查数据反映了当前消费者维权的难度。当消费者遇到食品质量问题，要求维护自己合法权益时，需要权威部门进行鉴定不但要经过烦琐的程序，还要垫付高额的鉴定费用，仅仅农药残留检测项目有几百项之多，收费则视消费者申请检测的项目而定，如鉴定结果不理想，消费者甚至会赔钱。此外，食品维权还存在"取证难""检测难""责任认定难"。因而，大部分消费者在自身利益受到侵害时大都选择了沉默，这也在一定程度上加重了食品企业的侥幸心理，使它们更加胆大妄为。这些都会严重损害公众的食品安全感。

（四）食品安全教育培训偏少

食品安全教育有1道测题，即"你是否接受过一些组织机构关于食品安全的教育培训？"选项为"没有""有"。计算接受过食品安全教育的人员的频率和百分比，结果如表25所示。从表25中可看出，仅有21.3%的居民接受过食品安全教育培训，78.7%的居民尚未接受过食品安全培育培训。

表25 接受食品安全教育的居民的频率和百分比

选项	频率	百分比(%)
没有	7298	78.7
有	1975	21.3

计算不同城市接受过食品安全培训的居民比率，结果如表26所示。从表26中可看出，天津和海口的食品安全培训率刚好等于全国平均水平，培训率高于全国均值的城市有：南宁、石家庄、太原、拉萨、重庆、沈阳、武汉、西安、福州、合肥、济南、杭州、成都、长沙14个城市；其余15个城市包括南京、贵阳、北京、银川、呼和浩特、兰州、郑州、西宁、上海、昆明、南昌、哈尔滨、长春、广州、乌鲁木齐的食品安全培训率均低于全国平均水平。

表26 不同城市的食品安全培训率

城市	频率	百分比(%)	排序
南宁	102	34.7	1
石家庄	92	30.9	2
太原	78	26.0	3
拉萨	76	25.3	4
重庆	74	24.7	5
沈阳	71	23.7	6
武汉	70	23.4	7
西安	70	23.3	8
福州	69	23.2	9
合肥	69	23.1	10
济南	68	23.0	11
杭州	67	22.5	12
成都	67	22.3	13
长沙	65	21.7	14
天津	64	21.3	15
海口	65	21.3	16
南京	63	21.0	17
贵阳	62	20.5	18
北京	61	20.3	19
银川	59	19.7	20
呼和浩特	59	19.7	21
兰州	55	18.4	22
郑州	53	18.1	23
西宁	52	17.3	24
上海	52	17.0	25
昆明	51	17.0	26
南昌	50	16.7	27
哈尔滨	50	16.7	28
长春	49	16.3	29
广州	47	15.9	30
乌鲁木齐	45	15.5	31

从以上调查数据可看出,目前我国居民接受食品安全教育培训率很低。食品安全培训率低,一方面不利于提高公众的食品安全知识和意识,形成一种"全民皆兵"的形势,有效地打击食品安全违法行为;另一方面,则会间接助长食品安全违法者利用公众对食品安全知识的欠缺进行食品安全违法行为。

三 提升城市食品安全感的对策与建议

在借鉴国内外现实做法的基础上,应充分考虑我国现实情况,构建符合我国实际的食品安全问题监管体系,即在完善法律保障的前提下,形成以政府管制为主、企业自律为辅、公民与第三部门积极参与的主体机制,实现对食品安全"从农田到餐桌"的全过程管制。

(一)加强企业食品安全自身建设,减少食品安全事故数量

食品企业(包括餐馆)是保障食品质量安全的第一责任人。随着经济的发展和食品安全形势的严峻性,人们对食品安全越来越重视。同时,政府对食品安全的管制也越来越严格。食品企业应认清形势,具有长远战略眼光,主动加强自身的食品安全建设,树立自己的品牌,而不是急功近利、只注重短期收益。而要加强企业的食品安全建设,除了要加强企业自律,严格把控质量外,还应注重提升食品安全技术,通过不断的技术创新来提升食品安全。例如,当前的物联网技术已相对成熟,企业可利用各种信息技术来加强食品安全监控。

此外,一旦发生食品安全事件,企业应勇于承担责任、积极采取措施来不断改进食品质量、挽回口碑,而不是推卸责任、遮遮掩掩,那样只会让大众更加质疑,甚至导致企业走上不归路。当年,三鹿集团面对最初暴露出来的奶粉问题,不是积极改进,而是拿钱与当事人私了,找百度删帖,导致问题越来越严重,最终变得不可收拾,企业破产,也对整个社会造成了极其恶劣的影响。在自媒体高度发达的今天,食品企业更加要引起高度重视,提升食品安全事件危机应对能力。

(二)加强食品安全的政府管制

我国实行的是政府主导下的社会主义市场经济。政府在经济发展中占主导作用。在食品安全管制方面,可从提高食品企业准入门槛、建立食品追溯

制度、进一步加大违法信息公开程度、进一步加大违法处罚、降低食品投诉难度、加大食品安全奖励等方面来加强食品安全建设。

（1）在食品企业准入方面，要提高食品企业准入门槛，让在食品安全方面有保障能力的企业进入市场，减少"黑作坊"数量。由于我国国情的复杂性，有许多路边摊、小作坊，它们规模极小，加工设备简陋，环境条件很差，技术力量薄弱，质量意识淡薄，难以保证食品的质量安全。企业是保证和提高产品质量的主体，为保证食品的质量安全，必须加强食品生产加工环节的监督管理，从企业的生产条件上把住市场准入关。

（2）随着物联网技术的不断发展，政府可强制要求企业建立食品安全追溯制度。对食品进行安全追溯，从而既可减少一些不良食品企业的违法行为，同时也有利于调查食品安全问题的环节所在。

（3）进一步公开食品安全违法信息。目前的食品安全违法信息虽可在网上查到，却非常不方便。例如，在江苏省食品药品监督管理局官网的公告通告上可查到江苏省食品药品监管局每次食品安全监督抽检信息通告，但这些信息是以Excel文件形式通告的，缺乏"搜索"功能，要查询违法企业或不安全食品的信息非常不方便，一般人不可能打开那么多文件一个一个查询，这其实也就降低了食品企业的违法成本。可设计一个搜索功能，方便公众查询企业违法信息。

（4）进一步加大违法处罚力度。根据食品安全法2018年最新处罚标准，对于食品安全违法行为的处罚有没收、罚款、吊销许可证、拘留四种。其中，生产经营致病性微生物、农药残留、兽药残留、生物毒素、重金属等污染物质以及其他危害人体健康的物质含量超过食品安全标准限量的食品、食品添加剂，其处罚只是：①没收违法所得和违法生产经营的食品、食品添加剂，并可以没收用于违法生产经营的工具、设备、原料等物品；②违法生产经营的食品、食品添加剂货值金额不足一万元的，并处五万元以上十万元以下罚款；货值金额一万元以上的，并处货值金额十倍以上二十倍以下罚款；③情节严重的，吊销许可证。从这些处罚条例可看出，这些处罚可能会震慑一部分人，但不可能震慑住所有违法者，其最严重的处罚只是被处货值金额20倍以下罚款和被吊销许可证,而对于由于这些致病性微生物、农药残留、兽药残留、生物毒素、重金属等污染物质所造成的直接或间接损失(如严重疾病甚至死亡)都没有明确要求负责。建议今后在修订食品安全法处罚条件时,将由于食品安全问题造成消费者的直接或间接损失考虑进去,加大食品安全违法处罚力度,以对食品生产经营者产生震慑作用。

(5)降低食品投诉难度。《食品药品投诉举报管理办法》经2015年12月22日国家食品药品监督管理总局局务会议审议通过,2016年1月12日国家食品药品监督管理总局令第21号公布2016年3月1日起施行。根据《食品药品投诉举报管理办法》,各级食品药品监督管理部门应当畅通"12331"电话、网络、信件、走访等投诉举报渠道,建立健全一体化投诉举报信息管理系统,实现全国食品药品投诉举报信息互联互通。然而,在实施上,却存在不少问题。例如,举报电话"12331"由于很少宣传,很少有人知道。现在网络已很发达,许多工作都通过网络进行,但在江苏省食品药品监督管理局官网上,没法进行投诉。今后应加强举报电话的宣传,同时在官网上设置相应投诉板块,便于消费者进行投诉。

(6)进行食品安全奖励。根据斯金纳的操作条件作用原理和班图拉的社会学习理论,对良好行为进行奖励既可刺激行为者继续进行良好行为,又可鼓励其他人模仿这种良好行为。当前对那些食品安全良好的行为与企业缺乏奖励,这在一定程度上既难以鼓励这些企业继续加强食品安全行为,同时也难以刺激其他食品企业进行模仿,形成整个食品行业都不注重食品安全的氛围。进一步强化食品企业进行食品安全建设的动机,可进行食品安全奖励。例如,像汽车保险那样,如果食品企业的食品安全记录(包括食品药品管理局的抽检、客诉等)连续良好,可考虑对其适当减少税收。

(三)实现多渠道的食品安全公共监督

第一,提高消费者的食品安全意识和安全知识。食品安全涉及的专业性很强。一般普通民众不仅对这些专业知识不了解,甚至对如何举报也不清楚。目前国内关于食品安全的教育培训少之又少,网上许多食品安全视频都是非权威机构制作的,很多食品安全知识都是个人通过网络了解的,这就导致许多民众的食品安全知识都是一知半解。今后相关权威部门应开展多种方式进行食品安全宣传(如制作一些食品安全视频、开展食品安全讲座)。通过提高民众的食品安全知识,了解食品安全举报方式,可让不良企业陷于"人民战争"之中,从而减少食品安全问题。

第二,充分发挥新闻舆论的食品安全监督作用。在西方国家,新闻舆论监督被当作除了立法、司法、行政三大权力之外的"第四种权力",在一个国家的政治、经济和社会生活中极具影响力。舆论监督具有事实公开、传播快速、影响广泛、揭露深刻、导向明显、处置及时等优势,能够快速使人们的注意力聚焦,形成社会压力,引起政府高度关注,促使司法机关秉公办事。当前随着智能手机和自媒体的高度发达,可对一些食品安全事件进行快速报道,通过网络形成强大的舆论,从而有效地追究违法企业的违法行为,并对其他食品企业形成震慑与警戒作用。例如,2018年问题疫苗事件,正是由于网络强烈的舆论,引起了习近平主席、李克强总理高度重视,直接进行批示,从而才迅速做出处理。

第三,有效发挥食品行业协会的作用。在现代食品安全体系中,行业协会具有重要的地位,并发挥着无可替代的作用。食品行业协会可从以下几个方面推动食品安全:加强对成员的食品安全教育,树立行业荣誉感;组织会员进行业务培训与其他组织进行有关食品安全的经济交流与合作;保持与政府部门的联系,提供业内信息数据,获得最新政策应对行业出现的食品安全突发事件,加强与政府的沟通,消除不良影响,妥善处理善后工作和促进各类食品行业协会发挥约束、管制等作用,进一步推动食品安全管制工作。当前我国的食品行业协会发展还很不成熟,无法发挥其应有的作用,今后应扶持其发展,充分发挥食品行业协会作为第三方权威机构的作用。

B.5 中国城市交通安全感调查报告（2018）

张　辉　张少康　李雨嘉*

摘　要： 交通是一个城市的"血液"，交通安全更与每个人的生活息息相关。本次全国城市调查数据显示，我国城市交通安全感指数总体较高，但也面临着不同区域城市间和不同人群间差异大的问题。因此，应当加强宣传教育，着重加强驾驶员管理，完善交通设施和管理制度，才能进一步提升城市居民交通安全感。

关键词： 城市交通　安全感　城市管理

随着社会和经济的快速发展，人们交通方式呈现多样化、丰富化，伴随而来的是各种交通事故的急剧增长。交通安全与人们生活紧密相关，一个城市中交通的角色就像身体中的血液，当城市交通发生了问题，就像血脉不通一样往往危及整个城市的生命安全。本文通过对全国31个省会城市调查所得资料，分析当前全国交通安全感的基本状况，发现存在的问题与挑战，并提出相应的对策建议。

一　城市交通安全感的基本状况

随着经济社会的发展，我国交通已经取得较大的成就，人们出行更方便的同时，一些交通问题也浮现出来，了解公众对交通的安全感、研究相关影

---

* 张辉，博士，中国矿业大学公共管理学院讲师，研究方向为社会媒介与政府管理；张少康，中国矿业大学公共管理学院硕士研究生；李雨嘉，中国矿业大学公共管理学院硕士研究生。

响因素及不同条件下的交通安全感,从而为中国城市交通安全状况做出一定的分析。

(一)城市交通安全感指标与排行

1. 指标选取与资料来源

此次调查问卷中对交通安全感的测度包括两部分内容,一是交通安全感调查,分为交通秩序、交通基础设施和交通事故救援三个方面;二是城市交通安全认知的两个因素测量:行人遵守交通秩序问题和驾驶员安全驾驶问题。经过计算筛选,交通安全层面设计公因子一个,即"交通安全",交通安全感二级指标的权重为0.10129,分为三个维度,分别为命名为"交通秩序"、"交通基础设施"和"事故救援"三项(见表1)。

表1 全国省会城市居民交通安全指标

二级指标	权重	三级指标	具体问题的赋分情况 (极为担心1⟵⟶完全不担心10)
交通安全	0.10129	交通秩序	总体上是否担心本市交通安全问题
			担心市内出行时遭受交通意外伤害(酒驾、违章驾驶、超载……)
		交通基础设施	担心市内公共交通系统(地铁、电车、公共汽车……)出现严重事故
		事故救援	发生交通事故时担心伤者得不到及时有效的救助

2. 城市交通安全感指数及排行

本项研究首先通过计算全国城市居民公共安全分项指数,测量交通安全指数及其排名,如表2所示。

表2 全国城市公共安全感分项指标指数排行榜

分项指标	指数	排名
自然安全感	0.5091	1
公共设施安全感	0.4941	2
社会治安安全感	0.4934	3

续表

分项指标	指数	排名
交通安全感	0.4917	4
社会保障安全感	0.4843	5
生态安全感	0.4840	6
医疗卫生安全感	0.4799	7
食品安全感	0.4693	8
信息安全感	0.3835	9

通过对全国省会城市公共安全不同领域的安全感指数进行计算和排名，可知全国省会城市居民的自然灾害安全感最高，而信息安全感最低，交通安全感在总体排第4位，排在中间靠前位置。

在应用因子分析法的数据分析中，各样本的因子权重与相应的标准化后的因子得分相乘可以得到每个样本的交通安全感指数，再对每一个样本的交通安全感指数进行加权平均可以计算出全国31个城市样本的交通安全感这一分项指标指数（计算方法如前文所述），对各城市的交通安全感指数按高低排名，如表3所示。

表3　全国交通安全感指数排名

城市	交通安全感指数	排名	城市	交通安全感指数	排名
南京	0.5565	1	石家庄	0.4776	17
杭州	0.5548	2	天津	0.4775	18
成都	0.5497	3	贵阳	0.4753	19
上海	0.5495	4	兰州	0.4702	20
广州	0.5415	5	南宁	0.4684	21
西宁	0.5376	6	西安	0.4643	22
武汉	0.5310	7	呼和浩特	0.4611	23
北京	0.5278	8	银川	0.4598	24
重庆	0.5242	9	郑州	0.4522	25
合肥	0.5209	10	福州	0.4505	26
拉萨	0.5185	11	济南	0.4502	27
长沙	0.5056	12	昆明	0.4362	28
乌鲁木齐	0.5033	13	长春	0.4320	29
海口	0.4974	14	沈阳	0.4260	30
南昌	0.4845	15	太原	0.3942	31
哈尔滨	0.4816	16			

对各城市的交通安全感指数按高低排名，城市交通安全感指数越高，排名越靠前，表明该城市居民的交通安全感越高。前九名城市绝大部分为经济较为发达的城市，经济实力雄厚、交通基础设施及相关制度建设较完善，故城市交通安全感指数较高。

全国各城市的城市公共安全感总体排名与交通安全单项安全感排名不尽一致，图1、图2是全国城市公共安全感指数与本城市交通安全感指数和全国城市公共安全感指数与交通安全感排名比较的对比。

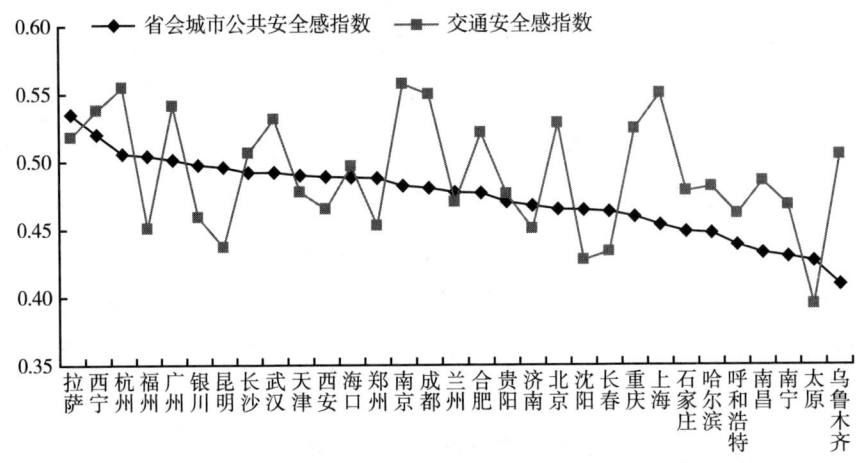

图1　全国城市公共安全感指数与交通安全感指数比较

图1是全国城市公共安全感指数与交通安全感指数的对比，从中可以看出，西宁、杭州、广州、武汉、南京、成都、合肥、北京、重庆、上海、石家庄、哈尔滨、呼和浩特、南昌、南宁和乌鲁木齐16个城市的交通安全感指数明显高于城市公共安全感指数，相对地，拉萨、福州、银川、昆明、西安、郑州、济南、沈阳、长春和太原10个城市的交通安全感指数低于城市公共安全感指数。长沙、天津、海口、兰州和贵阳5个城市的交通安全感指数与城市公共安全感指数大致持平。所以全国城市交通安全感总体来说较高。

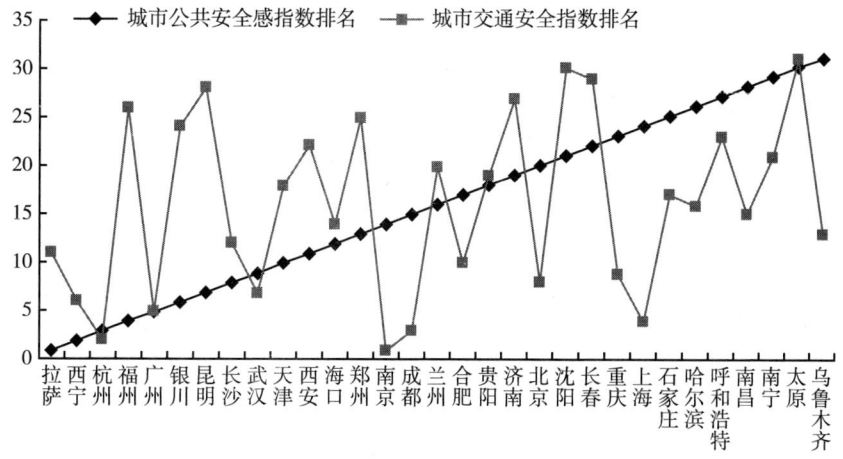

图2 全国城市公共安全感指数与交通安全感排名比较

图2是全国城市公共安全感指数排名与交通安全感指数排名比较，从中可以看出，拉萨、西宁、福州、银川、昆明、长沙、天津、西安、郑州、兰州、济南、沈阳和长春13个城市的交通安全感排名高于城市公共安全感指数排名，相对地，南京、成都、合肥、北京、重庆、上海、石家庄、哈尔滨、呼和浩特、南昌、南宁和乌鲁木齐12个城市的交通安全感排名低于城市公共安全感指数排名。杭州、广州、武汉、海口、贵阳和太原6个城市的交通安全感排名和城市公共安全感指数排名基本一致。

（二）城市居民交通安全感描述性统计

在对调查所得样本数据中有关交通的专项数据进行整理之后，需要对全国城市居民交通总体满意度进行描述性统计，以了解居民的具体态度和感受。运用SPSS20.0软件对数据进行分析，所得结果如表4所示。

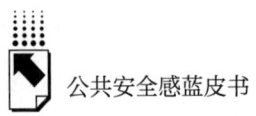

表4 全国城市居民交通感描述性统计量

	N	极小值	极大值	和	均值		标准差	方差
	统计量	统计量	统计量	统计量	统计量	标准误	统计量	统计量
交通秩序	9256	1	10	47327	5.11	.026	2.548	6.490
交通基础设施	9259	1	10	50214	5.42	.027	2.570	6.605
事故救援	9252	1	10	49955	5.40	.027	2.578	6.648
有效的N(列表)	9224							

统计结果显示，全国城市居民对城市交通不同领域的安全感有所差异，交通基础设施安全感均值最高，事故救援的安全感略低于道路基础设施的安全感，而对遵守交通秩序的安全感均值最低。标准差计算显示样本意见较为离散，即被调查者的意见并不太一致，意见差距较大。

1. 城市居民交通分项安全感描述性统计

在描述全国城市居民的总体交通安全感状况的基础上，基于城市特性，有必要分别描述全国31个省会城市居民对交通安全的不同感受，了解全国交通安全感基本状况的城市差异和特点。

（1）各城市居民交通秩序安全感

表5 全国各城市居民交通秩序安全感

城市	均值	N	标准差
北京	5.0922	282	2.58631
沈阳	4.2976	289	2.50306
成都	5.4367	300	2.41497
福州	4.6773	282	2.42587
广州	5.6481	287	1.89908
贵阳	4.9532	299	2.47765
哈尔滨	4.7687	294	2.33848
海口	5.3925	293	2.61965
杭州	6.5240	292	2.45148
合肥	5.1672	299	2.32988

续表

城市	均值	N	标准差
呼和浩特	4.5700	300	2.79005
济南	4.8862	290	2.67841
昆明	4.9695	295	2.58378
拉萨	5.4776	268	2.81307
兰州	5.0320	281	2.38949
南昌	4.9353	278	2.76964
南京	5.3434	297	2.23680
南宁	4.6641	256	2.83612
上海	6.2724	301	2.44654
石家庄	4.6271	295	2.03789
太原	4.4490	294	2.35627
天津	4.6939	294	2.83111
乌鲁木齐	4.5086	291	2.61476
武汉	5.8909	275	2.47375
西安	5.2067	300	2.22421
西宁	5.5627	279	2.10571
银川	4.7036	280	2.58919
长春	4.9632	299	2.70756
长沙	5.0474	274	2.52778
郑州	5.0651	292	2.59511
重庆	5.6980	298	2.56289
总　计	5.1149	8954	2.54732

由表5可知，在城市居民交通秩序安全感上，杭州、上海、武汉、重庆、广州、西宁、拉萨、成都、海口、南京、西安、合肥、北京、郑州、长沙和兰州满意度较高，交通秩序满意度在5.0以上；昆明、长春、贵阳、南昌、济南、哈尔滨、银川、天津、福州、南宁、石家庄、呼和浩特、乌鲁木齐、太原和沈阳满意度相比较低，交通秩序满意度在5.0以下。

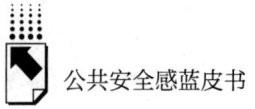

(2) 交通基础设施安全感

表6　各城市居民交通基础设施安全感

城市	均值	N	标准差
北京	5.3050	282	2.54201
沈阳	4.7785	289	2.62588
成都	5.8067	300	2.44593
福州	5.0532	282	2.43799
广州	5.7247	287	1.90624
贵阳	5.0936	299	2.50729
哈尔滨	4.9898	294	2.38952
海口	5.6246	293	2.77261
杭州	6.6301	292	2.43405
合肥	5.2308	299	2.36379
呼和浩特	5.0000	300	2.79153
济南	5.8138	290	2.83816
昆明	5.4508	295	2.75473
拉萨	6.0858	268	2.79983
兰州	5.1388	281	2.39761
南昌	5.3273	278	2.87351
南京	5.5926	297	2.23735
南宁	5.1172	256	2.81904
上海	6.4784	301	2.39103
石家庄	4.5763	295	1.92728
太原	4.6224	294	2.21929
天津	5.3163	294	2.89614
乌鲁木齐	4.8522	291	2.74845
武汉	6.1273	275	2.30878
西安	5.6600	300	2.20771
西宁	5.7599	279	2.09565
银川	4.9679	280	2.67251
长春	5.2676	299	2.75790
长沙	5.5328	274	2.48085
郑州	5.3288	292	2.63758
重庆	5.9396	298	2.64570
总　计	5.4253	8954	2.57054

由表6可知，在交通基础设施安全感上，杭州、上海、武汉、拉萨、重庆、济南、成都、西宁、广州、西安、海口、南京、长沙、昆明、郑州、南

昌、天津、北京、长春、合肥、兰州、南宁、贵阳、福州和呼和浩特的交通基础设施安全感较高；哈尔滨、银川、乌鲁木齐、沈阳、太原和石家庄相比较低。但整体上交通基础设施安全感高于对交通秩序安全感。

（3）交通事故救援安全感

表7 全国各城市居民交通事故救援安全感

城市	均值	N	标准差
北京	5.4113	282	2.48288
沈阳	4.7197	289	2.55651
成都	5.8400	300	2.44287
福州	4.9929	282	2.46107
广州	5.8362	287	1.97653
贵阳	5.0368	299	2.57022
哈尔滨	5.1395	294	2.35086
海口	5.6177	293	2.66072
杭州	6.6473	292	2.45976
合肥	5.3980	299	2.37552
呼和浩特	4.7533	300	2.68013
济南	5.3966	290	2.98404
昆明	5.2441	295	2.68178
拉萨	6.1381	268	2.93110
兰州	5.2598	281	2.27568
南昌	5.2230	278	2.87160
南京	5.6532	297	2.17734
南宁	4.8320	256	2.81855
上海	6.6113	301	2.39410
石家庄	4.7559	295	2.02906
太原	4.5680	294	2.33254
天津	5.0374	294	2.81669
乌鲁木齐	4.8041	291	2.75295
武汉	6.0873	275	2.34124
西安	5.8933	300	2.14880
西宁	5.8530	279	2.15328
银川	4.7464	280	2.55898
长春	5.1405	299	2.71468
长沙	5.4526	274	2.52162
郑州	5.2466	292	2.67112
重庆	6.1644	298	2.56560
总　计	5.4044	8954	2.57410

由表7可知，在交通事故救援安全感上，杭州、上海、重庆、拉萨、武汉、西安、西宁、成都、广州、南京、海口、长沙、北京、合肥、济南、兰州、郑州、昆明、南昌、长春、哈尔滨、天津和贵阳的交通事故救援安全感较高；福州、南宁、乌鲁木齐、石家庄、呼和浩特、银川、沈阳和太原相比较低。交通事故救援安全感总体略低于交通基础设施安全感。

总体而言，全国31个省会城市居民对本城市交通的安全感有所差异，经济发达区域的城市交通安全感总体较高，如南京、杭州、成都、上海、广州、武汉、北京、重庆等城市；而需要引起注意的是西宁，其城市交通安全感总体较高，可以总结经验、借鉴和扩散。城市交通安全感总体较低的城市，大多为经济相比而言欠发达或者较偏远地区。

2.城市居民社会交通安全感组间描述性统计

如上文所述，根据对基础数据的均值和方差描述，全国城市居民在交通安全各层面的意见趋于离散。在一般情况下，性别、政治面貌、年龄、户口类型、文化程度、身份职业、个人月收入等变量会给不同群体的交通带来的不同程度的心理感受。因此，对不同组别进行单因素方差检验，确定不同群体的交通安全感，对于我们了解全国城市居民交通安全感的不同群体状况，发现不同群体中存在之问题，进而提出针对性、可行性的建议具有重要意义。

（1）性别与交通安全感相关状况

理论上讲，因为男女生理、心理特征的差异，男性和女性往往对某一事物会产生不同的看法。因此，性别也可能会对交通安全有不同的看法，导致"性别"变量下的交通安全感呈现不同特点。我们根据调查数据分析全国城市居民性别与交通安全满意度相关关系，结果如表8所示。

表8 居民性别与交通安全感关系

性别	N	均值	标准差	标准误	相关
男	4618	3.36	0.954	0.014	不显著
女	4631	3.30	0.897	0.013	

数据结果显示，性别因素与交通安全感的相关关系不显著。这说明，男性城市居民和女性城市居民的交通安全感差异性不大，交通安全感评价较为一致。

（2）年龄与交通安全感相关状况

人口结构与交通安全感存在一定的关系，不同年龄阶层的社会成员拥有不同的社会阅历与经验，可能对交通安全的感受有所差异。运用描述统计和单因素方差分析了解全国城市居民年龄变量与总体交通安全感及不同层面安全感的相关关系，结果如表9、表10所示。

表9 居民年龄与交通安全感关系

	年龄	N	均值	标准差	标准误
交通安全	18~29岁	4447	3.3083	0.9376	0.0141
	30~44岁	2668	3.3115	0.8832	0.0171
	45~59岁	1585	3.4013	0.9437	0.0237
	60岁以上	543	3.4015	0.9762	0.0419
	总数	9243	3.3308	0.9266	0.0096

表10 年龄与交通安全感不同领域单因素方差分析

		平方和	df	均方	F	显著性
交通意外事故	组间	282.958	4	70.739	10.946	0.000
	组内	59783.610	9251	6.462		
	总数	60066.568	9255			
交通基础设施	组间	416.188	4	104.047	15.855	0.000
	组内	60730.040	9254	6.563		
	总数	61146.229	9258			
交通事故救援	组间	444.167	4	111.042	16.818	0.000
	组内	61053.149	9247	6.602		
	总数	61497.316	9251			
交通安全	组间	14.059	4	3.515	4.099	0.003
	组内	7927.769	9246	.857		
	总数	7941.828	9250			

分析可知，年龄结构与交通安全及其不同领域的安全感呈显著相关关系。并且年龄与交通安全感呈正向关系，60岁以上的人群的交通安全感最

高,而18~29岁的人群的交通安全感最低。18~29岁和30~44岁人群的交通安全感低于交通安全感均值,说明年龄越小对交通安全越不满意。一般来讲,年轻人的活动范围和社会接触面较广泛,对交通安全有着更为直接的感受,也存在着经济因素和心理因素等方面影响,共同作用导致这一结果。

(3)文化程度与交通安全感相关状况

文化程度也与交通安全感有着密切关系。一般认为,文化程度越高,受到教育水平越高,整体素质就会有所提高。对不同文化程度的人,小学及以下、初中、高中(中职、中专)、大学(大专)及研究生以上人群,进行单因素方差分析,以更好了解文化程度与交通安全感及不同方面之间的相关关系,分析如表11、表12所示。

表11 文化程度与交通安全感关系

文化程度	满意度均值	N	标准差	均值的标准误
小学及以下	3.3500	340	1.0606	.0575
初中	3.3744	1135	0.9594	0.0285
高中(中职、中专)	3.3426	2367	0.9265	0.0190
大学(大专)	3.3154	4858	0.9128	0.0131
研究生以上	3.3162	544	0.8853	0.0380
总 计	3.3308	9244	0.9266	0.0096

表12 文化程度与交通安全感不同领域单因素方差分析

		平方和	df	均方	F	显著性
交通秩序满意度	组间	131.910	5	26.382	4.072	0.001
	组内	59934.658	9250	6.479		
	总 数	60066.568	9255			
交通基础设施满意度	组间	203.770	5	40.754	6.188	0.000
	组内	60942.459	9253	6.586		
	总 数	61146.229	9258			
交通事故救援满意度	组间	80.694	5	16.139	2.430	0.033
	组内	61416.623	9246	6.643		
	总 数	61497.316	9251			

由表 11、表 12 可知，文化程度与交通安全不同方面有着显著相关关系。数据显示小学及以下、初中和高中（中职、中专）文化程度群体高于均值，交通安全感较高。大学和研究生以上文化程度群体拥有较高的学历与知识素养，更了解交通安全相关领域，反而会表示出对如今交通设施、交通救援的较低安全感。

（4）户口类型与交通安全感相关状况

户口类型代表着不同环境下的人群，这与交通安全感也会存在一定相关关系，户口类型分为本地城市、本市农村、外地城市和外地农村。从数据中分析不同户口类型的与交通安全感之间的相关关系，结果如表 13、表 14 所示。

表 13　户口类型与交通安全感不同领域关系

户口类型		交通秩序	交通基础设施度	交通事故救援
本市城市	均值	5.148117	5.489282	5.484395
	N	4807	4805	4806
	标准差	2.5146487	2.5669511	2.5653713
本市农村	均值	5.068635	5.388357	5.318047
	N	1355	1357	1352
	标准差	2.4857967	2.4702262	2.4689395
外地城市	均值	5.224490	5.396622	5.449563
	N	1715	1717	1715
	标准差	2.6178825	2.5601050	2.5885020
外市农村	均值	4.896854	5.258772	5.117045
	N	1367	1368	1367
	标准差	2.6252597	2.6794614	2.6917357
总计	均值	5.113479	5.423164	5.399242
	N	9244	9247	9240
	标准差	2.5480763	2.5696265	2.5778536

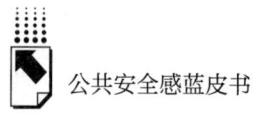

表14 户口类型与交通安全感及不同方面单因素方差分析

		平方和	df	均方	F	显著性
交通秩序	组间	93.775	3	31.258	4.820	0.002
	组内	59918.185	9240	6.485		
	总 数	60011.960	9243			
交通基础设施	组间	60.829	3	20.276	3.073	0.027
	组内	60990.329	9243	6.599		
	总 数	61051.158	9246			
交通事故救援	组间	156.965	3	52.322	7.891	0.000
	组内	61239.229	9236	6.630		
	总 数	61396.194	9239			
交通安全	组间	9.150	3	3.050	3.554	0.014
	组内	7924.995	9235	0.858		
	总 数	7934.145	9238			

由以上分析可知，户口类型与交通安全感及不同方面存在显著的相关关系。城市户口类型人群的不同方面的安全感均高于农村户口类型人群的安全感，这与经济因素有很大的关系。城市户口类型人群的交通基础设施安全感最高，与当前交通基础设施的完善在很大程度上有关系。

（5）身份职业与交通安全感相关状况

身份职业与交通安全感密切相关。不同职业和处于不同社会层次的人对交通安全及其不同方面的看法是存在区别的。对本次调查数据中不同职业与交通安全感之间的关系进行计算和分析，所得结果如表15所示。

表15 身份职业与交通安全感不同领域关系

身份职业		交通秩序	交通基础设施	交通事故救援
公务员	均值	5.0175	5.2398	5.3167
	N	342	342	341
	标准差	2.5202	2.6119	2.6434
事业单位人员	均值	5.2089	5.5052	5.5515
	N	1058	1057	1059
	标准差	2.5137	2.4928	2.5153

续表

身份职业		交通秩序	交通基础设施	交通事故救援
公司职员	均值	5.0790	5.4068	5.3657
	N	2026	2028	2029
	标准差	2.4743	2.5062	2.5041
进城务工人员	均值	5.2905	5.6619	5.4449
	N	482	485	481
	标准差	2.5253	2.5522	2.6080
学生	均值	4.9042	5.2051	5.2723
	N	2411	2414	2413
	标准差	2.4457	2.4655	2.4956
自由职业者	均值	5.2045	5.5025	5.4108
	N	1394	1395	1385
	标准差	2.6938	2.7249	2.6962
离退休人员	均值	5.4680	5.7928	5.7650
	N	532	531	532
	标准差	2.7103	2.7019	2.7335
其他	均值	5.2090	5.5378	5.4016
	N	995	991	996
	标准差	2.6569	2.6807	2.6824
总计	均值	5.1131	5.4233	5.3994
	N	9256	9259	9252
	标准差	2.5476	2.5700	2.5783

由表15可知，离退休人员无论是在交通秩序安全感，还是在交通基础设施安全感、交通事故救援安全感上，都排在首位；与其相反，学生在三项中都处于末位。交通基础设施安全感、交通事故救援安全感，往往高于交通秩序安全感。

（6）收入水平与交通安全感

一般来说，收入水平与交通安全感有着紧密的关系。通过将收入水平细分为六个层次，利用单因素方差分析和描述统计来刻画收入水平与交通安全感及其不同方面之间的关系，分析结果如表16、表17所示。

表16 收入水平与交通安全感不同领域

		N	均值	标准差	标准误	均值的95%置信区间		极小值	极大值
						下限	上限		
交通秩序	2000元以下	2729	4.942470	2.5502262	.0488177	4.846746	5.038193	1.0000	10.0000
	2001~3500元	2105	5.101663	2.6337099	.0574040	4.989088	5.214237	1.0000	10.0000
	3501~5000元	2283	5.199299	2.4652110	.0515942	5.098123	5.300476	1.0000	10.0000
	5001~8000元	1323	5.251701	2.4961671	.0686268	5.117071	5.386330	1.0000	10.0000
	8001~12000元	430	5.360465	2.5277610	.1218995	5.120871	5.600060	1.0000	10.0000
	12001元以上	202	5.346535	2.7424637	.1929591	4.966051	5.727018	1.0000	10.0000
	总数	9072	5.117945	2.5471802	.0267429	5.065523	5.170367	1.0000	10.0000
交通基础设施	2000元以下	2732	5.243777	2.5790784	.0493428	5.147024	5.340531	1.0000	10.0000
	2001~3500元	2105	5.489311	2.6674001	.0581383	5.375297	5.603326	1.0000	10.0000
	3501~5000元	2283	5.473062	2.5320983	.0529941	5.369140	5.576983	1.0000	10.0000
	5001~8000元	1322	5.511346	2.4554054	.0675317	5.378865	5.643827	1.0000	10.0000
	8001~12000元	430	5.653488	2.5186344	.1214593	5.414759	5.892218	1.0000	10.0000
	12001元以上	202	5.623762	2.6423700	.1859165	5.257165	5.990359	1.0000	10.0000
	总数	9074	5.425281	2.5715774	.0269960	5.372363	5.478199	1.0000	10.0000
交通事故救援	2000元以下	2728	5.282991	2.5889055	.0495672	5.185798	5.380184	1.0000	10.0000
	2001~3500元	2107	5.335074	2.6655480	.0580703	5.221192	5.448955	1.0000	10.0000
	3501~5000元	2278	5.480685	2.5308505	.0530261	5.376700	5.584669	1.0000	10.0000
	5001~8000元	1323	5.493575	2.4659091	.0677949	5.360578	5.626573	1.0000	10.0000
	8001~12000元	430	5.702326	2.4560935	.1184433	5.469524	5.935127	1.0000	10.0000
	12001元以上	201	5.721393	2.7607952	.1947315	5.337403	6.105383	1.0000	10.0000
	总数	9067	5.405095	2.5749109	.0270415	5.352088	5.458103	1.0000	10.0000

表17 收入水平与交通安全感不同领域单因素方差分析

		平方和	df	均方	F	显著性
交通秩序	组间	159.214	5	31.843	4.918	0.000
	组内	58694.585	9066	6.474		
	总数	58853.799	9071			
交通基础设施	组间	143.988	5	28.798	4.363	0.001
	组内	59855.853	9068	6.601		
	总数	59999.841	9073			
交通事故救援	组间	132.475	5	26.495	4.003	0.001
	组内	59976.610	9061	6.619		
	总数	60109.085	9066			

由表 16、表 17 可知，收入水平与交通安全不同方面存在显著相关关系。而且大致上，随着收入水平的提高，交通秩序安全感、交通基础设施安全感和交通事故救援安全感都会呈现增加的趋势。但是收入在 12001 元以上的人群交通秩序安全感和交通基础设施安全感略低于收入在 8001~12000 元的人群满意度。

二 城市交通安全感存在的问题与挑战

随着社会经济的发展，我国城市的经济发展慢慢呈"阶梯状"分布，城市发展多样化带来的是城市交通状况的差异化，同时带来了城市交通安全感方面的问题和挑战。

（一）中西部城市交通安全感相对发达城市较低

当前我国小汽车走进千家万户，已经从自行车王国转变成为汽车社会。在本次全国城市公共安全感调查中，交通安全感分项调查结果显示，在全国 31 个省会城市中，交通安全感位列前五位的城市依次是南京市、杭州市、成都市、上海市以及广州市，而交通安全感后五位城市包括济南市、昆明市、长春市、沈阳市、太原市。总体而言，全国 31 个省会城市居民的本城市交通安全感有所差异，中西部地区城市交通安全感低于经济发达区域的城市交通安全感，如贵阳、兰州、南宁、呼和浩特、银川、郑州、长春、太原等中西部城市的交通安全感低于南京、杭州、成都、上海、广州、武汉、北京、重庆等城市；而需要引起注意的是西宁城市交通安全感较高，可以总结其城市在交通治理上的经验，供其他中西部城市借鉴和扩散。另外道路交通事故发生数和道路交通事故造成的死亡人数居全国前列的广东、江苏、浙江等经济发达的省份，在全国城市公共安全感调查中仍然高居全国前几位，可能和这些经济发达城市的汽车普及率、驾驶员道路交通意识、比较健全的道路交通管理、深入人心的文明交通驾驶理念等有关，因此，这些城市的交通安全感相对较高。

（二）离退休人群交通安全感明显高于其他身份职业

我国城市居民在身份职业方面存在着较大的差异，所以不同群体的交通安全感也会存在不同。在本次调查中，离退休人员的交通安全评价较高，无论是在交通秩序安全感，还是在交通基础设施安全感、交通事故救援安全感上，都排在首位。原因可能如下：首先，离退休人员年龄较高，加上腿脚不便、身体虚弱等原因，使离退休人员出行需求不大，出行范围往往局限于居住地附近，对交通需求远低于其他职业人群，同时对交通路线、状况十分了解，对交通有着较高的安全感。而且本身作为一个弱势群体，离退休人群拥有更高的安全意识，同时在交通中受到更多的关注与关怀，如人们往往会避让、谦让老人，因此离退休人员对交通安全有着相对较低的敏感度和较高的交通安全感；其次，我们注意到除离退休人员，其他职业人群本身就是一个驾驶员。当自身参与交通其中，作为一个驾驶员更能体会到驾驶的危险，更了解交通安全相关领域，对交通有更高的要求与需求，能亲身感受到交通运行中存在的问题，往往对交通安全存在高于他人的担忧与顾虑，有着较低的交通安全感；最后，随着经济的发展，我国拥有着数量巨大的驾驶员人群。据公安部统计，截至2017年底，中国汽车2.17亿辆，汽车驾驶人3.42亿。驾驶员人群数量之多，紧接着带来的就是路况也会变得十分复杂，加上有些城市交通基础设施与经济发展不同步，这直接导致交通秩序混乱、交通事故频发等状况，造成了其他身份职业群体的交通安全感下降。

（三）城市户口类型交通安全感高于农村户口人群

户口类型代表着不同环境下的人群，这种户口存在的差异往往会带来交通安全感的不同。数据显示，城市户口类型交通安全感高于农村户口人群。这种现象可能归结于以下三个方面：首先，我国城乡经济发展存在差距，城乡交通设施方面也存在较大差异，这会造成城市和农村不同人群的交通安全感。城市往往拥有完备的交通基础设施，如交通道路条件、信号灯、交通标志等,这些条件的完备都会给城市居民以好感,会提高城市居民的交通安全感。其次,城市管理及相关制度得到很好的实施,相比较而言,农村交通管理难度大,相关制度实施起来有很大阻碍。再次,城乡相关制度未能得到较好协调,地区之间存在较大的差异,使城市和农村户口人群的交通安全感有着很大不同;同时,城乡流动人口的增加加大了城市交通的混乱和治理难度,这会在客观上影响城市交通安全感。最后,农村户口或者外市户口由于不熟悉、不了解当地城市交通情况、制度规则,很可能带来安全感的降低,陌生的空间会给人带来隐形的压力,这方面的因素不可忽略。

三 提升城市交通安全感的对策与建议

全国各省市经济的快速发展和城乡间人口流动越来越频繁,各城市市区人口急速增加,必然导致出行车辆的急剧增加。2017年末全国民用汽车保有量21743万辆(包括三轮汽车和低速货车820万辆),比上年末增长11.8%,其中私人汽车保有量18695万辆,增长12.9%。民用轿车保有量12185万辆,增长12.0%,其中私人轿车11416万辆,增长12.5%。[①] 这加大了对我国交通安全的挑战,不仅要求政府在交通管理上有所作为,还要求进行相关的经济、文化、法律等多方面的全面协调。

(一)加强宣传教育,减少地区的交通安全感差距

中西部与经济发达地区的经济差距较大,而中西部不可能在短时间达到经济发达地区的交通基础设施能力。因此,交通安全教育和宣传的作用就凸显出来。交通安全宣传教育是道路交通安全管理的重要组成部分,普及道路交通安全法律法规的重要途径,预防和控制道路交通事故的治本之策,推动和促进道路交通安全综合治理的有效措施,做好道路交通安全管理工作的前

---

① 《中国2017年国民经济和社会发展统计公报》,中国统计信息网,http://www.tjcn.org/tjgb/00zg/35328_6.html。

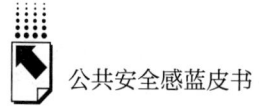

提和保障。① 强化交通安全的宣传教育,可有效地提升公民的交通安全意识。

在宣传方面,要更新宣传教育形式,寓教于乐,潜移默化地提高广大群众的交通道德水平。通过开展文艺汇演、征文比赛、摄影等活动,广泛调动社会参与积极性。要利用一切新闻媒介和宣传手段对全社会进行交通安全教育和交通法规的宣传,加强和提高人们的交通安全意识和交通法制观念。建立以政府为主导、多部门联动,全民参与的交通安全宣传机制,制订交通安全宣传和教育计划,根据不同群体和年龄段,定期开展交通安全宣传教育活动,尤其是加强对机动车驾驶人、农民、自主经营者、外来务工者等重点群体的交通安全宣传教育。② 这样利于中西部地区公民树立良好的交通意识和法制观念,从而在交通实践中产生良好的教化效果。

在教育方面,交通安全教育要从孩子抓起,从简单的做起。学校给孩子设置交通安全课程,并组织参加交通安全宣传活动,从小就树立交通安全意识。广泛动员学校、企业等社会力量,坚持交通安全知识教育、安全道德教育和安全法律教育相结合。在交通安全教育工作中应该充分发挥单位培训和政府媒体宣传两大渠道对人们安全意识影响的优势,树立"安全第一,预防为主""珍惜生命,关注安全"的全民安全观,促使人们的交通安全认识和安全意识不断提高,通过媒体用积极向上的、正确的安全知识和信息引导人们的观念,进一步提高公众的交通安全意识。要大力倡导交通道德,弘扬交通安全文化,使人们充分认识到不遵守交通规则所带来的危害,树立强烈的路权观念和自我防范与风险意识,从而提高人们的交通安全感。

(二)着重加强驾驶员管理,提高不同职业群体交通安全感

离退休人员和其他职业安全感差异很大一部分是因为,其他职业的人员很大一部分是道路交通的参与者、驾驶员。而驾驶员是交通事故中的主导因素,起决定作用,所以必须加强对驾驶员的管理。在驾驶员培训考证期间,

---

① 汪益纯、陈川:《我国交通安全宣传教育的问题分析与建议》,《道路交通与安全》2009年第4期。
② 戴帅:《我国城市道路交通安全问题及对策》,《综合运输》2015年第7期。

管理部门不但要授之以驾驶技术、业务技能,加强对驾驶技术能力的考核,更应该重视对新驾驶员的安全知识和法律法规的教育。严格驾驶员培训、考试各环节,驾驶员培训要传授技能、传播法律、传递文明,驾驶员考试要严格标准、严格考试、严格颁发驾驶证,使越来越多的驾驶人成为合格的司机、越来越多的交通参与者成为文明的使者。同时,更应该注重对驾驶员高度责任感和安全意识的培养,坚决杜绝驾驶员超速行驶、无证驾驶、酒后驾驶和疲劳驾驶等违法现象。培养驾驶员的公德和社会责任意识,避免出现危害行人、道路驾驶的情况。驾驶员除了要有熟练的驾驶技能,还应具备良好的心理素质。可以对驾驶员定时定期开展心理测试和心理辅导等活动,提高驾驶员的心理素质,杜绝出现"路怒症",因一人的过错而酿成大错。同时,注重对驾驶员及时克服在驾驶车辆过程中常常出现的麻痹、急躁、紧张、刺激等心理的培训,在行车过程中遇到问题能适时地采取措施,需要立即决定时,应当机立断,毫不犹豫。在无法避免事故发生时,应以最小损失为前提进行处理。总之,现在驾驶员整体素质亟须提高。

同时,还应该加强对车辆的管理,控制机动车数量。机动车总量应该与一定时期经济发展水平和道路交通通行能力保持一定的比例,借鉴北京、上海、香港、新加坡等国内外的经验,制定地方法规,采取限制车牌、提高机动车使用费用、提高车辆单位时间内通行费用等措施以有效抑制机动车总量过快增长的势头,缓解城市交通堵塞。① 加快制定安全标准,提升机动车辆安全性能。要制定与发达国家或地区相同甚至更高的安全标准,加强对机动车生产厂商的监督检查,责令其重视安全问题。

(三)完善交通设施和制度,减少城乡差异

从城市、农村户口群体对交通安全感不同的感受,可以看出城市和农村在交通基础设施和制度方面现今存在的差距。因此,要缩小城市和农村的交

---

① 李先波、周定平、欧三任:《道路交通安全综合治理对策研究——以湖南省为例》,《湖南社会科学》2015年第1期。

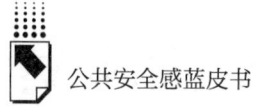

通安全感差距,必须要促进全国交通设施和制度的建设,减少城市和农村的差异,缩小差距。

各级政府应加大交通管理经费投入,改善车辆、通信等基础装备,增加科技管理装备等。只有采用科学手段进行交通管理才是解决交通安全问题的出路。比如,在交通要道及十字路口设置电子警察,从时间上实现了全天候24小时对道路的监管。建立高效、实用的交通信号控制系统,充分发挥科学技术对交通流量的有效调节作用,提高现有道路的通行能力;建立闭路电视监视系统和闯红灯拍照及违章检测系统,作为交通控制管理、疏导交通的辅助手段;建立交通信息采集诱导系统、地理信息系统和卫星定位系统。以信息化推动交通安全管理现代化,加快建设运输车辆数据库、从业人员数据库、违章处罚信息系统等,及时掌握第一手运输信息数据。通过对道路基础设施的规划,采用交通信号线控和面控、规划路网结构、加固和加宽路面和路基等手段,增加主要干道道路通行能力,合理控制非机动车车流和行人人流,突出"以人为本""公交优先"的思想,进行公共交通和停车管理专项规划,避免车辆乱停乱放、节约土地占用,以有效缓解行车难、乘车难、停车难和行路难等问题。加强对危险路段、事故多发点段的排查整治,根据实际需要,加大资金投入,科学分析,该改造的改造,该完善的完善,加快在危险路段和事故多发点、段安装波形防护栏的步伐,把道路危险性降低到最小限度。做好交通标志、标线、交通信号及可变信息牌的设置工作,如有损坏应及时补上,充分发挥交通安全设施约束、管理、服务和诱导的功能。完善警告警示等交通设施设置,确保交通安全设置的合理性和科学性。

加强全国交通立法,缩小地区法治化差距。健全道路交通安全的法律法规,道路交通的规划设计、治理主体、法定职责、交通教育等诸多领域配套相关法律。从中央来说,要建立以《道路交通安全法》为基本法,以中央和地方政府制定的行政法规和规章为配套的道路交通安全法规体系,以此来解决各个地区不同的问题,提升应对不同地区交通问题的能力;对于各个地方政府而言,要依据本地区的实际,制定出适合本地区实际的交通安全法规,使交通安全问题真正做到有法可依,来加强针对性和有效性。同时,在执法时，要加强监督，真正做到有法必依、执法必严，严格按照法律法规处理交通安全问题。

　　面对这样一个人口众多，情况复杂多变的情况，我们更应该注重以人为本，通过透明化、公开化的城市管理方式，才有可能不断解决现实中存在的问题。不同的人群可能会有不同的关注点，听取不同人群的意见，以问题为导向来促进交通环境的改善。同时，由于交通安全感又是一个主观性较强的感受，满足公众参与交通事务的愿望，使不同群体的利益需求和呼声被倾听到，有利于提高公众在主观上的安全感。尤其，可以通过不定期的调查和访问，了解本地区城市居民的交通安全感受，及时、准确地回应公众的需求和交通管理上存在的问题，才能切实有效地提升城市居民交通安全感。

B.6
中国城市医疗卫生安全感调查报告（2018）

曹 明*

摘　要： 生命健康是人们的基本诉求，关切和解决城市医疗卫生安全问题，切实提高城市居民的医疗卫生安全感十分重要。本次调查发现，全国城市医疗卫生安全状况总体处于稳定状态，但城市医疗卫生安全感总体评价不高，区域、城市以及不同群体之间存在显著差异。政府部门需要在加强城市医疗卫生安全资源投入同时，提高基本公共卫生服务的公平性和可及性，提升医疗卫生安全事件应对能力，加强医疗卫生安全监督管理，才能更好地提升城市居民医疗卫生安全感。

关键词： 城市　公共卫生　安全感

生命健康是城市居民应该享有的最基本人权，保障城市居民的生命健康安全是城市公共安全的基本要求和重要组成部分，一切美好的城市生活都建立在城市居民生命健康不受到威胁的基础之上，然而保障和维护城市居民的生命健康，必须关切城市医疗卫生安全问题，做好城市公共卫生服务，切实提高城市居民的医疗卫生安全感。本文主要在全国31个省会城市实地调查的基础上，分析中国城市居民医疗卫生安全感存在的问题与挑战，探讨提升对策与建议。

---

* 曹明，博士，中国矿业大学公共管理学院公共管理系副主任，副教授，研究方向为安全管理与社会治理。

一 城市医疗卫生安全与安全感的基本状况

安全感这一概念被人们用来表述对安全状态的期待和确定,有研究认为它是人与自然、人与社会交往过程中产生的信心。[①] 安全感的概念可以从心理学、社会学、犯罪学、公共管理学等多个学科领域来界定。城市医疗卫生安全感可以看作公众对政府医疗卫生安全管理的一种反应。安全事务永远指涉人的安危和社稷民本,安全始终被认为是执政者的责任,与国家的治理过程密不可分。[②] 城市医疗卫生安全感是城市公民对于疾病传播、环境卫生等方面威胁的反应和感受,反映了公众对于公共部门提供的医疗卫生、疾病控制、环境卫生的相关服务的信心。

(一)城市医疗卫生安全感总体状况

本次全国调查中,医疗卫生安全感部分为四个题项(见表1)。按照10点量表形式,接受调查者按照担心程度等级从1(极为担心)到10(完全不担心)进行打分。

表1 全国城市医疗卫生安全感调查题项

	变量名	题项
医疗卫生安全	X_{17}	担心周围会发生传染性疾病
	X_{18}	担心孩子会接种假疫苗或劣质疫苗
	X_{19}	担心抗生素滥用(包括对人、牲畜)
	X_{20}	疫情发生时担心得不到及时有效控制

1. 城市医疗卫生安全感指数排名

利用因子分析方法,对全国31个省会城市医疗卫生安全感进行测算,

[①] 罗文进、王小锋:《安全感概念界定、形成过程和改善途径》,《江苏警官学院学报》2005年第5期,第5~9页。

[②] 王逸舟:《论非传统安全——基于国家与社会关系的一种分析思路》,《学习与探索》2005年第3期,第2~10页。

得到各城市医疗卫生安全感指数排名。如表2、图1所示，全国31个省会城市中，医疗卫生安全感排名前五的依次是杭州、上海、合肥、广州、西安，排名倒数五位依次是兰州、乌鲁木齐、沈阳、天津、太原。

表2 全国医疗卫生安全感指数排名

城市	医疗卫生安全感指数	排名	城市	医疗卫生安全感指数	排名
杭州	0.5946	1	长春	0.4832	17
上海	0.5669	2	贵阳	0.4820	18
合肥	0.5525	3	昆明	0.4782	19
广州	0.5444	4	郑州	0.4703	20
西安	0.5367	5	哈尔滨	0.4633	21
西宁	0.5342	6	北京	0.4598	22
济南	0.5132	7	银川	0.4593	23
重庆	0.5116	8	长沙	0.4559	24
成都	0.5093	9	南京	0.4552	25
拉萨	0.5055	10	石家庄	0.4531	26
呼和浩特	0.5050	11	太原	0.4462	27
南宁	0.5036	12	天津	0.4392	28
武汉	0.5017	13	沈阳	0.4332	29
福州	0.4907	14	乌鲁木齐	0.4270	30
南昌	0.4895	15	兰州	0.4260	31
海口	0.4883	16			

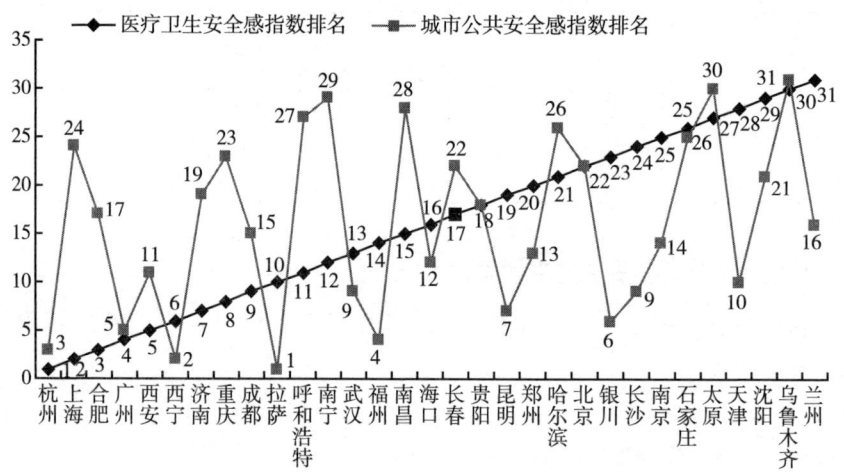

图1 全国城市公共安全感指数排名与医疗卫生安全感指数排名比较

2. 城市医疗卫生安全感描述性分析

依据模糊评价原理，利用语义学标度将安全感分为4个评价等级：不担心、有点担心、比较担心、忧虑（见表3）。

表3　评价定量分级标准

评价值	评语	定级
$X_i > 7.5$	不担心	A
$5.5 < X_i \leq 7.5$	有点担心	B
$3.5 < X_i \leq 5.5$	比较担心	C
$X_i \leq 3.5$	忧虑	D

（1）基于性别的医疗卫生安全感状况

依据性别对标准化后的医疗卫生安全感得分进行方差分析（Analysis of Variance），结果见表4。

表4　性别分组的医疗卫生安全感方差检验

性别	N	比例(%)	均值	定级	标准差	ANOVA F	显著性
男	4600	49.98	5.271	C	2.337	75.641	0
女	4603	50.02	4.844	C	2.367		

由表3可见，在31个省会城市范围内的样本数据男女受调查对象比例接近1∶1，男性安全感测评得分5.271明显高于女性得分4.844，但都处于C级，即比较担心状态。方差检验表明城市居民医疗卫生安全感存在显著的性别差异，反映出总体上男性对于医疗卫生安全的担心程度比女性低。性别上的感受差异符合一般常识，通常来说女性对于身体健康与公共卫生问题比男性敏感，对于影响自己与家人的医疗卫生服务、公共卫生事件、环境健康等问题比较关注。

（2）基于年龄的医疗卫生安全感状况

将受调查对象年龄分为四个年龄组：青年（18~29岁）、中青年（30~

44岁)、中年(45~59岁)和老年(60岁以上)。同样采用方差分析方法对不同年龄段居民的医疗卫生安全感进行比较分析,结果见表5和表6。

表5 不同年龄组医疗卫生安全感方差检验

年龄	N	比例(%)	均值	定级	标准差	ANOVA	
						F	显著性
青年(18~29岁)	4420	48.06	4.974	C	2.409	18.214	0
中青年(30~44岁)	2660	28.93	4.952	C	2.304		
中年(45~59岁)	1573	17.11	5.268	C	2.277		
老年(60岁以上)	543	5.90	5.622	B	2.369		

由表4可见,在受调查对象中青年(18~29岁)人群的比例最高,接近50%,老年组(60岁以上)组比例较少,为5.9%。方差检验结果表明四个年龄段城市医疗卫生安全感存在显著差异,四个年龄段城市医疗卫生安全感测评得分老年组最高,其次是中年组,而中青年组得分最低,除老年组为B级,表示对本市医疗卫生安全有点担心之外,其他三个年龄段都为C级,为比较担心状态,也反映出较为年轻的人群对于城市医疗卫生安全担心程度较高。

表6 医疗卫生安全感年龄段两两分组比较

(I)年龄段	(J)年龄段	均值差(I-J)	标准误	显著性
青年(18~29岁)	中年	0.022	0.058	0.707
	中青年	-.294	0.069	0.000
	老年	-.648	0.107	0.000
中青年(30~44岁)	青年	-0.022	0.058	0.707
	中年	-.315	0.075	0.000
	老年	-.670	0.111	0.000
中年(45~59岁)	青年	.294	0.069	0.000
	中青年	.315	0.075	0.000
	老年	-.354	0.117	0.003
老年(60岁以上)	青年	.648	0.107	0.000
	中青年	.670	0.111	0.000
	中年	.354 *	0.117	0.003

组间两两比较的结果表明,老年组、中年组与其他年龄段城市居民医疗卫生安全感存在显著差异,青年组和中青年组之间不存在明显差别。

(3)基于户口类型的医疗卫生安全感状况

样本数据将城市居民户口类型分为本市城市、本市农村、外地城市、外市农村四种类型,四组人群的测评结果比较可以在表7和图2中看到。样本数据中51.98%的居民为本市城市居民,其次为外地城市在本地居住居民,本市农村和外市农村户口居民比例接近。从测评结果来看,外地城市居民的安全感得分最高,外市农村居民得分最低,但都处于C级,即比较担心状态。总体上城市居民(包括本市和外市)的医疗卫生安全感要高于农村户口(包括本市和外市),两两分组的方差检验结果也支持这一观点。

表7 不同户口类型城市居民医疗卫生安全感方差检验

户口类型	N	比例(%)	均值	定级	标准差	ANOVA F	显著性
本市城市	4780	51.98	5.083	C	2.345	5.009	0.002
本市农村	1353	14.71	4.979	C	2.282		
外地城市	1705	18.54	5.187	C	2.366		
外市农村	1354	14.72	4.878	C	2.482		

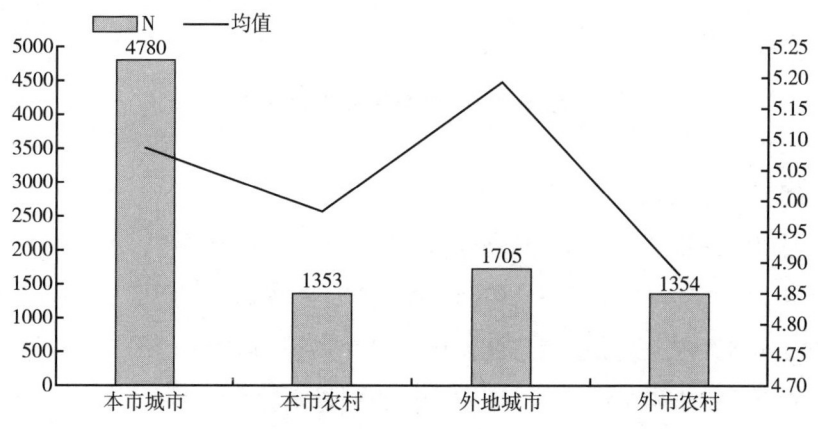

图2 不同户口类型城市居民医疗卫生安全感比较

(4) 基于身份职业的医疗卫生安全感状况

接受调查的城市居民身份职业划分为 8 种类型，分别是公务员、事业单位人员、公司职员、进城务工人员、学生、自由职业者、离退休人员、其他，不同身份职业群体城市居民医疗卫生安全感测评的结果如图 3 所示。

由图 3 可见，相对来讲离退休人员医疗卫生安全感得分最高，均值为 5.536，属于 B 级，在有点担心区间，其余各组人群医疗卫生安全感得分在 4.865~5.337，均属于比较担心状态。方差检验的结果也显示，离退休人员的安全感得分与其他各组存在显著区别。

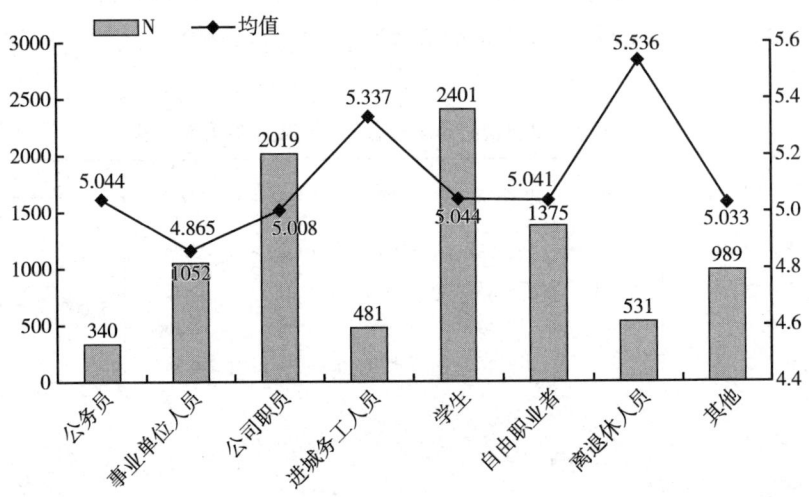

图 3　不同身份职业城市居民医疗卫生安全感比较

(5) 基于收入水平的医疗卫生安全感状况

城市居民收入水平由低到高分为 6 组，分别测算不同收入水平城市居民医疗卫生安全感得分，并进行组间方差检验，结果如表 8 所示。一般意义上认为收入与医疗卫生安全感可能存在正相关关系，即收入越高对于医疗卫生安全方面的担心相对较小，然而实际调查的样本数据并没有支持这一观点。分组比较方差检验表明不同收入群体之间医疗卫生安全感并不存在明显差异。样本数据表明收入水平提高并不能消除对医疗卫生安全方面的担忧，公共卫生的威胁对于城市居民的影响是共同的,不会因为单独个人购买力的提高而降低疾病传播、环境卫生等方面的威胁。

表8 不同收入水平城市居民医疗卫生安全感方差检验

个人月收入	N	比例(%)	均值	定级	标准差	ANOVA F	显著性
2000元以下	2720	30.13	5.001	C	2.379		
2001~3500元	2097	23.23	5.039	C	2.415		
3501~5000元	2270	25.14	5.103	C	2.307	1.520	0.180
5001~8000元	1311	14.52	5.076	C	2.271		
8001~12500元	428	4.74	5.313	C	2.386		
12500元以上	202	2.24	5.061	C	2.562		

通过对不同性别、年龄、户口类型、职业以及月收入水平等变量对我国城市居民医疗卫生安全感的影响调查,结果发现:城市居民医疗卫生安全感存在显著的性别差异,男性安全感测评得分5.271明显高于女性得分4.844,但都处于C级,即比较担心状态,这一结论和其他一些研究结论是一致的;在青年组(18~29岁)、中青年组(30~44岁)、中年组(45~59岁)以及老年组(60岁以上)四个年龄段城市医疗卫生安全感测评中,老年组最高,为B级(有点担心),其他三个年龄段都为C级(比较担心),年轻的人群对于城市医疗卫生安全担心程度较高;不同户口类型的居民在医疗卫生安全方面的感受存在明显差异,不同群体安全感都处于C级(比较担心),但总体上城市户口居民(包括本市和外市)的医疗卫生安全感要显著高于农村户口居民(包括本市和外市);不同身份职业群体中,离退休人员医疗卫生安全感得分最高,均值为5.536,属于B级(有点担心),其余各组人群医疗卫生安全感均属于C级(比较担心);样本数据方差检验表明不同收入群体之间医疗卫生安全感并不存在明显差异。

二 城市医疗卫生安全感存在的问题与挑战

基于全国31个省会城市居民医疗卫生安全感的9273例调查数据分析,发现我国城市医疗卫生安全感总体评价不高,经过各市医疗卫生安全感排名以及城市医疗卫生安全评价等方面的分析,才能客观描述我国城市医疗卫生安全感的问题。

1. 城市医疗卫生安全感总体评价不高

利用样本数据,对全国城市医疗卫生安全感各分项进行测算,并采用简单平均的方法对城市医疗卫生安全总体状况进行评价,结果见表9。可见,样本调查数据显示居民的全国城市公共安全感评价得分(S_3)均值为5.06,各分项得分在4.92~5.19,总体水平在C级,说明城市居民总体上对于医疗卫生安全是比较担心的状态。从各分项得分的比较来看,城市居民无论对于疾病传播与疾病防治方面都评价不高,其中对于抗生素的滥用评价得分最低。

表9 评价定量分级标准

变量	均值	差评率(%)	评语	定级
X_{17}	5.10	31.10	比较担心	C
X_{18}	5.02	33.80	比较担心	C
X_{19}	4.92	33.60	比较担心	C
X_{20}	5.19	29.30	比较担心	C
S_3	5.06		比较担心	C

注:差评率指评价得分在3分(含)以下的样本率。

从城市公共安全感涵盖的九个领域(自然安全感、生态安全感、医疗卫生安全感、食品安全感、交通安全感、公共场所设施安全感、社会治安安全感、社会保障安全感、信息安全感)来看,本书第一部分利用因子分析方法对相关指数进行了详细的测算,其中全国城市医疗卫生安全感指数0.4799,排名位于倒数第三位,仅高于信息安全感和食品安全感得分,如图4所示。相对数据表明城市医疗卫生安全感不高,同样说明城市居民对城市医疗卫生安全方面的担忧值得重视。

采用模糊评判的方法,根据四个调查题项得分,将31个城市居民医疗卫生安全感评价得分进行分等并汇总,按得分顺序排列,如表10和图5所示。可见,在各项测评得分位于B等级的城市有杭州、上海、拉萨、广州、重庆、成都、武汉、西安等,而大多数城市测评得分都属于C等级。

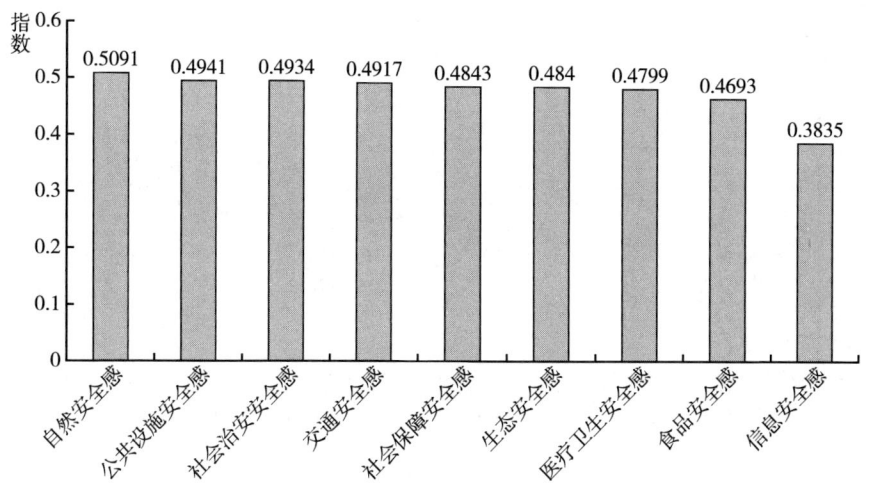

图4 城市医疗卫生安全感指数排名

表10 城市居民医疗卫生安全感测评得分排序

题项	B(有点担心)	C(比较担心)
您担心周围会发生传染性疾病吗？	杭州、上海、拉萨、海口、重庆、成都	广州、合肥、西宁、昆明、南京、武汉、长沙、济南、南昌、长春、西安、北京、贵阳、福州、哈尔滨、郑州、石家庄、天津、兰州、沈阳、南宁、银川、呼和浩特、乌鲁木齐、太原
您担心孩子会接种假疫苗或劣质疫苗吗？	杭州、上海、拉萨、广州	成都、长沙、南京、武汉、合肥、重庆、西宁、西安、海口、长春、昆明、南昌、北京、贵阳、兰州、福州、郑州、天津、济南、石家庄、哈尔滨、南宁、银川、沈阳、太原、呼和浩特、乌鲁木齐
您担心抗生素滥用吗(包括对人、牲畜)？	杭州、上海、拉萨、武汉、广州、西宁	重庆、西安、合肥、南京、成都、海口、郑州、长春、兰州、长沙、贵阳、福州、北京、昆明、南昌、石家庄、哈尔滨、银川、济南、天津、太原、沈阳、南宁、乌鲁木齐、呼和浩特
疫情发生时,您会担心得不到及时有效控制吗？	杭州、上海、拉萨、成都、武汉、西安、重庆、西宁、广州	合肥、海口、长沙、南京、郑州、昆明、长春、苏州、济南、贵阳、福州、哈尔滨、南昌、北京、天津、石家庄、银川、南宁、沈阳、呼和浩特、太原、乌鲁木齐

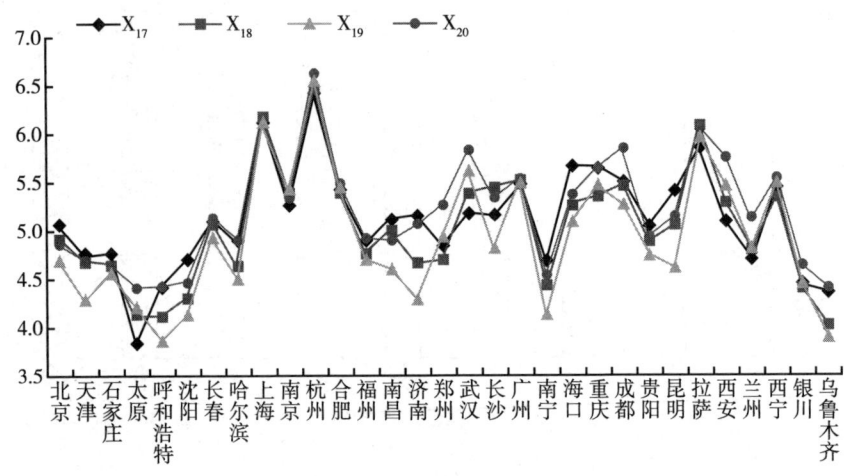

图5 城市医疗卫生安全感各题项得分比较

2. 区域间城市医疗卫生安全感差异明显

通常按区域将我国大陆地区划分为东部、中部和西部三个区域，东部地区包括北京、天津、河北（石家庄）、辽宁（沈阳）、上海、江苏（南京）、浙江（杭州）、福建（福州）、山东（济南）、广东（广州）和海南（海口）等11个省（市）；中部地区包括山西（太原）、吉林（长春）、黑龙江（哈尔滨）、安徽（合肥）、江西（南昌）、河南（郑州）、湖北（武汉）、湖南（长沙）等8个省（区）；西部地区包括重庆、四川（成都）、贵州（贵阳）、云南（昆明）、西藏（拉萨）、陕西（西安）、甘肃（兰州）、青海（西宁）、宁夏（银川）、新疆（乌鲁木齐）、广西（南宁）、内蒙古（呼和浩特）12个省（区、市）。

将调查数据按照东部、中部、西部三个区域重新分组，采用方差分析比较三个区域间城市居民医疗卫生安全感的差异，结果见表11和图6。

表11 东部、中部、西部地区城市居民医疗卫生安全感得分比较

题项		东部	中部	西部
	N	3296	2390	3586
担心周围会发生传染性疾病	均值	5.290	4.939	5.044
	标准差	2.647	2.634	2.716

续表

题项		东部	中部	西部
	N	3296	2390	3586
担心孩子会接种假疫苗或劣质疫苗	均值	5.162	4.964	4.937
	标准差	2.791	2.773	2.839
担心抗生素滥用(包括对人、牲畜)	均值	5.026	4.875	4.849
	标准差	2.693	2.654	2.722
疫情发生时会担心得不到及时有效控制	均值	5.247	5.147	5.169
	标准差	2.661	2.639	2.658

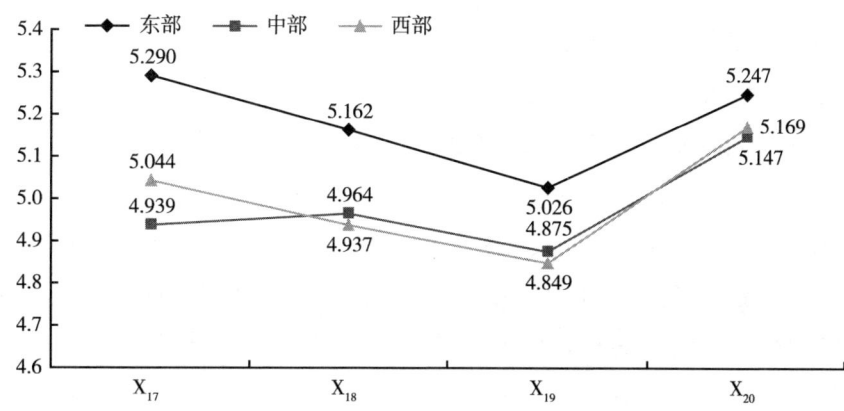

图6 东部、中部、西部各题项得分比较

可以看出,总体城市居民医疗卫生安全感东部地区得分最高,中部地区与西部地区差别不明显,然而无论是东部、中部或者西部,城市居民医疗卫生安全感测评没有等级的差别,都属于C等级,即比较担心状态。方差检验的结果支持了东、中、西部地区间存在显著性差异的结论,结果见表12。

表12 东部、中部、西部区域间城市居民医疗卫生安全感比较

区域	N	比例(%)	均值	定级	标准差	ANOVA	
						F	显著性
东部	3275	35.58	5.177	C	2.379		
中部	2379	25.85	4.986	C	2.311	6.542	0.001
西部	3550	38.57	4.996	C	2.376		

区域差异客观存在，但导致这种区域间差异的原因可能是多方面的，比如东部、中部和西部经济基础上的差距，在公共卫生资源投入以及提供公共卫生服务和环境卫生服务上的差距等，需要进一步地分析和探讨。

3. 政府医疗卫生安全管理认知评价不高

为进一步分析城市居民医疗卫生安全感状况，本次调查还同时对城市医疗卫生安全总体评价和政府认知展开了调查。从调查中，可以得知居民对医疗卫生安全的总体评价以及对政府医疗卫生安全监督管理的认知程度，从而反映出政府部门在城市医疗卫生安全监督管理方面的缺陷。

（1）政府认知调查与测度

在对政府认知的调查中，调查题项和内容见表13。调查第44项由接受调查的居民对本市医疗卫生安全状况进行总体评价，综合反映城市公共卫生的风险与防范的效果，也间接反映了本市医疗卫生安全的政府管理效果。第74项调查城市居民对本市政府在公共安全方面的认知，第75和第76项调查居民对本市政府公共安全工作的信任度。

表13 城市医疗卫生安全评价与政府认知调查题项

变量名	题项
X_{44}	44. 医疗卫生安全（城市总体评价）
X_{74}	74. 本市政府在公共安全方面的表现认知
X_{75}	75. 本市政府对解决公共安全问题有信心
X_{76}	76. 对于本市政府发布的各种公共安全事故通报信息的信任

对 X_{44}、变量采用5点量表从低到高（测量值从1~5）进行测评，对整体和31个省会城市测度结果见表14。

城市医疗卫生安全总体评价前五位的依次是杭州、上海、拉萨、成都、西宁；政府认知排名靠前的依次是拉萨、武汉、北京、成都、重庆；反映对政府的信心和信任度的指标排名前列的有北京、长沙、拉萨、武汉、成都等城市。

表 14 城市医疗卫生安全评价与政府认知测度结果

城市	X_{44} 均值	排名	X_{74} 均值	排名	X_{75} 均值	排名	X_{76} 均值	排名
全国平均	3.350		3.191		3.297		3.351	
北京	3.537	7	3.386	3	3.559	1	3.500	4
天津	3.333	15	3.257	9	3.290	16	3.323	17
石家庄	3.094	30	3.047	28	3.067	30	3.151	29
太原	3.010	31	2.943	31	2.973	31	3.117	30
呼和浩特	3.180	25	3.080	24	3.177	25	3.257	25
沈阳	3.243	21	3.201	14	3.257	19	3.347	16
长春	3.167	27	3.160	19	3.193	24	3.307	19
哈尔滨	3.265	19	3.190	16	3.280	17	3.403	12
上海	3.683	2	3.334	7	3.513	4	3.436	10
南京	3.437	11	3.113	22	3.123	28	3.267	24
杭州	3.715	1	3.205	13	3.362	10	3.389	14
合肥	3.318	16	3.167	18	3.298	15	3.351	15
福州	3.265	19	3.134	20	3.222	22	3.267	23
南昌	3.178	26	3.117	21	3.244	20	3.307	19
济南	3.272	18	3.241	10	3.390	9	3.417	11
郑州	3.201	23	3.031	29	3.205	23	3.249	27
武汉	3.535	8	3.391	2	3.502	5	3.520	3
长沙	3.405	13	3.343	6	3.540	2	3.560	1
广州	3.443	9	3.233	11	3.392	8	3.446	9
南宁	3.410	12	3.277	8	3.324	12	3.456	8
海口	3.543	6	3.062	27	3.149	26	3.253	26
重庆	3.442	10	3.365	5	3.401	7	3.465	7
成都	3.593	4	3.383	4	3.523	3	3.483	6
贵阳	3.159	29	3.080	25	3.102	29	3.231	28
昆明	3.347	14	3.183	17	3.277	18	3.390	13
拉萨	3.637	3	3.435	1	3.502	5	3.550	2
西安	3.213	22	3.073	26	3.310	14	3.317	18
兰州	3.294	17	2.970	30	3.127	27	3.271	21
西宁	3.576	5	3.198	15	3.355	11	3.490	5
银川	3.160	28	3.097	23	3.237	21	3.090	31
乌鲁木齐	3.182	24	3.227	12	3.316	13	3.268	22

(2) 相关性分析

利用调查数据对城市医疗卫生安全总体评价、政府认知与信任度等变量进行测度,并按照31个省会城市进行分组统计,得到 CX_{44}、CX_{74}、CX_{75}、CX_{76}、CS_3,分别为 X_{44}、X_{74}、X_{75}、X_{76}、S_3 的31个省会城市截面数据变量。各变量分别与城市公共安全感截面数据进行相关性检验,并绘制散点图,结果见表15和图7。

表15 各变量与城市公共安全感截面数据的相关性检验

	CS_3		
	N	Pearson 相关性	显著性(双侧)
CX_{44}	31	0.799	0.000
CX_{74}	31	0.439	0.014
CX_{75}	31	0.522	0.003
CS_3	31	0.540	0.002

由表15可见,31个省会城市的截面数据表明,各指标与城市医疗卫生安全感之间存在显著的正相关关系,其中城市医疗卫生安全总体评价与安全感之间存在高度相关,相关系数为0.799,散点图可以直观地初步观察变量之间的相关关系。从理论上说,城市医疗卫生安全感的提升对提高城市公共卫生管理状况、居民对政府满意度和信任度可能存在某种因果关系。

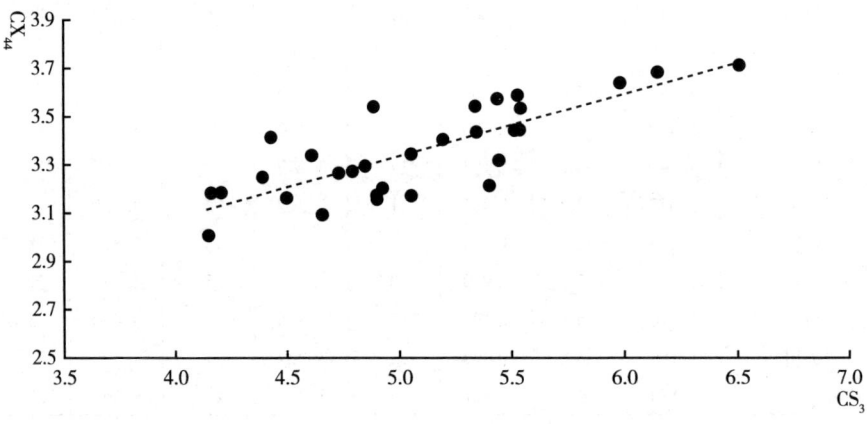

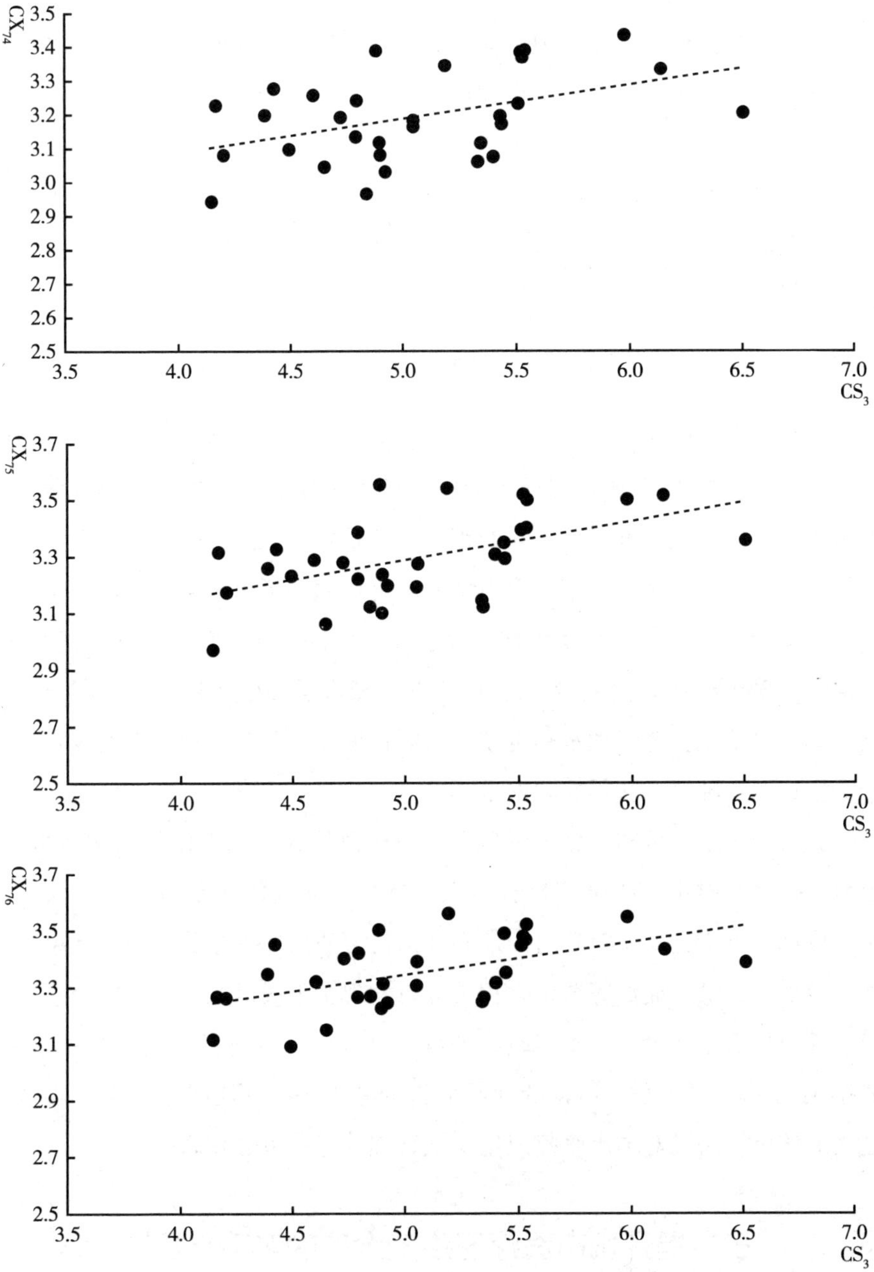

图 7 城市医疗卫生安全感相关变量的散点图

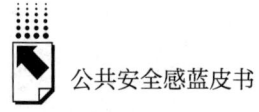

（3）回归分析

为进一步探讨城市医疗卫生安全感与相关变量之间的数量关系，选取相关程度很高的城市医疗卫生安全评价（CX_{44}）与安全感（CS_3）数据进行回归分析。

假设提升城市居民的医疗卫生安全感可以显著提高城市医疗卫生安全评价，将截面数据进行对数化处理，建立一元线性回归模型，并进行统计分析，结果如式（1）。

$$LCX_{44} = \underset{t=6.436}{0.585} + \underset{t=6.870}{0.386} \times LCS_3 \qquad R^2 = 0.619 \qquad F = 44.203^{**} \qquad 式（1）$$

方程拟合良好，方程线性关系 F 检验显著，回归系数 t 检验显著。回归方程表明，依据 31 个城市的样本数据，城市医疗卫生安全感与城市居民对本市医疗卫生安全评价存在显著的正相关关系，也可以说居民医疗卫生安全感越高的城市，居民对本市医疗卫生安全管理的评价也会越高。从数量关系来看，安全感测度水平每提升 1%，城市居民对本市医疗卫生安全管理的评价提升 0.386%。这符合一般常识的判断，城市居民生活越幸福，安全感越高，那么对城市安全管理水平也就越认同；反之，不断提升城市安全管理水平，会让老百姓更有获得感和安全感。

分析调查结果可知：城市医疗卫生安全总体评价前五位的依次是杭州、上海、拉萨、成都、西宁；政府满意度排名靠前的依次是拉萨、武汉、北京、成都、重庆；反映对政府的信心和信任度的指标排名前列的有北京、长沙、拉萨、武汉、成都等城市。相关分析发现城市居民医疗卫生安全感和本市医疗卫生安全评价、对本市政府的满意度和信任度有显著的正相关关系。依据 31 个省会城市截面数据的回归分析的结果表明，居民医疗卫生安全感越高的城市，居民对本市医疗卫生安全管理的评价也会越高。

三 提升城市医疗卫生安全感的对策与建议

2017 年中国公共卫生事业不断进步，公共卫生资源建设、疾病控制与公共卫生事件管理等诸多领域都取得了提升，使城市居民获得良好的医疗卫生安全保障，为城市居民生命和身体健康保驾护航，同时构筑了中国城市公共安全的坚实基础。结合全国31个省会城市公共安全感调查，从提升我国城市居民医疗卫生安全感的视角，为加强我国城市医疗卫生安全提出以下建议。

（一）保障投入切实提高城市公共卫生服务数量与质量

城市公共卫生资源投入是城市居民医疗卫生安全的基础，充足和高质量的公共卫生资源，才能提供充足和高质量的公共卫生服务。公共卫生服务数量和质量是影响城市居民获得感和安全感的直接因素，公共卫生服务不足或者不到位严重影响城市居民公共卫生的安全保障感受。城市公共卫生服务保障是城市发展的基本保障之一，高质量的公共卫生服务有利于吸引优秀人才，有利于促进地区经济发展，有利于缩小城市差距，避免马太效应。

从提高城市居民公共卫生服务数量方面，应该充分协调各级医疗卫生机构协作提供充足公共卫生服务，进一步加快医疗卫生服务供给侧改革，政府应加大投入，承担责任而不是盲目地推进医疗市场化改革，要坚持公共医疗卫生服务的公益性。同时推进公共卫生服务的供给结构调整，鼓励公共卫生服务信息化建设，充分提高公共卫生服务效率，缓解卫生服务供需矛盾，克服医疗卫生资源不足、布局不合理、优质资源匮乏的现实难题。

从提高城市居民医疗卫生服务质量方面，政府应引导各级医疗卫生机构不断加强和完善内部综合管理，鼓励引进高水平技术人才，先进的技术与设备，提升公共卫生服务的安全与质量。通过评估监督与不断改进卫生机构管理水平，通过评估激励等手段提高和改善卫生机构服务态度，提高城市居民公共卫生服务的满意度。

（二）深化管理改革提高居民公共卫生服务公平性和可及性

深化管理体制与机制改革，理顺公共卫生服务均等化与平均化的关系，理顺基本公共卫生服务与基本医疗服务的关系，理顺基层医疗卫生机构与专业公共卫生机构的关系，提高居民获得基本公共卫生服务的公平性和可及性。

基本公共卫生服务均等化对于缩小地区差异、促进社会公平、维护社会稳定、有效防控传染性疾病与居民健康风险有着重大的意义。[①] 基本医疗卫生服务是城市居民应该享有的基本公共服务，是切实让老百姓得到实惠和保障的基本公共服务，目标是保障居民获得最基本、最有效的基本公共卫生服务，缩小区域、城乡居民基本公共卫生服务的差距，使大家都能享受到基本公共卫生服务，最终使老百姓不得病、少得病、晚得病、不得大病。

完善基本公共卫生服务均等化需要政府理顺公共卫生服务体制，优化配置公共卫生资源。目前公共卫生服务应以提升居民满意度为目标引导，让老百姓感受到实惠和关怀，同时应进行财税制度改革，加大对公共卫生的财政投入，提高公共卫生服务的公平性与可及性，将有限的公共卫生服务经费更多地用于疾病控制、计划免疫、传染病控制等基本公共卫生服务上，提升居民医疗卫生安全保障。

（三）改进应急机制提升政府医疗卫生安全管理能力

中国已进入突发公共卫生事件频发期，严重威胁着人民生命健康和安全。公共安全事件的频繁发生对社会公众的心理安全感有着极大的影响。严重的医疗卫生安全事件往往带有突发性，不仅让居民感到恐慌，而且影响居民对政府管理的满意度与信心。

公共卫生应急管理是政府履行"社会管理、公共服务"职能的重要内容，是衡量和反映政府执政能力和水平的重要因素，现代政府应主动承担起治理突发公共卫生事件的责任。建立完备的应急储备系统，保证在公共危机安全事件突发时，能够及时完备地提供包括医疗设备、工具、资金等物质需求。同时，各级政府及相关部门应加大、加快对公共卫生人力的培养与引进，尤其是要提高疾病预防控制医护队伍的能力、水平和素质，以备在医疗

---

① 李萌、彭启民：《中国城市安全评论》，金城出版社，2014，第207页。

卫生安全事件突发时能及时、准确地救治患者。

城市政府部门应组织整合相关部门，协调公共卫生应急管理力量，建立健全应急管理机制。在应对突发性公共卫生事件时，科学的、可操作的应急预案可以提升政府对突发公共事件中的信息把握及理解能力，从而缩短决策时间，减轻决策压力。预案也要根据突发事件的变化和实施中出现的问题及时进行修订、完善。面对突发医疗卫生安全事件要联合政府、社会专家、现场实践者科学地制定细化、实践性强的预案，让医疗卫生安全事件得到及时妥善处理，让城市居民切实感受到政府保障医疗卫生安全的强大能力。

（四）加强政府对医疗卫生安全监督管理

政府监管对于医疗卫生安全危机的应对起着举足轻重的作用，监管职能不仅影响着医疗卫生安全事件应对的成功与否，甚至影响着政府公信力与信任度。

首先，深化药品监管组织机构改革。改革应考虑医疗卫生服务的效率要求与公益性要求并存的特点，对于可以企业化、市场化的事业单位应尽量尽快市场化，充分利用市场机制优化配置资源，但同时也必须注意医疗卫生服务的公益性要求，在涉及政府责任、公共基本利益方面的机构改革应审慎采用市场化手段。严格规范药品行政审批并加强药品日常监督。通过行政审批制度改革，理顺事权关系，减少行政审批，强化动态监管，切实克服重审批轻监管的倾向。加强监管部门的协调，合理分配监管部门的权限，避免引起权力交叉，或出现都不负责的现象。[①] 理顺监督管理体制，强化对药品生产、交换与使用环节的监管力度，打造可以让城市居民放心的用药环境，从而提升城市居民医疗卫生安全感。

其次，要建立协调和多重监督机制。卫生监督执法的领域广泛，执法过程中需要协调其他执法部门，如公安、城管、药监、市场监管、环境保护、

---

① 康小平：《我国药品监督管理体制完善研究》，大连理工大学硕士学位论文，2005，第32页。

质量监督、教育等多个部门，实际执法过程中各自为政，沟通协调不畅，联合执法困难重重。卫生监督执法机构内部可以设置专门的科室负责协调沟通，针对不同的执法领域与相关的执法部门建立联合执法的常态机制，明确各自的职责和联合执法流程。

最后，优化卫生监督执法队伍结构。卫生监督员是卫生监督执法的核心力量。针对目前卫生监督执法机构普遍存在的人员配备不足、老龄化严重、基层执法力量弱、知识结构单一等问题，可以在国家层面，根据不同地区的经济发展程度、管理相对人数量和人口的实际情况，制定一个差异化的卫生监督执法人员配备数量标准，作为各级卫生监督执法机构配备人员的参考和依据。增加基层的卫生监督人员配备，解决卫生监督执法人员与执法任务量不匹配的问题。及时吸纳年轻力量，重视培养人才梯队。规范卫生监督员的准入门槛，统一公务员考试中对人员学历、专业和年龄的招考标准，使卫生监督机构的人力资源达到合理配置。

（五）加强宣传提高城市居民医疗卫生安全意识

城市居民医疗卫生安全意识是城市居民公共安全感的主要因素之一，成熟的安全意识有助于居民判断医疗与公共卫生服务过程中的风险，提高规避风险的能力，提升城市居民的主动安全。政府应通过宣传或培训，提升城市公民的安全认知。良好的公共安全认知与市民的幸福感和生活满意度都具有正相关关系。[1] 在许多情形下，居民缺乏对专业公共卫生方面知识的获取渠道，缺乏处理和规避各类医疗卫生安全事件的相关知识，容易被市场化媒体或非正式渠道的信息误导，导致安全风险。因此，政府应承担相应的公共卫生宣传服务，有效地、针对性地提供正确的知识引导，从而提高城市居民医疗卫生安全认知水平。

城市医疗卫生安全感是城市居民的直接感受，是城市医疗卫生安全的结

---

[1] 洪宇翔、吴伟炯：《公共安全意识现状与对策研究——基于杭州市的调查》，《浙江社会科学》2016年第5期，第43~50页。

果变量，综合反映了城市公共安全管理水平。然而提高城市医疗卫生安全感是一个十分复杂的问题，涉及许多影响因素，如自然环境条件、社会经济基础条件、信息传播等，但从调查结果与问题分析来看，切实提高城市医疗卫生安全水平是根本解决之道。政府在安全管理的投入越充足，提供的公共卫生服务越充足、质量越高，人们对政府维护公共安全的管理能力就越有信心、越满意，城市居民医疗卫生安全感也会不断提升。

B.7
中国城市生态安全感调查报告（2018）

翟军亮　黄宏*

摘　要： 城市生态安全感是国家生态文明建设中一项具有深远影响的重要指标。全国调查发现，在当前我国快速城镇化进程中，全国城市生态安全感在各城市间差距较大，与全国城市安全感指数吻合度较差，生态安全感并没有随着城市越来越现代化而增强，而在多种因素影响下，存在着城市居民生态安全认知有待强化、生态安全感的物质基础比较薄弱、居民生态安全行为还未规范等问题。需要从城市居民的生态安全认知、生态安全行为和城市生态基础建设等方面着手，有效地提升城市居民的生态安全感。

关键词： 生态　安全感　城市管理

生态安全是事关大局、对国家安全具有重大战略作用的重要领域。习近平总书记于2014年4月15日首次提出"总体国家安全观"思想，在"11种安全"中，生态安全是关系人民群众利益的一项重要的公共安全问题。城市是人口聚集较大的居民点，是国家社会经济发展的中心。长期以来以GDP为核心的经济增长模式使城市生态环境遭受了严重威胁，城市生态系统更加脆弱。新时期，"以人民为中心"的发展思想逐步深入人心，迫切要求我们改变传统的城市生态安全评估模式，将居民安全感纳入生态安全评估

---

* 翟军亮，博士，中国矿业大学公共管理学院副教授，研究方向为公共安全管理、农村改革；黄宏，中国矿业大学公共管理学院硕士研究生。

中。基于此，本章以全国31个城市的调研数据为基础，试图描绘出全国城市的生态安全感状况，并提出有利于提升城市居民生态安全感的建议。

一 城市生态安全感基本状况

本次全国调查问卷中，城市居民的生态安全感主要从安全感受、安全认知和安全行为维度上来测评。主要内容包括：（1）城市居民对生态安全的感受，如人们对城市生态安全中的空气污染、饮用水源状况、生活垃圾处理、生态环境恶化等方面的担心和忧虑程度。（2）城市居民对生态安全的认知以及行为，如通过居民在雾霾或空气质量差的情况下所做的防护措施，以及生活中的垃圾分类行为的测试，反映城市居民对生态污染和环境治理的行为倾向。

（一）全国城市生态安全感指数排名

根据前面统计分析结果和指数计算过程[①]，全国城市居民公共安全的9个专项指标的计算和排名具体见表1。从表1中可以看出，自然安全感、公共设施安全感、社会治安安全感、交通安全感、社会保障安全感分居第1位至第5位，指数分别为0.5091、0.4941、0.4934、0.4917、0.4843。生态安全感指数为0.4840，位居第6位，仅高于分居第7位至第9位的医疗卫生安全感（指数为0.4799）、食品安全感（指数为0.4693）与信息安全感（指数为0.3835）。整体上看，城市居民生态安全感在城市公共安全感指数排名中处于中等偏下的地位，这表明，较之自然安全感、公共设施安全感和社会治安感等安全感，全国城市居民总体上对生态安全状况评价处于中等偏下水平。

表1 全国城市公共安全感分项指标指数排行榜

分项指标	指数	排名
自然安全感	0.5091	1
公共设施安全感	0.4941	2

---

① 具体统计分析结果和指数计算过程详见总报告"中国城市公共安全感指数与排名"部分。

续表

分项指标	指数	排名
社会治安安全感	0.4934	3
交通安全感	0.4917	4
社会保障安全感	0.4843	5
生态安全感	0.4840	6
医疗卫生安全感	0.4799	7
食品安全感	0.4693	8
信息安全感	0.3835	9

与全国城市生态安全感分项指标指数计算原理相同，对每一个城市样本可以计算出其生态安全感这一分项指标指数，如表2所示。对各城市的生态安全感指数按高低排名，城市生态安全感指数越高，排名越靠前，表明城市居民对该城市生态安全满意度越高。排名第1位到第31位的城市分别是：杭州、广州、重庆、拉萨、郑州、海口、西宁、南宁、昆明、武汉、上海、长春、福州、长沙、哈尔滨、北京、兰州、南昌、沈阳、天津、济南、西安、呼和浩特、南京、成都、贵阳、合肥、银川、乌鲁木齐、太原、石家庄。

表2　全国生态安全感指数排名

城市	生态安全感指数	排名	城市	生态安全感指数	排名
杭州	0.5859	1	兰州	0.4711	17
广州	0.5584	2	南昌	0.4709	18
重庆	0.5426	3	沈阳	0.4623	19
拉萨	0.5374	4	天津	0.4603	20
郑州	0.5338	5	济南	0.4583	21
海口	0.5226	6	西安	0.4565	22
西宁	0.5218	7	呼和浩特	0.4537	23
南宁	0.5129	8	南京	0.4527	24
昆明	0.5057	9	成都	0.4478	25
武汉	0.4992	10	贵阳	0.4446	26
上海	0.4964	11	合肥	0.4440	27
长春	0.4944	12	银川	0.4284	28
福州	0.4900	13	乌鲁木齐	0.3996	29
长沙	0.4857	14	太原	0.3954	30
哈尔滨	0.4754	15	石家庄	0.3878	31
北京	0.4717	16			

根据2017年中国城市等级划分，在31个省会城市和直辖市中，一线城市3个（北京、上海、广州），新一线城市10个（成都、杭州、武汉、重庆、南京、天津、西安、长沙、沈阳、郑州），二线城市14个（福州、合肥、昆明、哈尔滨、济南、长春、石家庄、南宁、南昌、乌鲁木齐、兰州、海口、贵阳、太原），三线城市3个（呼和浩特、西宁、银川），五线城市1个（拉萨）。一般来说，经济较发达地区重视城市生态安全问题，采取的措施及其投入也比一般城市多，整个城市的生态安全状况也就比较好，而居民生态安全感是对该城市生态安全的反映，也就是说该城市居民生态安全感也比一般城市高。但是，根据表2中所示的生态安全感指数排名，一线城市北京、上海、广州三个城市中，广州的城市生态安全指数位列第2位，上海位列第11位，北京位列第16位。如前所述，城市生态安全客观现实是城市居民生态安全感的"物质"基础。上海与北京在城市居民生态安全感方面的排名位次在一定程度上反映了上海和北京城市生态安全客观现实。例如，人均水资源量方面，北京排在31个省会城市中的第29位；城市建成区绿化覆盖率方面，北京排在31个省会城市中的第1位；空气质量达到及好于二级的天数方面，北京排在31个省会城市中的第27位；工业固体废物综合利用率方面，北京排在31个省会城市中的第18位；生活垃圾无害化处理率方面，北京排在31个省会城市中的第17位；城市污水处理率方面，北京排在31个省会城市中的第24位；污水处理厂集中处理率方面，北京在排31个省会城市中的第25位；突发环境事件情况方面，北京排在31个省会城市中的第24位；人均公园绿地面积方面，北京排在31个省会城市中的第6位；工业污染治理完成投资占GDP比重方面，北京排在31个省会城市中的第29位；环境污染治理投资占GDP比重方面，北京排在31个省会城市中的第4位。人均水资源量方面，上海排在31个省会城市中的第27位；城市建成区绿化覆盖率方面，上海排在31个省会城市中的第23位；空气质量达到及好于二级的天数方面，上海排在31个省会城市中的第13位；工业固体废物综合利用率方面，上海排在31个省会城市中的第10位；生活垃圾无害化处理率方面，上海排在31个省会城市中的第22位；城市污水处理率方面，上海排在31个省会城市中的第10位;污水处理厂集中处理率方面,上海排在31个省会城市中的第15位;突发环境事件情况方面,上海排在31个省会城市中的第8位;人均公园绿地面积方面,上海排在31个省会城市中的第31位;工业污染治理完成投资占GDP比重方面,上海排在31个省会城市中的第21位;环境污染治理投资占GDP比重方面,上海排在31个省会城市中的第26位。

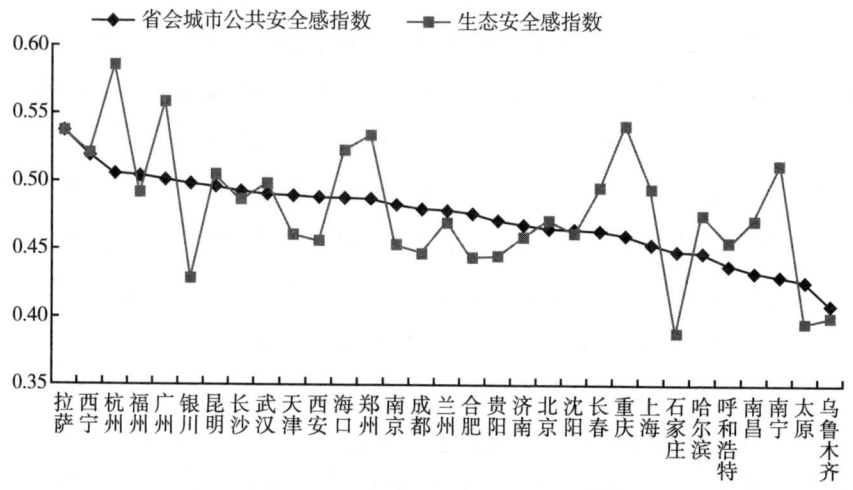

图1 全国城市公共安全感与生态安全感指数比较

图1是全国城市公共安全感与生态安全感指数的对比。从该图中可以发现,城市生态安全感曲线围绕全国城市公共安全感指数曲线上下波动。依据这种波动关系,两者关系可以划分为三种:城市生态安全感曲线位于城市公共安全感曲线上方,表明该城市生态安全感是该城市公共安全感体系中的优势;城市生态安全感曲线位于城市公共安全感曲线下方,表明该城市生态安全感是该城市公共安全感体系中的弱项;与城市公共安全感曲线基本持平的,表明该城市生态安全感处于该城市公共安全感体系的平均水平。从图1中可以看出,广州和上海、杭州、郑州、重庆、哈尔滨、长春、海口、南昌、南宁、呼和浩特等城市的生态安全感指数明显高于公共安全感指数,而

除银川这一个三线城市之外,天津、西安、南京、成都、合肥、贵阳、石家庄、太原 8 个新一线与二线城市的生态安全感指数明显低于公共安全感指数。这说明,广州、杭州、哈尔滨等城市的生态安全感在城市生态安全感体系中是优势所在,而天津、合肥等城市的城市生态安全感是城市公共安全感体系中的弱项。

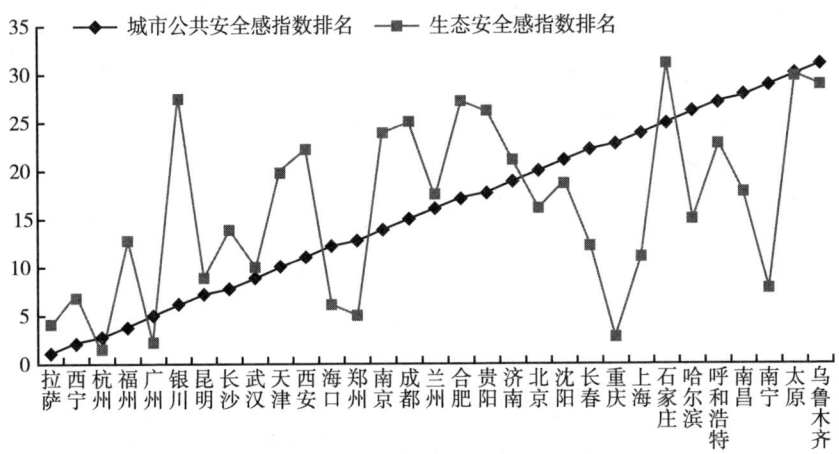

图 2 全国城市公共安全感与生态安全感指数排名比较

图 2 是全国城市公共安全感指数排名与生态安全感指数排名比较。从该图中可以看出,拉萨的城市公共安全感指数排名最高(排名第 1 位),乌鲁木齐最低(排名第 31 位);石家庄的城市生态安全感指数排名最低(排名第 31 位),杭州最高(排名第 1 位)。城市生态安全感指数排名越靠前,表明该城市居民的生态安全感越高。与图 1 中所揭示的全国城市公共安全感指数与生态安全感指数的对比原理相似,全国省会城市居民的生态安全感指数排名围绕城市公共安全感指数排名曲线上下波动。全国省会城市居民生态安全感指数排名在城市公共安全感指数排名曲线上方,则说明该城市居民生态安全感指数排名高于该城市的城市公共安全感指数排名;反之,则低于该城市的城市公共安全感指数排名。此外,从图 2 中还可以看出,即使各城市生态安全指数排名靠前情况下,有些城市的公共安

全指数排名却是靠后，又或是各城市生态安全指数排名靠后情况下，有些城市的公共安全指数排名却是靠前，说明除生态安全以外，城市公共安全还受着自然安全、公共设施安全、社会治安安全等因素的影响。

（二）城市生态安全感的基本数据统计

1. 基于描述性统计的城市生态安全感状况

全国城市调查问卷对城市生态安全感设置了以下四个问题：您担心本市的空气污染会损害您的身体健康吗？您担心本市的饮用水源被污染吗？您担心生活垃圾最终得不到妥善处理吗？您担心本市生态环境状况会逐渐恶化吗？这四个问题反映了城市居民对生态安全的担心程度。其中将问题1概括为空气污染，问题2概括为饮用水源污染，问题3概括为生活垃圾状况，问题4概括为生态环境状况。运用SPSS 20.0软件对4个指标进行描述性统计，结果如表3所示。

表3　生态安全担心程度描述性统计结果

	N	极小值	极大值	均值	标准差	方差
空气污染	9263	1	10	5.04	2.790	7.787
饮用水源污染	9260	1	10	5.04	2.745	7.534
生活垃圾状况	9269	1	10	5.19	2.678	7.172
生态环境状况	9269	1	10	5.19	2.724	7.419
有效的N（列表状态）	9243					

据表3，全国城市居民对生态安全不同领域的担心程度有所差异。指标均值越高表示越不担心，四个题项的均值都超过了5，但未超过6，表示居民对生态安全不同领域处于中间模糊状态。其中，生活垃圾状况满意度与生态环境状况满意度均值比较高，而对空气污染、饮用水源的满意度比较低。标准差值和方差显示样本意见较为离散，即被调查者的意见不一，对此通过下文的组间分析进行具体解读。

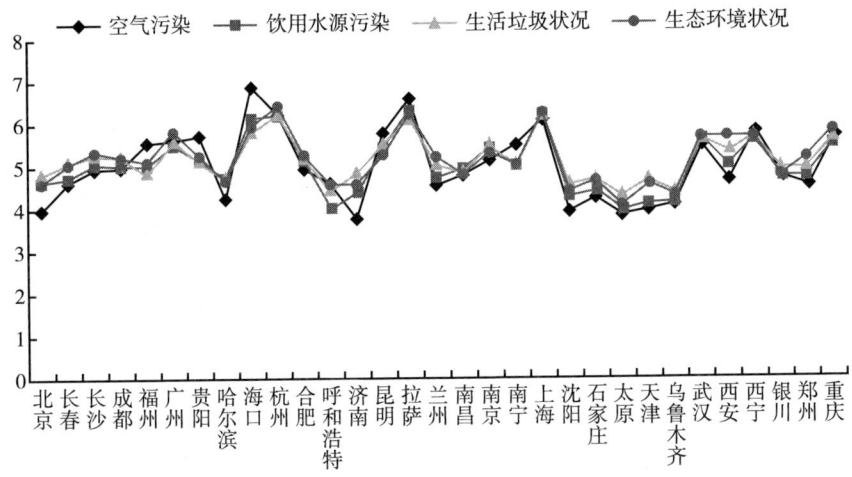

图3　各城市居民对生态安全不同层面的担心程度指数

在描述全国城市居民的生态安全总体状况的基础之上，基于城市特性，有必要分别描述各城市居民对生态安全的不同感受，了解全国各城市之间生态安全的差异。图3是各城市居民对生态安全不同层面的担心程度指数。在图3中，海口、杭州、拉萨、上海四个城市与其他城市相比，在各领域不担心程度都排在前列。在空气污染担心程度方面，不担心程度最高的是海口居民；在饮用水源污染担心程度方面，不担心程度最高的是拉萨居民；在生活垃圾状况担心程度方面，不担心程度最高的是上海居民；在生态环境状况担心程度方面，不担心程度最高的是杭州。而除了济南居民对自己城市空气污染担心程度最高外，太原居民在饮用水源污染、生活垃圾与生态环境三个方面的担心程度都是最高，这说明济南、太原两城市居民城市生态安全感较低。

2. 组间对比的城市生态安全感状况

根据本次调查对基础数据的均值和方差描述，全国城市居民在生态安全方面的意见趋于离散。在性别、年龄、户口类型、职业、收入水平、文化程度等变量情况下，不同群体对生态安全的心理感受和主观感知是不同的。因此，对不同组别进行描述性统计和独立样本t检验，确定不同群体的生态安全担心程度差异，对我们了解全国城市居民对生态安全的担心程度，具有重要的参考意义。

3. 基于性别的生态安全感状况

由于男性与女性对于生态安全方面关注点、关注程度的不同,在"性别"这一变量下的生态安全感往往呈现不同的特点。运用单因素方差分析和独立样本t检验了解性别变量与生态安全状况及不同层面担心程度的相关关系,结果如表4及表5所示。

表4 全国城市居民性别与生态安全感状况关系

性别	N	均值	标准差	极小值	极大值	显著性水平
男	4625	3.45	0.873	1	5	
女	4625	3.40	0.854	1	5	0.002
总 计	9250	3.43	0.864			

表5 不同性别居民在生态安全感不同层面担心程度的差异比较

检验变量	性别	N	均值	标准差	t值
空气污染	男	4629	5.23	2.805	6.550***
	女	4632	4.85	2.764	
饮用水源污染	男	4623	5.24	2.736	7.131***
	女	4635	4.83	2.739	
生活垃圾状况	男	4631	5.37	2.678	6.749***
	女	4636	5.00	2.666	
生态环境状况	男	4630	5.40	2.724	7.145***
	女	4637	4.99	2.709	

注:$*p<0.05$;$**p<0.01$;$***p<0.001$。

根据表4所示,显著性水平小于0.05,表示性别影响生态安全的感受。从表5可以发现,不同性别居民在空气污染、饮用水源污染、生活垃圾状况、生活环境状况四个变量检验的t统计量均达到显著水平,显著性概率p值均小于0.001,表示不同性别的居民对空气污染、饮用水源、生活垃圾状况、生活环境状况的担心程度都有显著的不同。指标值最大为10分,表示完全不担心,最小为1分,表示极为担心,因此女性居民对空气污染(M =

4.85），饮用水源污染（M=4.83），生活垃圾状况（M=5.00）和生态环境状况（M=4.99）的担心程度显著高于男性居民对空气污染（M=5.23），饮用水源污染（M=5.24），生活垃圾状况（M=5.37）和生态环境状况（M=5.40）的担心程度。

4. 基于年龄的生态安全感状况

不同年龄段的居民对生态安全感的担心程度也表现得不尽相同。运用描述统计和单因素方差分析方法，得出城市居民年龄变量与生态安全感的相关关系。结果如表6、表7及表8所示。

表6 全国城市居民年龄与生态安全感状况的关系

年龄	N	均值	标准差	极小值	极大值	显著性水平
18~29岁	4440	3.43	0.856	1	5	
30~44岁	2675	3.39	0.879	1	5	
45~59岁	1585	3.45	0.862	1	5	0.045
60岁以上	544	3.46	0.847	1	5	
总数	9244	3.43	0.864			

表7 城市居民年龄与生态安全感不同层面担心程度的关系

检验变量	年龄	N	均值	标准差	显著性水平
空气污染	18~29岁	4449	5.03	2.833	
	30~44岁	2676	4.95	2.753	
	45~59岁	1587	5.15	2.734	0.051
	60岁以上	543	5.23	2.771	
	总数	9255	5.04	2.79	
饮用水源污染	18~29岁	4449	4.99	2.763	
	30~44岁	2674	4.99	2.720	
	45~59岁	1585	5.09	2.702	0.004
	60岁以上	544	5.43	2.807	
	总数	9252	5.03	2.744	
生活垃圾状况	18~29岁	4450	5.03	2.670	
	30~44岁	2680	5.20	2.656	
	45~59岁	1587	5.39	2.655	0.000
	60岁以上	544	5.78	2.794	
	总数	9261	5.18	2.678	

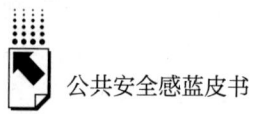

续表

检验变量	年龄	N	均值	标准差	显著性水平
生态环境状况	18~29岁	4452	4.99	2.733	0.000
	30~44岁	2677	5.24	2.687	
	45~59岁	1588	5.50	2.688	
	60岁以上	544	5.73	2.764	
	总数	9261	5.19	2.724	

表8 城市居民不同年龄层次与生态安全感担心程度的关系

因变量	(I)年龄组	(J)年龄组	均值差(I-J)	显著性水平
空气污染	18~29岁	30~44岁	0.074	0.068
		45~59岁	-0.124	0.082
		60岁以上	-0.205	0.127
	30~44岁	18~29岁	-0.074	0.068
		45~59岁	-0.198	0.088
		60岁以上	-0.279	0.131
	45~59岁	18~29岁	0.124	0.082
		30~44岁	0.198	0.088
		60岁以上	-0.081	0.139
	60岁以上	18~29岁	0.205	0.127
		30~44岁	0.279	0.131
		45~59岁	0.081	0.139
饮用水源污染	18~29岁	30~44岁	-0.003	1.000
		45~59岁	-0.095	0.702
		60岁以上	-0.435*	0.007
	30~44岁	18~29岁	0.003	1.000
		45~59岁	-0.092	0.770
		60岁以上	-0.432*	0.011
	45~59岁	18~29岁	0.095	0.702
		30~44岁	0.092	0.770
		60岁以上	-0.339	0.102
	60岁以上	18~29岁	0.435*	0.007
		30~44岁	0.432*	0.011
		45~59岁	0.339	0.102

续表

因变量	(I)年龄组	(J)年龄组	均值差(I-J)	显著性水平
生活垃圾状况	18~29岁	30~44岁	-0.174	0.069
		45~59岁	-0.362*	0.000
		60岁以上	-0.749*	0.000
	30~44岁	18~29岁	0.174	0.069
		45~59岁	-0.188	0.175
		60岁以上	-0.575*	0.000
	45~59岁	18~29岁	0.362*	0.000
		30~44岁	0.188	0.175
		60岁以上	-0.387*	0.037
	60岁以上	18~29岁	0.749*	0.000
		30~44岁	0.575*	0.000
		45~59岁	0.387*	0.037
生态环境状况	18~29岁	30~44岁	-0.258*	0.002
		45~59岁	-0.518*	0.000
		60岁以上	-0.740*	0.000
	30~44岁	18~29岁	0.258*	0.002
		45~59岁	-0.260*	0.028
		60岁以上	-0.482*	0.003
	45~59岁	18~29岁	0.518*	0.000
		30~44岁	0.260*	0.028
		60岁以上	-0.222	0.437
	60岁以上	18~29岁	0.740*	0.000
		30~44岁	0.482*	0.003
		45~59岁	0.222	0.437

注：*均值差的显著性水平为0.05。

根据表6所示，显著性水平小于0.05，表示年龄影响生态安全感。如表7所示，就饮用水源污染、生活垃圾状况、生态环境状况三个因变量而言，四组平均数的95%置信区间估计值都有一组以上区间未包括总平均数，则方差F值会达到显著水平，但对于空气污染这一因变量而言，四组平均数的95%置信区间估计值都包括总平均值5.04这个点，则方差分析的F值不会达到显著水平。也就是说，不同年龄的居民在饮用水源污染、生活垃圾状况、生态环境状况间均有显著差异存在，但对空气污染不存在显著差异，即年龄对于空气污染担心程度影响并未得到证实。根据 Scheffe 法事后比较结果显示，在生活垃圾状况方面，60 岁以上年龄组居民不担心程度平均数显著高于其他各年龄组居民，45～59 岁年龄组居民担心程度平均数显著高于 18～29 岁年龄组居民，但与 30～44 岁年龄组居民间不存在显著差异。在饮用水源污染与生态环境状况方面，60 岁以上年龄组居民不担心程度平均数都显著高于 18～29 岁与 30～44 岁年龄组居民，但与 45～59 岁年龄组居民间不存在显著差异。除此以外，在生态环境方面，45～59 岁居民不担心程度平均数显著高于 18～29 岁与 30～44 岁年龄组居民，30～44 岁年龄组居民不担心程度平均数显著高于 18～29 岁年龄组居民。

5. 基于民族的生态安全感状况

根据调查数据分析城市居民民族与生态安全感的相关关系，分析结果如表 9 及表 10 所示。

表 9　全国城市居民民族与生态安全感状况关系

民族	N	均值	标准差	显著性水平
汉族	8103	3.42	0.862	0.004
其他民族	1147	3.49	0.871	

表 10　全国城市居民民族与生态安全感担心程度不同层面关系

检验变量	民族	N	均值	标准差	t 值
空气污染	汉族	8111	5.01	2.791	-2.946**
	其他民族	1150	5.27	2.779	
饮用水源污染	汉族	8108	5.01	2.744	-1.965*
	其他民族	1150	5.18	2.750	
生活垃圾状况	汉族	8117	5.18	2.671	-0.957
	其他民族	1150	5.26	2.726	
生态环境状况	汉族	8115	5.18	2.720	-1.410
	其他民族	1152	5.30	2.752	

注：* $p < 0.05$；** $p < 0.01$；*** $p < 0.001$。

根据表9所示，显著水平小于0.05，表示民族影响生态安全的感受，且其他民族对生态安全感知的均值高于汉族居民，表示其他民族对生态安全的感知比汉族居民好。如表10所示，空气污染和饮用水源污染的t统计量均达到显著水平，显著概率p小于0.05，表示不同民族居民对空气污染和饮用水源污染的担心程度都有显著不同。因此汉族居民对空气污染和饮用水源污染（M=5.01）的担心程度显著高于其他民族居民对空气污染（M=5.27）和饮用水源污染（M=5.18）的担心程度。

6. 户口类型的生态安全感状况

本市城市、本市农村、外地城市、外市农村四大户口类型与生态安全总体状况及不同层次的担心程度进行相关性分析结果，如表11、表12及13所示。

表11 全国城市居民户口类型与生态安全感的关系

户口类型	N	均值	标准差	显著性水平
本市城市	4811	3.43	0.87	0.009
本市农村	1352	3.36	0.872	
外地城市	1716	3.47	0.827	
外市农村	1362	3.44	0.875	

表12 城市居民户口类型与生态安全感不同层面担心程度的关系

因变量	户口类型	N	均值	标准差	显著性水平
空气污染	本市城市	4809	4.95	2.768	0.001
	本市农村	1356	5.01	2.568	
	外地城市	1719	5.25	2.837	
	外市农村	1368	5.11	2.999	
	总数	9252	5.04	2.790	
饮用水源污染	本市城市	4809	4.99	2.741	0.003
	本市农村	1357	4.93	2.542	
	外地城市	1717	5.25	2.773	
	外市农村	1366	5.01	2.901	
	总数	9249	5.03	2.745	

续表

因变量	户口类型	N	均值	标准差	显著性水平
生活垃圾状况	本市城市	4813	5.16	2.678	0.037
	本市农村	1357	5.14	2.501	
	外地城市	1719	5.35	2.672	
	外市农村	1369	5.10	2.845	
	总数	9258	5.18	2.678	
生态环境状况	本市城市	4814	5.17	2.729	0.071
	本市农村	1357	5.20	2.548	
	外地城市	1718	5.33	2.697	
	外市农村	1369	5.08	2.899	
	总数	9258	5.19	2.724	

表13 城市居民不同户口类型与生态安全感担心程度的关系

因变量	(I)户口类型	(J)户口类型	均值差(I-J)	标准误	显著性	95% 置信区间 下限	95% 置信区间 上限
空气污染	本市城市	本市农村	-0.061	0.086	0.916	-0.30	0.18
		外地城市	-0.306*	0.078	0.002	-0.52	-0.09
		外市农村	-0.167	0.085	0.280	-0.41	0.07
	本市农村	本市城市	0.061	0.086	0.916	-0.18	0.30
		外地城市	-0.244	0.101	0.121	-0.53	0.04
		外市农村	-0.106	0.107	0.805	-0.40	0.19
	外地城市	本市城市	0.306*	0.078	0.002	0.09	0.52
		本市农村	0.244	0.101	0.121	-0.04	0.53
		外市农村	0.138	0.101	0.599	-0.14	0.42
	外市农村	本市城市	0.167	0.085	0.280	-0.07	0.41
		本市农村	0.106	0.107	0.805	-0.19	0.40
		外地城市	-0.138	0.101	0.599	-0.42	0.14
饮用水源污染	本市城市	本市农村	0.064	0.084	0.903	-0.17	0.30
		外地城市	-0.258*	0.077	0.011	-0.47	-0.04
		外市农村	-0.019	0.084	0.997	-0.25	0.22
	本市农村	本市城市	-0.064	0.084	0.903	-0.30	0.17
		外地城市	-0.322*	0.100	0.015	-0.60	-0.04
		外市农村	-0.082	0.105	0.893	-0.38	0.21
	外地城市	本市城市	0.258*	0.077	0.011	0.04	0.47
		本市农村	0.322*	0.100	0.015	0.04	0.60
		外市农村	0.239	0.099	0.122	-0.04	0.52
	外市农村	本市城市	0.019	0.084	0.997	-0.22	0.25
		本市农村	0.082	0.105	0.893	-0.21	0.38
		外地城市	-0.239	0.099	0.122	-0.52	0.04

续表

因变量	(I) 户口类型	(J) 户口类型	均值差 (I-J)	标准误	显著性	95% 置信区间	
						下限	上限
生活垃圾状况	本市城市	本市农村	0.025	0.082	0.993	-0.20	0.26
		外地城市	-0.183	0.075	0.115	-0.39	0.03
		外市农村	0.067	0.082	0.879	-0.16	0.30
	本市农村	本市城市	-0.025	0.082	0.993	-0.26	0.20
		外地城市	-0.209	0.097	0.203	-0.48	0.06
		外市农村	0.042	0.103	0.982	-0.24	0.33
	外地城市	本市城市	0.183	0.075	0.115	-0.03	0.39
		本市农村	0.209	0.097	0.203	-0.06	0.48
		外市农村	0.251	0.097	0.083	-0.02	0.52
	外市农村	本市城市	-0.067	0.082	0.879	-0.30	0.16
		本市农村	-0.042	0.103	0.982	-0.33	0.24
		外地城市	-0.251	0.097	0.083	-0.52	0.02
生态环境状况	本市城市	本市农村	-0.028	0.084	0.990	-0.26	0.21
		外地城市	-0.160	0.077	0.227	-0.37	0.05
		外市农村	0.090	0.083	0.760	-0.14	0.32
	本市农村	本市城市	0.028	0.084	0.990	-0.21	0.26
		外地城市	-0.131	0.099	0.624	-0.41	0.15
		外市农村	0.119	0.104	0.731	-0.17	0.41
	外地城市	本市城市	0.160	0.077	0.227	-0.05	0.37
		本市农村	0.131	0.099	0.624	-0.15	0.41
		外市农村	0.250	0.099	0.093	-0.03	0.53
	外市农村	本市城市	-0.090	0.083	0.760	-0.32	0.14
		本市农村	-0.119	0.104	0.731	-0.41	0.17
		外地城市	-0.250	0.099	0.093	-0.53	0.03

注：* 均值差的显著性水平为 0.05。

根据表 11 及表 12 所知，显著水平 = 0.009，小于 0.05，表示户口类型影响生态安全的感受。空气污染、饮用水源污染、生活垃圾状况三个因变量的显著水平分别为 0.001、0.003、0.037，小于 0.05，而生态环境状况的显著水平 = 0.071，大于 0.05，表示不同户口类型居民在空气污染、饮用水源、生活垃圾状况间均有显著性差异，而不同户口类型居民对生态环境状况担心程度的影响并未得到证实。根据 Scheffe 法进行事后比较结果显示，生活垃圾状况与生态环境状况担心程度中未发现任何两组间的平均数差异值达到显著。而在空气污染担心程度方面，外地城市居民不担心程度平均数显著高于本市城市居民，但与本市农村、外地农村居民间不存在显著差异；在饮用水源污染方面，外地城市居民不担心程度平均数显著高于本市城市居民与本市农村居民，但与外市农村居民间不存在显著差异。

7. 基于身份职业的生态安全感状况

对本次调查中不同身份职业与生态安全担心程度之间关系进行相关性分析，所得结果如表14及15所示。

表14 全国城市居民身份职业与生态安全感关系

身份职业	N	均值	标准差	标准误	显著性水平
公务员	342	3.37	0.937	0.051	
事业单位人员	1060	3.39	0.906	0.028	
公司职员	2028	3.42	0.823	0.018	
进城务工人员	484	3.43	0.868	0.039	
学生	2406	3.46	0.857	0.017	0.031
自由职业者	1390	3.41	0.879	0.024	
离退休人员	532	3.52	0.829	0.036	
其他	995	3.39	0.879	0.028	
总数	9237	3.43	0.864	0.009	

表15 全国城市居民身份职业与生态安全感不同层面担心程度关系

因变量	身份职业	N	均值	标准差	标准误	显著性水平
	公务员	341	4.88	2.881	0.156	
	事业单位人员	1059	4.83	2.774	0.085	
	公司职员	2030	5.08	2.694	0.060	
	进城务工人员	485	5.53	2.710	0.123	
空气污染	学生	2411	4.94	2.781	0.057	0.000
	自由职业者	1393	5.12	2.890	0.077	
	离退休人员	532	5.10	2.803	0.122	
	其他	996	5.08	2.856	0.090	
	总数	9247	5.04	2.791	0.029	

续表

因变量	身份职业	N	均值	标准差	标准误	显著性水平
饮用水源污染	公务员	342	5.15	2.785	0.151	0.071
	事业单位人员	1059	4.94	2.773	0.085	
	公司职员	2029	4.95	2.672	0.059	
	进城务工人员	484	5.33	2.674	0.122	
	学生	2412	4.99	2.676	0.054	
	自由职业者	1392	5.11	2.883	0.077	
	离退休人员	532	5.20	2.820	0.122	
	其他	995	5.04	2.796	0.089	
	总数	9245	5.04	2.745	0.029	
生活垃圾状况	公务员	342	5.20	2.756	0.149	0.000
	事业单位人员	1060	5.18	2.715	0.083	
	公司职员	2030	5.15	2.604	0.058	
	进城务工人员	485	5.54	2.671	0.121	
	学生	2413	4.96	2.570	0.052	
	自由职业者	1395	5.28	2.783	0.075	
	离退休人员	532	5.54	2.797	0.121	
	其他	996	5.33	2.764	0.088	
	总数	9253	5.19	2.678	0.028	
生态环境状况	公务员	342	5.34	2.820	0.153	0.000
	事业单位人员	1061	5.20	2.736	0.084	
	公司职员	2029	5.18	2.625	0.058	
	进城务工人员	484	5.66	2.710	0.123	
	学生	2414	4.91	2.623	0.053	
	自由职业者	1396	5.29	2.855	0.076	
	离退休人员	532	5.53	2.752	0.119	
	其他	995	5.31	2.853	0.090	
	总数	9253	5.19	2.724	0.028	

根据表 14 及表 15，所示，显著水平为 0.031，小于 0.05，表示身份职业影响生态安全的感受，空气污染、生活垃圾状况、生态环境状况的显著水平都等于 0.000，小于 0.005，而饮用水源污染的显著水平为 0.071，大于 0.05，表示除饮用水源污染外，不同身份职业的居民在空气污染、生活垃圾状况、生态环境状况间均有显著性差异，即在本书中不同身份职业的居民对

饮用水源污染担心程度的影响并没有得到证实。在这三个因变量担心程度方面，进城务工人员的不担心程度平均值都高于其他职业居民，可能是其工作或生活环境等因素造成。

8. 基于政治面貌、宗教信仰、文化程度、个人月收入的生态安全感状况

对不同的政治面貌——中共党员、民主党派、共青团员、群众；不同的宗教信仰——无、佛教、道教、基督教、伊斯兰教、天主教、其他；不同的文化程度——小学以下、初中、高中、大学、研究生以上；不同的个人月收入——2000元以下、2001~3500元、3501~5000元、5001~8000元、8001~12500元、12500元以上。在生态安全方面进行描述分析，探究政治面貌、宗教信仰、文化程度与月收入和生态安全担心程度的相关关系，分析结果如表16、表17、表18及表19所示。

表16　城市居民政治面貌与生态安全感关系

政治面貌	N	均值	标准差	标准误	显著性水平
中共党员	1668	3.42	0.898	0.022	
民主党派	227	3.37	0.885	0.059	
共青团员	2765	3.42	0.853	0.016	0.075
群众	4568	3.43	0.856	0.013	
总数	9228	3.43	0.863	0.009	

表17　城市居民宗教信仰与生态安全感关系

宗教信仰	N	均值	标准差	标准误	显著性水平
无	7767	3.43	0.860	0.010	
佛教	771	3.42	0.899	0.032	
道教	94	3.21	0.853	0.088	
基督教	197	3.38	0.834	0.059	0.093
伊斯兰教	214	3.54	0.870	0.059	
天主教	38	3.37	0.751	0.122	
其他	156	3.47	0.890	0.071	
总数	9237	3.43	0.863	0.009	

表18 城市居民文化程度与生态安全感关系

文化程度	N	均值	标准差	标准误	显著性水平
小学及以下	341	3.46	0.977	0.053	
初中	1136	3.45	0.875	0.026	
高中(中职、中专)	2364	3.43	0.832	0.017	0.690
大学(大专)	4858	3.42	0.860	0.012	
研究生以上	546	3.40	0.932	0.040	
总　数	9245	3.43	0.864	0.009	

表19 城市居民个人月收入与生态安全感关系

个人月收入	N	均值	标准差	标准误	显著性水平
2000元以下	2730	3.43	0.859	0.016	
2001~3500元	2099	3.41	0.861	0.019	
3501~5000元	2286	3.4	0.89	0.019	0.158
5001~8000元	1323	3.43	0.822	0.023	
8001~12500元	430	3.45	0.891	0.043	
12500元以上	202	3.56	0.886	0.062	
总　数	9070	3.42	0.864	0.009	

由表16、表17、表18及表19可知，政治面貌、宗教信仰、文化水平及月收入的显著性水平分别为0.075、0.093、0.69、0.158，大于0.05，表示政治面貌、宗教信仰、文化水平及月收入水平对于生态安全状况的影响在本调查中没有得到证实。

二　城市生态安全感存在的问题与挑战

上述数据分析暴露了全国城市生态安全感存在的诸多问题与挑战。具体来看，现阶段全国城市生态安全感中存在的问题具体可以分为三个方面，即城市居民生态安全认知待强化、城市居民生态安全感的物质基础薄弱及城市居民生态安全行为尚未养成。

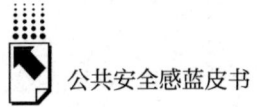

（一）城市居民生态安全认知待强化

生态安全认知是人类与自然交往过程中对周遭世界各种自然事物和生态现象的感知和认识，是个体对生态安全问题的认识和了解，对生态安全问题认识了解越全面、越深刻、越客观理性，越能调适个体自身的生态安全感受并做出正确的生态行为选择。它是在人类不断适应自然环境、谋求生存发展的历史实践中逐渐形成起来的，反过来也支配和制约着人们进一步的环境行为，并对环境本身造成影响，是生态环境变迁的重要文化驱动力。[①] 因此，居民对于城市生态安全的认知尤为重要。但是，在实际生活中由于各种原因，居民的城市生态安全认知较为薄弱。例如，居民的生态安全认知与经济发展水平、生态环境恶化程度、政府生态保护制度与配套措施、社会教育与宣传等因素都有可能影响居民的生态安全认知。根据发达国家的发展经验，当经济发展处于起步阶段时，经济发展往往是以牺牲生态环境为代价的，只有当经济发展到一定阶段、生态环境被损害到足以引起居民关注时，生态安全才开始进入居民关注的范围。例如，1952年伦敦烟雾事件促使英国人对生态环境保护形成了社会共识，也促使政府颁布了世界上第一部现代意义上的空气污染防治法——《清洁空气法案》（Clean Air Act），之后又追加了几部法案来加强生态环境保护。再比如，1940~1960年的美国洛杉矶光化学烟雾事件成为美国环境管理的转折点，催生了著名的《清洁空气法》。当前，我国经济发展虽然已经超越了经济发展起步阶段，但仍旧处于牺牲生态环境来换取GDP增长的阶段，以人为中心的发展理念尚未得到深刻贯彻。生态环境保护虽在稳步推进，但是尚未深刻"印"在社会意识中，生态环境破坏事件虽时有发生，但依旧未实质上引起社会公众关注并催生社会行为模式改变，追求经济增长和收入增长仍旧是绝大多数行为主体的首选目标。拘囿于这种整体的社会环境，城市居民的生态安全

[①] 王利华：《"生态认知系统"的概念及其环境史学意义——兼议中国环境史上的生态认知方式》，《鄱阳湖学刊》2010年第5期。

认知也受到相应的限制。再比如,当经济发展到一定程度的时候,公共安全教育、生态安全教育往往也会进入社会教育体系之中。而当前,我国公共安全教育、生态安全教育尚未形成体系,尚未进入成熟发展阶段。此次调查中,在 9178 份对"您是否接受过社会组织(如公益团体)关于公共安全的教育或服务"这一问题的回答中,4241 名居民认为自己没有接受过公共安全教育或服务,占比为 46.21%(见表 20)。接受调查的居民对"您接受过社会组织(如公益团体)关于公共安全哪些方面的教育或服务"这一题项的回答中(如表 21 所示),71.7% 的城市居民表示没有接受生态安全方面的教育或服务,仅仅 28.3% 的城市居民表示接受过相关教育或服务。在接受过公共安全教育或服务排名中,这一数据位列倒数第二,仅优于社会保障安全教育或服务(比例为 21.6%)。尽管是否接受公共安全教育或服务、生态安全教育或服务并不一定能够代表城市居民对城市公共安全和生态安全的认知,但是,在公共安全科普体系、生态安全科普体系尚未成为提升城市居民公共安全认知和生态安全认知主要途径的前提下,根据教育或服务来估计城市居民的公共安全认知和生态安全认知具有一定的可行性。

表 20 您是否接受过社会组织(如公益团体)关于公共安全的教育或服务

选项	有效百分比(%)	选项	有效百分比(%)
没有	46.21	合计	100.00
有	53.79		

表 21 居民接受社会组织关于公共安全教育或服务的情况(有效百分比)

	信息安全	自然灾害防治	生态安全	公共卫生安全	食品安全	交通安全	公共场所设施安全	社会治安	社会保障安全
没有接受教育	58.7	55.6	71.7	66.6	61.5	54.4	69.6	69.2	78.1
接受教育	41.2	44.3	28.3	33.2	38.4	45.5	30.3	30.7	21.6

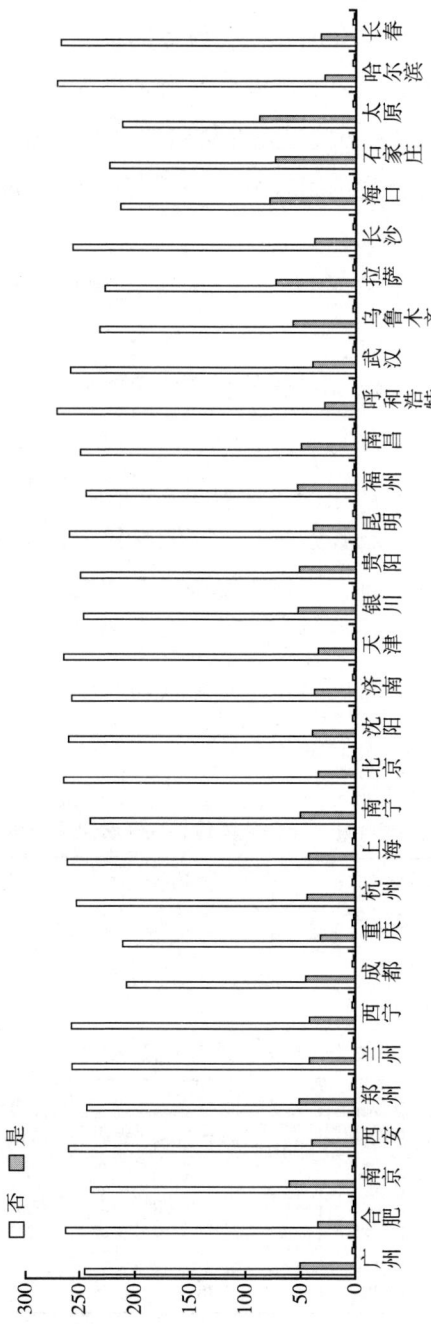

图 4 "是否接受过社会组织关于生态安全的教育或服务"题项均值统计结果

从图 4 中可以更详细地看到各个省会城市被调查者是否接受过社会组织关于生态安全教育或服务的状况。从中可以看出,太原、石家庄、海口、拉萨、乌鲁木齐等少数城市的被调查者中,有超过 50 人的比例接受过社会组织的生态安全教育或服务。北京、上海、广州、武汉等发达城市也未超过 50 人。

(二)城市居民生态安全感偏低且客观基础薄弱

生态安全感受主要是个体对生态风险事件的可能发生概率、严重程度等的意识。从前文描述性统计结果中可以看出,"您担心本市的空气污染会损害您的身体健康吗""您担心本市的饮用水源被污染吗""您担心生活垃圾最终得不到妥善处理吗""您担心本市生态环境状况会逐渐恶化吗"四个题项的均值分别为 5.04、5.04、5.19、5.19(见表 7-3)。为了更深入地了解城市居民的生态安全感状况,对这几个题项进行了进一步的分析。

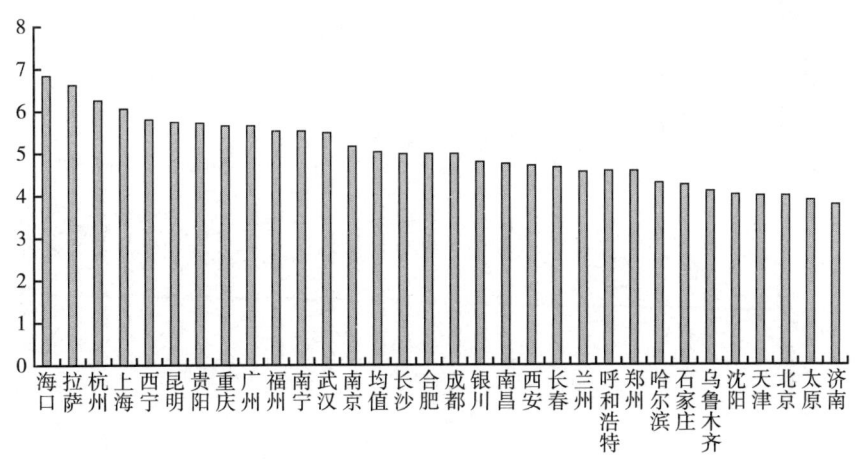

图 5 "您担心本市的空气污染会损害您的身体健康吗"题项均值统计结果

从图 5 中可以看出,均值大于 6 的城市有 4 个,分别为海口(均值为 6.86)、拉萨(均值为 6.62)、杭州(均值为 6.27)、上海(均值为 6.07)四个城市。高于 31 个省会城市的平均水平且均值小于 6 的城市有 9 个,分别为西宁（均值为5.79）、昆明（均值为5.77）、贵阳（均值为5.73）、重庆（均值为5.67）、广州（均值为5.66）、福州（均值为5.54）、南宁（均值为5.52）、武汉（均值为5.5）和南京（均值为5.15）。低于31个省会城市的平均水平的城市有18个，分别为长沙（均值为5）、合肥（均值为4.99）、成都（均值为4.99）、银川（均值为4.79）、南昌（均值为4.77）、西安（均值为4.7）、长春（均值为4.65）、兰州（均值为4.59）、呼和浩特（均值为4.58）、郑州（均值为4.57）、哈尔滨（均值为4.31）、石家庄（均值为4.27）、乌鲁木齐（均值为4.12）、沈阳（均值为4）、天津（均值为3.99）、北京（均值为3.99）、太原（均值为3.89）、济南（均值为3.8）。排在倒数的主要为济南（均值为3.8）、太原（均值为3.89）、北京（均值为3.99）、天津（均值为3.99）等城市，这些城市主要为重工业城市，是全国闻名的雾霾发生城市。从这些数据分析结果中可以看出，大部分省会城市中的居民对空气污染的担心程度偏高。

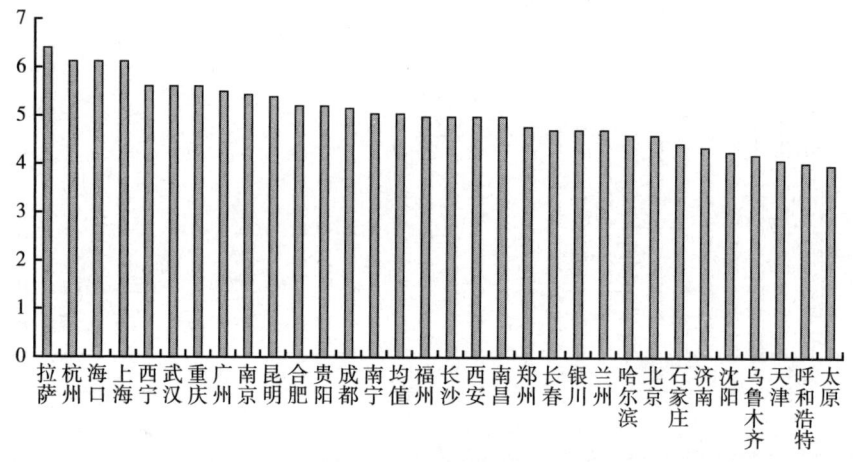

图6 "您担心本市的饮用水源被污染吗"题项均值统计结果

从图6中可以看出，均值大于6的城市有4个，分别为拉萨（均值为6.4）、杭州（均值为6.14）、海口（均值为6.14）、上海（均值为6.13）。高于31个省会城市的平均水平且均值小于6的城市有10个，分别为西宁

(均值为5.63)、武汉(均值为5.62)、重庆(均值为5.59)、广州(均值为5.47)、南京(均值为5.42)、昆明(均值为5.39)、合肥(均值为5.2)、贵阳(均值为5.2)、成都(均值为5.18)、南宁(均值为5.05)。低于31个省会城市的平均水平的城市有17个,分别为福州(均值为5.02)、长沙(均值为5.01)、西安(均值为5.01)、南昌(均值为4.99)、郑州(均值为4.78)、长春(均值为4.73)、银川(均值为4.7)、兰州(均值为4.69)、哈尔滨(均值为4.61)、北京(均值为4.59)、石家庄(均值为4.41)、济南(均值为4.36)、沈阳(均值为4.27)、乌鲁木齐(均值为4.18)、天津(均值为4.12)、呼和浩特(均值为4.03)、太原(均值为3.98)。从这些数据分析结果中可以看出,大部分省会城市中的居民对饮用水源被污染的担心程度偏高。

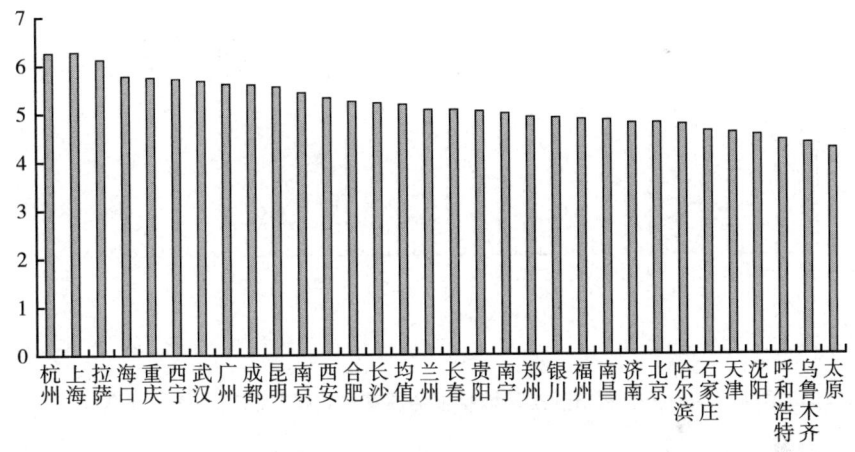

图7 "您担心生活垃圾最终得不到妥善处理吗"题项均值统计结果

从图7中可以看出,均值大于6的城市有3个,分别为杭州(均值为6.26)、上海(均值为6.26)、拉萨(均值为6.12)。高于31个省会城市的平均水平且均值小于6的城市有11个,分别为海口(均值为5.79)、重庆(均值为5.75)、西宁(均值为5.72)、武汉(均值为5.67)、广州(均值为5.62)、成都(均值为5.6)、昆明(均值为5.57)、南京(均值为

5.44）、西安（均值为5.34）、合肥（均值为5.26）、长沙（均值为5.23）。低于31个省会城市的平均水平的城市有17个，分别为兰州（均值为5.08）、长春（均值为5.07）、贵阳（均值为5.06）、南宁（均值为4.98）、郑州（均值为4.91）、银川（均值为4.91）、福州（均值为4.87）、南昌（均值为4.86）、济南（均值为4.82）、北京（均值为4.81）、哈尔滨（均值为4.77）、石家庄（均值为4.65）、天津（均值为4.61）、沈阳（均值为4.57）、呼和浩特（均值为4.47）、乌鲁木齐（均值为4.4）、太原（均值为4.28）。从这些数据分析结果中可以看出，大部分省会城市中的居民对生活垃圾最终得不到妥善处理的担心程度偏高。

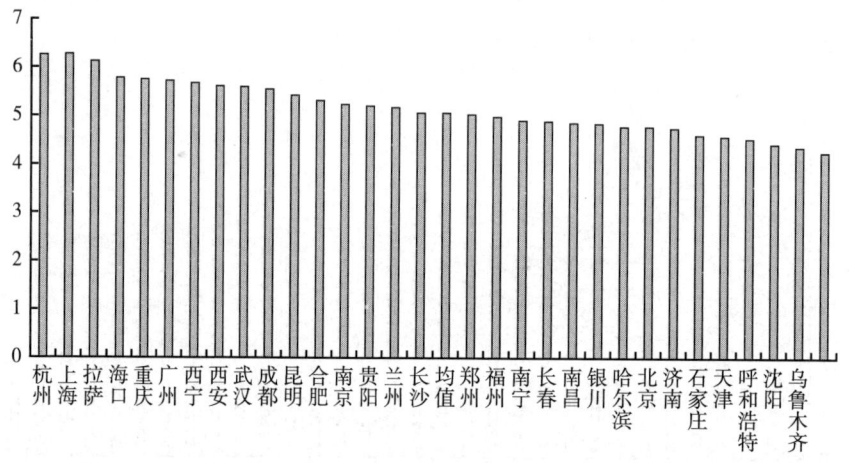

图8 "您担心本市生态环境状况会逐渐恶化吗"题项均值统计结果

从图8中可以看出，均值大于6的城市有3个，分别为杭州（均值为6.42）、上海（均值为6.25）、拉萨（均值为6.21）。高于31个省会城市的平均水平且均值小于6的城市有13个，分别为海口（均值为5.93）、重庆（均值为5.85）、广州（均值为5.81）、西宁（均值为5.71）、西安（均值为5.68）、武汉（均值为5.63）、成都（均值为5.57）、昆明（均值为5.33）、合肥（均值为5.31）、南京（均值为5.29）、贵阳（均值为5.27）、兰州（均值为5.22）、长沙（均值为5.21）。低于31个省会城市的平均水平的城市有 15 个，分别为郑州（均值为 5.14）、福州（均值为 5.09）、南宁（均值为 5.03）、长春（均值为 5.02）、南昌（均值为 4.8）、银川（均值为 4.75）、哈尔滨（均值为 4.68）、北京（均值为 4.62）、济南（均值为 4.61）、石家庄（均值为 4.61）、天津（均值为 4.55）、呼和浩特（均值为 4.51）、沈阳（均值为 4.43）、乌鲁木齐（均值为 4.34）、太原（均值为 4.1）。从这些数据分析结果中可以看出，大部分省会城市中的居民对生态环境状况会逐渐恶化的担心程度偏高。

通过上述分析可以看出，均值大于 6 的仅仅有三四个城市，超过一半的城市处于 31 个省会城市的平均水平之下。这表明被调查者的生态安全感普遍偏低。那么，是什么原因导致的呢？

人类社会的发展史是一部向自然攫取资源和资源加工能力不断提高的历史，在人类借助强大的技术手段创造了辉煌的物质文明的同时，对自然生态的冲击也迅速加剧。人类社会与自然系统之间的巨大的物质交换过程伴随着种种生态环境问题的发生[1]，城市生态安全遭受威胁，城市居民的生态安全感知也因此降低。也就是说，尽管城市生态安全感的影响因素众多，城市生态安全的客观基础是影响城市居民生态安全感的最基础性因素。

这些最基础性的因素中，除去重大生态事件之外，影响居民生态安全感的往往是与居民生活紧密联系的因素。例如，空气污染、水污染、环境响应、公园湿地面积，等等。城市建成区绿化覆盖率是评价生态环境质量的重要考核指标；人均公园绿地面积也是展示城市整体环境水平和居民生活质量的一项重要指标；空气质量的好坏反映了空气污染程度；环境响应是为了降低环境污染、提升城市生态系统安全水平而采取的控制污染、降低污染等措施的行为。根据《2017 中国环境统计年鉴》与《2017 中国城市统计年鉴》的数据，可以发现当前全国的城市生态安全的客观基础较为薄弱。根据国家

---

[1] 支大林：《我国资源型城市转型与可持续发展的困境及破解对策》，《福建论坛》（人文社会科学版）2015 年第 4 期，第 13~21 页。

生态园林城市标准，城市建成区绿化覆盖率应大于45%；人均公园绿地面积应该大于12m²/人（人均建设用地大于等于105m²的城市）。根据图9显示，我们可以发现北京的城市建成区绿化覆盖率最高为61.58%，拉萨最低为26.27%，全国平均水平为41.1%，而昆明、上海、海口、长春、呼和浩特、兰州、长沙、哈尔滨、天津、拉萨10个城市的建成区绿化覆盖率都未能达到国家园林城市的标准。同时，全国人均公园绿地面积为13.19%，哈尔滨、太原、南宁、沈阳、昆明、武汉、西宁、天津、长沙、郑州、拉萨、上海12个城市的人均公园绿地面积也未达到国家园林城市标准。创建国家环保模范城市要求空气质量优良天数达到311天，但根据图10显示，仅有昆明、福州、海口、贵阳、南宁、南昌、拉萨7个城市空气质量优良天数达到国家环保城市要求的标准。在图11中，虽工业固体废物综合利用率平均水平超过80%，生活垃圾无害化处理率以及污水处理厂处理率平均水平超过90%，但是工业固体废物综合利用率没有城市达到100%，昆明、拉萨等城市更是低于40%；18个城市的生活垃圾无害化处理率也未达到100%，兰州更是低至40.4%；污水处理厂处理率只有长沙达到100%。但根据上述客观数据，我们可以发现尽管城市与城市之间存在着巨大差异，但是城市建

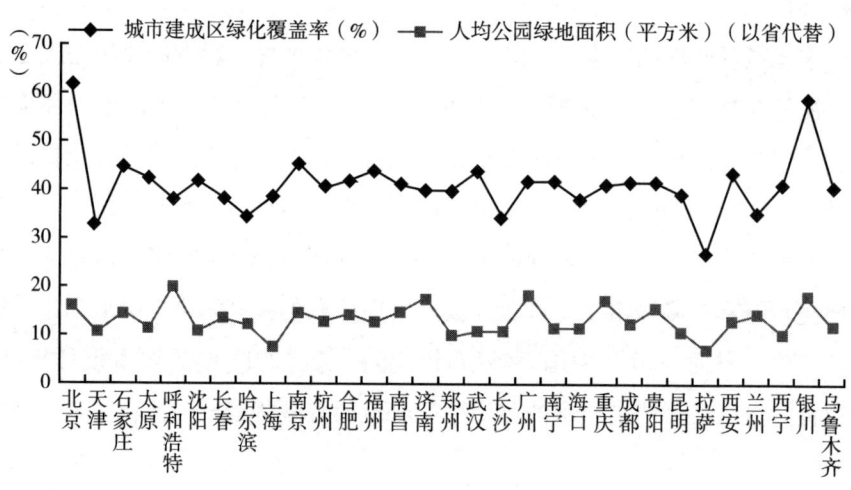

图9　全国31个城市绿化情况

成区绿化覆盖率、人均公园绿地面积、空气质量与环境响应三项指标的总体水平也不高，大多数城市生态环境质量表现较差。

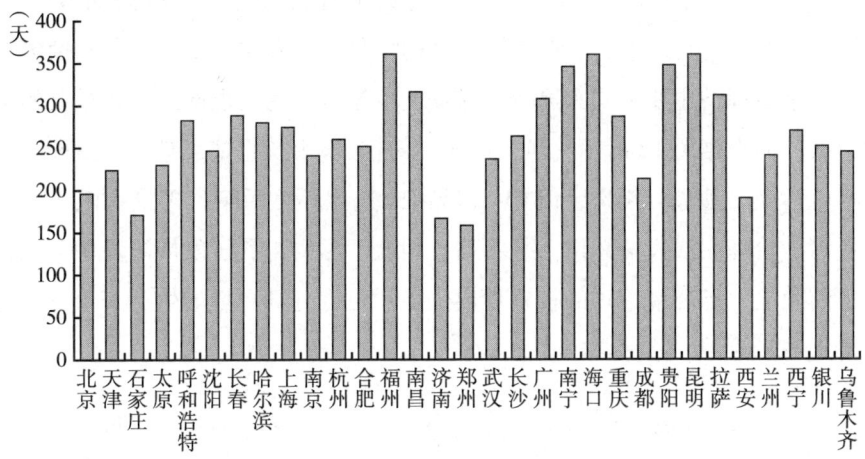

图10　全国31个城市空气质量达到及好于二级的天数

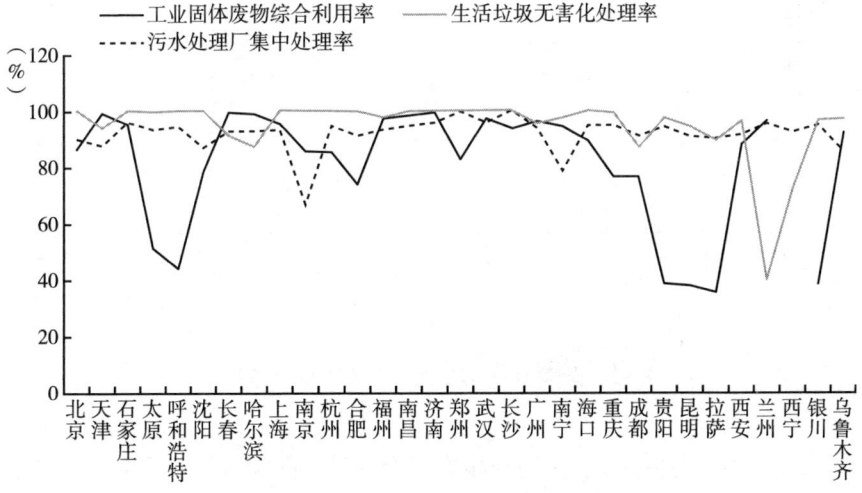

图11　全国31个城市的环境响应

（三）城市居民城市生态行为有待进一步培养

生态安全行为是指对生态风险事件和生态安全问题所采取的应对措施。

从内容上看,生态安全行为可以分为人们对外部环境的行为以及人们自身行为两大类。根据美国诺贝尔经济学奖获得者瓦西里·里昂惕夫的研究结论,一个国家要对污染进行基本控制,其污染治理投资低限应占同期 GDP 的 1.5%~2%,才能大体上控制环境污染的发展。① 工业污染治理完成投资是工业污染治理的主要方式和途径,有助于生态环境污染的改善,是重要的推动力量。但根据图 12 所示,虽全国 31 个省会城市及直辖市对工业污染治理及环境污染治理进行投资,但 21 个城市未达到环境污染治理最低限,城市工业污染治理完成投资总体水平不高。因此,尽管与我国发展阶段相关,我国目前用于生态环境治理的投资规模仍显不足,外部环境的生态安全行为还有待进一步改善。

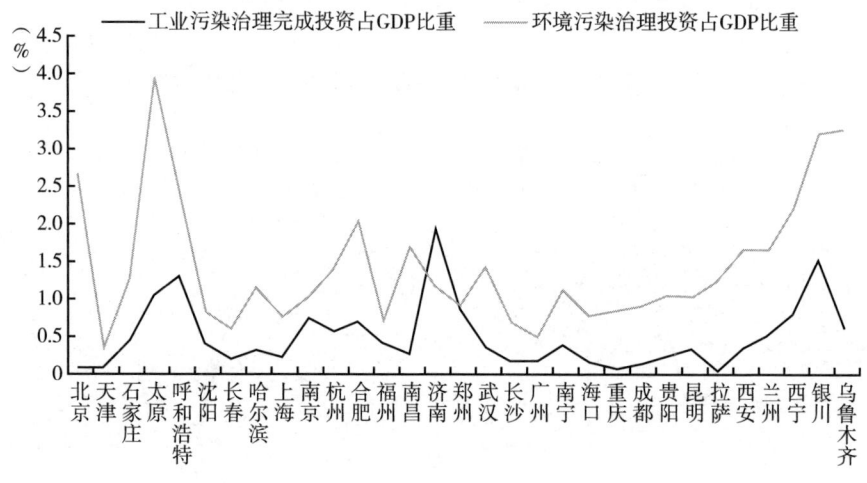

图 12　全国 31 个城市对外部环境的生态行为

在人们如何通过自身行为应对生态安全方面,问卷设置了关于生态安全的两个问题:"在雾霾或者空气质量差的日子里,您会戴口罩出行吗?";"您周围的邻居会将垃圾分类之后再放入垃圾桶吗?"从表 22 可以看出,全国 31 个省会

---

① 徐顺青、逯元堂、高军、张筝:《环境污染治理投资发展路径分析》,《生态经济》2017 年第 2 期。

城市的所有被调查者中，27%的被调查者选择从来不戴，47.9%的被调查者选择偶尔会戴，25.1%的被调查者选择经常戴。也就是说，70%以上的人并不经常戴口罩出行。表23显示，31.7%的被调查者认为几乎没有进行垃圾分类，47.6%的被调查者认为有少部分人进行垃圾分类，17.9%的被调查者认为大多数人会进行垃圾分类，仅2.8%的被调查者认为都会进行垃圾分类。这些数据从整体上说明，被调查的居民已经有了初步的生态安全行为。

表22　关于雾霾或空气质量差的日子里居民戴口罩出行调查结果

单位：%

	频率	百分比	有效百分比	累积百分比
从来不戴	2501	27.0	27.0	27.0
偶尔会戴	4434	47.9	47.9	74.9
经常戴	2330	25.1	25.1	100.0

表23　关于垃圾分类的居民调查结果

单位：%

	频率	百分比	有效百分比	累积百分比
几乎没有	2936	31.7	31.7	31.7
有少部分人这样做	4408	47.6	47.6	79.3
大多数人都这样做	1664	17.9	17.9	97.2
都会这样做	260	2.8	2.8	100.0

如果说表22和表23是基于全国31个省会城市被调查者整体的分析结果，那么表24和表25呈现了分城市的调查结果，从中可以看出每个城市居民的具体生态行为差异。从表7-24中可以看出，在雾霾或空气质量差的日子里居民戴口罩出行的比例中，北京被调查中，46.7%选择了经常戴，远远高于此次调查的全国平均水平（25.1%）；42.7%选择了偶尔会戴，低于此次调查的全国平均水平（47.9%）；选择从来不戴的比例仅为10.7%，远远低于此次调查的全国平均水平（27%）。从与全国31个省会城市的比较来看，选择经常戴的比例在全国31个省会城市中排名最高，选择从来不戴的比例在全国31个省会城市中排名最低。这说明北京居民

已经形成了较为良好的应对雾霾或空气质量差的行为习惯，也从侧面说明了北京雾霾或空气质量差较之其余省会城市的严重性。被调查者选择在雾霾或空气质量差的日子里"经常戴"口罩出行的比例中，济南仅次于北京，位居第2位。从表24中可以看出，41.9%的被调查者选择了经常戴，43.9%的被调查者选择了偶尔会戴，14.2%的被调查者选择了从来不戴。哈尔滨位居第3位，40.3%的被调查者选择了经常戴，44%的被调查者选择了偶尔会戴，15.7%的被调查者选择了从来不戴。石家庄位居第4位，39.6%的被调查者选择经常戴，43%的被调查者选择了偶尔会戴，17.4%的被调查者选择了从来不戴。天津位居第5位，36.3%的被调查者选择经常戴，52.3%的被调查者选择了偶尔会戴，11.3%的被调查者选择了从来不戴。数据调查结果充分反映了北京、济南、哈尔滨、石家庄、天津是全国雾霾较为严重或空气质量较差的五大城市，同时也说明了北京、济南、哈尔滨、石家庄和天津居民形成了较好的应对行为。济南、哈尔滨、石家庄和天津均是重工业城市，再加上冬季供暖对空气污染和雾霾的影响，共同导致了雾霾或空气质量差。而北京则位于济南、石家庄和天津的包围之中，形成雾霾和空气质量差也就不难想象了。

从表24中还可以看出，南宁和贵阳与上述城市形成了鲜明的对比。在这两个城市的调查结果中，选择在雾霾或空气质量差的日子里经常戴口罩出行的被调查者比例位居全国31个省会城市的倒数第1位和第2位。被调查者选择在雾霾或空气质量差的日子里"经常戴"口罩出行的比例中，南宁位居倒数第1位，12.6%的被调查者选择了经常戴，远远低于此次调查的全国平均水平（25.1%）；45.2%的被调查者选择了偶尔会戴，略低于此次调查的全国平均水平（47.9%）；42.2%的被调查者选择了从来不戴，远远高于此次调查的全国平均水平（27%）。贵阳位居倒数第2位，12.9%的被调查者选择了经常戴，远远低于此次调查的全国平均水平（25.1%）；41.3%的被调查者选择了偶尔会戴，略低于此次调查的全国平均水平（47.9%）；45.9%的被调查者选择了从来不戴，远远高于此次调查的全国平均水平（27%）。之所以会出现与北京等五城市截然相反的情况，表面原因为南宁和贵阳出现雾霾和空气质量较差的情况较少,深层原因则为南宁和贵阳较之北京五城市的经济结构、发展程度等因素的不同。

表24 关于雾霾或空气质量差的日子里居民戴口罩出行调查结果(分城市)

单位:%

城市	从来不戴	偶尔会戴	经常戴	Total
广州	31.80	47.30	20.90	100.00
合肥	22.10	42.80	35.10	100.00
南京	17.30	51.00	31.70	100.00
西安	22.00	48.70	29.30	100.00
郑州	20.20	44.90	34.90	100.00
兰州	14.00	58.50	27.40	100.00
西宁	20.40	59.90	19.70	100.00
成都	29.70	49.70	20.70	100.00
重庆	48.80	37.80	13.40	100.00
杭州	24.50	58.10	17.40	100.00
上海	30.50	49.50	20.00	100.00
南宁	42.20	45.20	12.60	100.00
北京	10.70	42.70	46.70	100.00
沈阳	16.30	51.00	32.70	100.00
济南	14.20	43.90	41.90	100.00
天津	11.30	52.30	36.30	100.00
银川	22.70	48.30	29.00	100.00
贵阳	45.90	41.30	12.90	100.00
昆明	34.20	46.60	19.10	100.00
福州	36.90	47.70	15.40	100.00
南昌	37.70	47.30	15.00	100.00
呼和浩特	26.70	52.70	20.70	100.00
武汉	32.90	49.00	18.10	100.00
乌鲁木齐	40.90	43.60	15.50	100.00
拉萨	29.70	49.00	21.30	100.00
长沙	39.50	46.80	13.70	100.00
海口	45.50	37.00	17.50	100.00
石家庄	17.40	43.00	39.60	100.00
太原	15.00	55.30	29.70	100.00
哈尔滨	15.70	44.00	40.30	100.00
长春	20.30	48.70	31.00	100.00
Total	27.00	47.90	25.10	100.00

与雾霾或空气质量差的日子里居民戴口罩出行调查结果中，不同城市由于雾霾和空气质量等原因出现的情况各异不同，31个省会城市的调查结果在是否进行垃圾分类方面表现出相似的行为。从表25中可以看出，被调查者选择都会进行垃圾分类的比例中，拉萨的比例最高，为9%；济南次之，为4.1%；哈尔滨位居第3位，为4%；南京（3%）、郑州（3.8%）、南宁（3.4%）、银川（3.3%）、昆明（3%）、乌鲁木齐（3.8%）、海口（3.9%）、长春（3.7%），八个城市在3%~3.9%；其余城市低于3%。认为大多数人都会进行垃圾分类的被调查者比例中，拉萨最高，为26.40%；海口次之，为24.90%；昆明位居第3位，为23.70%；银川位居第4位，为22.70%；呼和浩特位居第5位，为22.70%；上海位居第11位，为19.60%；北京位居第15位，为18.70%；广州位居第27位，为14.20%，且低于全国平均水平。这充分表明：第一，居民尚未养成良好的生态行为；第二，是否进行垃圾分类与经济发展程度关系并不明显。

表25 关于垃圾分类的居民调查结果

单位：%

城市	几乎没有	有少部分人这样做	大多数人都这样做	都会这样做	Total
广州	24.30	59.50	14.20	2.00	100.00
合肥	32.40	46.80	18.70	2.00	100.00
南京	25.30	49.70	22.00	3.00	100.00
西安	37.30	49.70	12.00	1.00	100.00
郑州	35.20	44.40	16.70	3.80	100.00
兰州	32.40	45.50	19.40	2.70	100.00
西宁	23.30	60.30	15.00	1.30	100.00
成都	31.70	51.30	14.30	2.70	100.00
重庆	32.80	48.50	16.70	2.00	100.00
杭州	21.50	55.40	20.50	2.70	100.00
上海	34.00	43.50	19.60	2.90	100.00
南宁	33.70	45.00	17.90	3.40	100.00
北京	30.00	48.70	18.70	2.70	100.00
沈阳	40.10	41.80	15.70	2.30	100.00

续表

城市	几乎没有	有少部分人这样做	大多数人都这样做	都会这样做	Total
济南	34.10	41.20	20.60	4.10	100.00
天津	35.00	46.30	17.30	1.30	100.00
银川	26.70	47.30	22.70	3.30	100.00
贵阳	27.70	54.80	15.80	1.70	100.00
昆明	27.00	46.30	23.70	3.00	100.00
福州	36.90	42.60	18.80	1.70	100.00
南昌	35.30	47.00	15.70	2.00	100.00
呼和浩特	27.70	47.00	22.70	2.70	100.00
武汉	37.50	47.50	12.70	2.30	100.00
乌鲁木齐	36.40	42.30	17.50	3.80	100.00
拉萨	29.40	35.10	26.40	9.00	100.00
长沙	45.20	43.80	8.70	2.30	100.00
海口	23.60	47.50	24.90	3.90	100.00
石家庄	27.90	48.70	20.80	2.70	100.00
太原	21.00	63.70	14.30	1.00	100.00
哈尔滨	43.30	41.30	11.30	4.00	100.00
长春	33.70	41.70	21.00	3.70	100.00
Total	31.70	47.60	18.00	2.80	100.00

从这些数据分析结果中可以看出，无论是人们对外部环境的行为或者是人们自身行为角度，人们虽然采取行动应对生态安全问题，但城市生态安全行为还有待进一步培养，离城市生态安全行为养成还存在一定的差距。不仅需要公民良好的生态安全认知，坚实的客观基础，还需要公民养成良好的生态安全行为才能促进公民生态安全感的提高。

三 提升城市生态安全感的对策与建议

城市生态安全感是城市公共安全感的重要组成部分之一。"生态实力"是评估一个国家的综合国力重要指标，真实地反映国家可持续发展的潜力。人与自然是生命共同体，人类必须尊重自然、顺应自然、保护自然。只有通过政府主体、市场主体与公民主体的协同作用,依赖政府的政策、企业行为与公民认知与行为,形成节约资源和保护环境的空间格局、产业结构、生产方式、生活方式,才能加强城市生态安全建设,增强居民的城市生态安全感。针对上述城市生态安全感存在的问题及挑战,提出相应的三方面对策建议。

(一)提高城市居民的生态安全认知

生态安全认知是一种心理过程,是人们获得或应用生态安全相关知识和理论的过程。生态安全认知的前提就是公民要形成科学的生态安全意识,生态安全意识是人类在处理自身活动与周围自然环境间相互关系以及协调人类内部有关环境权益时的基本立场、观点和方法。[①] 要使国民形成科学的生态意识,就必须首先通过生态教育,使国民掌握与生态有关的一系列知识和理论:从宏观上应使人们搞清楚什么是生态安全,人与生态到底是一种什么样的关系;使人们搞清楚生态文明的内涵、特征,建设生态文明的重大意义,建设生态文明的具体路径和原则。因此,强化公民的生态安全认知是生态文明建设的重要一环。生态认知是人们保护和改善环境的思想基础。在生态意识的指导下,人们会使自己的所作所为符合现有的生态政策与法律法规。但生态安全认知的养成是一个长期的过程,需要人们不断学习,深化自己对生态安全的认知。

(1)政府及相关部门应通过宣传或教育,强化城市公民的生态安全认知。第一,宣传生态安全相关法律法规,有助于城市公民参与的制度化、规范化、法制化,发挥公民在政府制定生态法律法规方面的重要作用。第二,深入开展绿色家庭、绿色学校、绿色社区和绿色出行等活动,营造环境优美、节能高效、居民满意的良好氛围,提高居民的环保意识、责任意识和主人翁意识。第三,颁发"生态文明奖",表彰和奖励生态文明建设方面的模范集体和个人。有利于凝聚城市居民的向心力和增强生态文明建设的感召

[①] 周文翠、刘经纬:《论生态文明与政府生态责任》,《甘肃理论学刊》2014年第3期。

力,激发城市居民的积极性和创造性。

(2)可通过电视、报刊、网络等大众传播媒介,强化宣传教育效果。第一,开办生态安全相关专栏,全面介绍生态环境保护的相关内容,让公民更全面地了解生态安全的知识。第二,加大以生态保护为主题的公益广告和纪录片的投放力度,曝光一系列破坏生态安全的不法行为,使人们认识到恶劣的行为对生态环境造成的巨大影响,鼓励人们积极参与到生态保护的队伍中。第三,充分运用现代传播媒介,开通生态保护的微博,创办微信公众号,生态保护App等灵活的方式进行宣传。利用现代信息传播媒介,运用贴近公众的语言,在年轻一代间进行宣传,安全观念深入人心,使更多人树立正确的生态安全意识。①

(二)改善城市生态安全感的客观基础

随着自然资源的开发和利用规模的不断扩大,在经济发展中面临的生态系统压力也越来越大。从居民城市生态安全感的客观基础角度来看,必须减轻生态系统压力。良好的生态系统是城市生态安全建设的重要的客观基础,有助于强化居民的城市生态安全感。

首先,以生态产业发展促进城市生态安全感提升。经济发展是生态安全感提升的物质基础,只有经济发展,才能成为生态安全感提升的"源头活水"。在新技术、新产业、新业态、新模式成为经济发展新的增长点的背景下,应该大力发展生态产业这一战略性新兴产业,形成生态安全集群和生态圈,在促进经济发展的同时以新科技来夯实城市生态基础,提升居民生态安全感。例如,整合既有的生态环境治理、清洁能源、森林覆盖率等基础设施投资,构建涵盖城市人口、社会、自然的多元立体、多维空间、全时域的生态安全体系,形成涵盖生态商贸、生态安全基地、生态安全服务体系等内容的生态安全产业集群。

其次,大力推进绿色经济发展,减少污染物排放。通过政府发放排污许

---

① 严婷:《公民生态意识及其培养研究》,广西民族大学硕士学位论文,2014,第36~37页。

可证，降低污染排放的临界额度，实施强制性清洁生产审核等手段，以节水、节能、再生资源回收利用为重点，减少企业排放废水废气量，构建绿色技术创新体系，逐步实现工业生态化改造和建设，建成一批低消耗、低能耗、低污染、高效益的清洁生产先进企业。[①] 推进经济绿色发展，发展绿色金融，建立健全绿色低碳循环发展的经济体系。

再次，加大对城市绿化的投入。城市绿化是城市自然环境的重要组成部分，具有改善城市生态环境、满足居民生活娱乐需要的功能。因此我们可以通过提高城市绿化的覆盖率来增加城市人均绿化面积。据研究，一个城市的绿化覆盖率只有达到30%以上，绿化才能发挥作用，保持整个城市的碳氧平衡，使人与自然和谐相处。除此以外，我们要关注城市与城市之间绿化建设的不平衡发展，充分考虑全国31个城市之间经济、政治、文化等各方面的内部差异，合理规划绿地建设，使各城市均衡发展。[②]

最后，实施高效城市垃圾分类回收。随着经济的发展生活水平的提高，据统计2016年我国城市生活垃圾年产量超过2亿吨，并且我国采取集中混合处理模式，造成人力、物力、土地资源的极大浪费，对生态环境造成一定的影响。第一，完善垃圾分类法律法规，虽然垃圾分类已有相应的法律法规，但是在执行上却出现问题，因没有明确的惩罚措施，一些小区和企业不愿意多花钱配备垃圾分类的配套设施，拒绝进行垃圾分类，对此因细化垃圾分类的相关规定，制定奖惩措施，使垃圾分类的执行更加有效。第二，垃圾分类的多样化。现如今垃圾分类大多分为可回收垃圾与不可回收垃圾两大类，但实际上生活垃圾种类繁多，很难分清可回收的种类，因此可以学习国外经验，例如欧洲分为废纸废玻璃制品（可回收制品），废旧的电子产品（有毒有害制品），厨余垃圾和其他四大类，日本将垃圾分为可燃烧垃圾、不可燃烧垃圾、塑料容器和包装、瓶和罐、有PET

---

① 陈玲玲、冯年华、潘鸿雷：《新型城镇化发展背景下南京生态城市建设进展及对策》，《生态经济》2015年第5期。
② 翁奕城：《上海城市生态型住区建设的规划对策与实施机制研究》，同济大学博士学位论文，2006，第117页。

标识的塑料瓶、废纸类、有害垃圾和大型垃圾八大类，从中制定出适宜我国的生活垃圾分类方式。第三，加快生活垃圾利用技术开发，提高生活垃圾回收利用率。有助于减轻生态系统的压力，并带来一定的经济效益与社会效益，因此各级部门与企业应通力合作，加快研究垃圾回收利用的技术，实现高效城市垃圾分类回收。①

（三）培养城市居民的生态安全行为

生态行为受生存环境、社会发展方式和人的自身生态意识的提高等因素影响，是人们认识世界和改造世界的实践活动。目前，我国已经进入新时代中国特色社会主义新时期，生态文明的建设迫在眉睫。在生态建设的主体中，政府引导和监管，企业提供产品，公众的践行是根基。生态建设的顺利开展不仅要凭借公众良好的生态认知，更要依靠公众具体的生态行为。②

在人们对外部环境的行为方面，可通过建立与完善生态安全预警机制养成生态安全行为。目前生态安全所受到的威胁往往是自然因素与人为因素相互叠加、相互影响所导致的，而建立城市生态安全预警监督机制不仅能暴露城市不可持续发展的问题，对城市生态化发展中出现的问题及时预警监督，而且能明确指出城市生态安全问题存在的症结所在。使我们高效、高质量地处理和解决问题，让城市生态发展迈入正轨。一方面，建立生态安全预警机制是一种需要国家组织实施的社会公益性的服务，并且需要由国家权威机构发布预警信息。目前生态安全预警机制应逐区进行生态安全评估，采用多生态层面结构监测，模拟、预测、评估模型和多渠道收集数据的方法，高质量高效率地测定各地区生态安全阈值，做出生态潜在危险的判别，从而进行生态安全预警。因此建立一个覆盖全国的生态安全预警机制是解决当前生态安

---

① 沈颖青：《我国垃圾分类现状及对策建议》，《北方环境》2011 年第 8 期，第 13~14 页。
② 陈多闻、陈明惠：《公众生态认知和生态行为的调查——基于四川省的数据》，《云南农业大学学报》（社会科学版）2018 年第 2 期，第 63~68 页。

全问题最有效的方式。① 另一方面，完善城市生态安全的监督机制，从以下几个方面来加强：一是提高生态环境监管部门执法权力和行政执法地位，生态环境监管部门要参与重大项目的决策，来保证生态环境监管部门横向监督的可行性与有效性。二是要加强队伍建设。生态城市建设的科学决策，必须依靠一支强有力的队伍来落实。提高队员的人文素质，不断增强工作效果；三是要将公众纳入生态城市建设监督的主体范畴。有了公众的参与，更能有利于政府做出科学的决策；四是避免"先污染、后治理"监督模式。②

在人们自身行为方面，个人的积极参与对生态安全行为的实现具有重要的促进作用，但只有在所有人的共同参与下，生态安全行为才能够普遍养成，成为解决城市生态安全问题的有效途径。多渠道教育促进生态安全行为的养成。教育是人获得知识的主要方式，有助于人们树立正确的生态价值观，将生态安全行为培养成日常生活习惯，同时多渠道的教育能促进生态安全行为的普遍实现。因此，为促进生态安全行为的养成，要将社会、学校、家庭三者有机结合，学校教育是获取知识的重要途径；家庭教育负责启蒙与言传身教，父母良好的生态安全行为有助于孩子行为的养成；社会教育通过道德约束和价值观的树立规范公民的生态安全行为。宣传推动生态安全行为的普及，国家可制定相关法律法规约束公民行为，或投放公益广告、发放宣传手册促进生态安全行为的普遍实现。利用媒体的力量传播生态安全行为，通过形成社会舆论，不仅能加速生态安全行为的传播并扩大传播范围，而且能有效监督公民行为。

---

① 郭中伟：《建设国家生态安全预警系统与维护体系——面对严重的生态危机的对策》，《科技导报》2001年第1期，第54~56页。
② 蒋佳宇：《生态城市建设存在的问题及对策研究》，华中师范大学硕士学位论文，2015，第37页。

B.8 中国城市公共场所设施安全感调查报告（2018）

施炜 李欣*

摘　要： 公共场所设施是一个城市的硬件基础，保障着城市居民的生命财产安全和城市经济社会的良好发展。基于对全国31个省会城市调查，分析我国城市居民的公共场所设施安全感状况，了解公共场所设施安全感与性别、年龄、文化程度与个人月收入等个体客观因素的关系，探讨居民公共场所设施安全感的相关要素及其影响，以期提出如何进一步提升城市居民公共场所设施安全感的对策与建议。

关键词： 城市安全　公共场所设施　安全感

"公共场所"是英语public place的意译，是提供公众进行工作、学习、经济、文化、社交、娱乐、体育、参观、医疗、卫生、休息、旅游和满足部分生活需求所使用的一切公用建筑物、场所及其设施的总称。基础设施（infrastructure），源于拉丁文"infra"和"structure"，意为"下面、底下"和"建筑、结构"，对于基础设施的具体概念至今没有完全统一的定义。鉴于本书已有专章研究交通、信息和生态安全感等问题，故本章公共场所设施安全感的概念所指居民对于城市能源动力、供排水、防灾消防等城市市政公共场所设施的安全感知和评价。

---

* 施炜，博士，中国矿业大学公共管理学院副教授，研究方向为公共危机管理、教育管理；李欣，中国矿业大学公共管理学院硕士研究生。

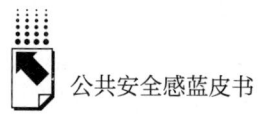

一 城市公共场所设施安全感的基本状况

城市居民对公共场所设施安全感的测度在调查中主要设置了四个问题，见表1，通过这四个问题反映城市居民对公共场所设施安全的担心程度，评分越低代表担心程度越高，评分越高代表担心程度越低。

表1 城市公共场所设施安全感测度问题

公共场所设施安全	设施安全	问题1 人员密集场所担心发生严重突发事件
		问题2 担心市政设施出现故障
	设施应急	问题3 担心学校及周边环境不安全
		问题4 遭遇突发事件时担心得不到及时疏散或救援

（一）公共场所设施安全感指数及排行

城市公共安全感指数高低代表该城市居民的城市公共安全感的高低程度，城市公共安全感指数越高表明该城市居民的城市公共安全感越高。各城市的公共安全感指数计算方式同全国城市公共安全指数估算方法相似。如表2所示，对本次调查全国城市公共安全感分项指标指数由高到低进行排名，排名顺序为自然安全感、公共设施安全感、社会治安安全感、交通安全感、社会保障安全感、生态安全感、医疗卫生安全感、食品安全感和信息安全感。由此可以看出，全国城市居民对公共设施安全感排行第二，仅次于自然安全感。这说明城市居民的公共设施安全感相对于其他安全感感知较高。

表2 全国城市公共安全感分项指标指数排行榜

分项指标	指数	排名
自然安全感	0.5091	1
公共设施安全感	0.4941	2
社会治安安全感	0.4934	3
交通安全感	0.4917	4
社会保障安全感	0.4843	5

分项指标	指数	排名
生态安全感	0.4840	6
医疗卫生安全感	0.4799	7
食品安全感	0.4693	8
信息安全感	0.3835	9

1. 城市公共场所设施安全感指数排行

与全国城市公共场所设施安全感指数估算原理相同，对每一个城市样本进行计算，得出公共场所设施安全感指标指数，如表3所示。分析结果显示，对各城市的公共场所设施安全感指数按高低排名，排名第1到第31的城市分别是：重庆、贵阳、西安、海口、广州、福州、南昌、沈阳、上海、天津、长沙、南京、合肥、拉萨、西宁、长春、济南、武汉、南宁、呼和浩特、石家庄、银川、乌鲁木齐、成都、哈尔滨、郑州、昆明、杭州、北京、兰州、太原。城市公共场所设施安全感指数越高，排名越靠前，重庆、贵阳、西安三座西部城市居民的公共场所设施安全感居于全国前三名。

表3 全国城市公共场所设施安全感指数排名

城市	公共场所设施安全感指数	排名	城市	公共场所设施安全感指数	排名
重庆	0.5641	1	济南	0.4983	17
贵阳	0.5475	2	武汉	0.4909	18
西安	0.5445	3	南宁	0.4861	19
海口	0.5385	4	呼和浩特	0.4853	20
广州	0.5277	5	石家庄	0.4834	21
福州	0.5276	6	银川	0.4786	22
南昌	0.5251	7	乌鲁木齐	0.4759	23
沈阳	0.5155	8	成都	0.4721	24
上海	0.5155	9	哈尔滨	0.4599	25
天津	0.5151	10	郑州	0.4537	26
长沙	0.5122	11	昆明	0.4488	27
南京	0.5099	12	杭州	0.4417	28
合肥	0.5093	13	北京	0.4381	29
拉萨	0.5087	14	兰州	0.4365	30
西宁	0.5083	15	太原	0.4105	31
长春	0.5080	16			

2. 城市公共场所设施安全感指数与全国公共安全感指数的比较

为便于研究，本部分借鉴《第一财经》2017年对中国城市等级划分，对31个省会城市和直辖市进行划分，将其分为一线城市3个：北京、上海、广州；新一线城市10个（不含港澳台）：成都、杭州、武汉、天津、南京、重庆、西安、长沙、沈阳、郑州；二线城市14个：福州、合肥、哈尔滨、济南、昆明、太原、南昌、南宁、石家庄、长春、贵阳、海口、兰州、乌鲁木齐；三线城市3个：西宁、银川、呼和浩特；五线城市1个：拉萨。

全国31个城市中居民公共场所设施安全感指数高于全国公共安全感指数的城市共有21个（其中两个与之相对持平），分别是：福州、广州、长沙、武汉、天津、西安、海口、南京、合肥、贵阳、济南、沈阳、长春、重庆、上海、石家庄、哈尔滨、呼和浩特、南昌、南宁、乌鲁木齐；在这21个城市中，根据上文城市等级划分，我们可以得出一线城市有广州、上海2个，新一线城市有重庆、西安、沈阳、天津、长沙、南京、武汉7个，二线城市有贵阳、海口、福州、南昌、合肥、长春、济南、石家庄、哈尔滨、南宁、乌鲁木齐11个，三线城市有呼和浩特1个。

全国31个城市中居民公共场所设施安全感指数低于全国公共安全感指数的城市共有10个，分别是拉萨、西宁、银川、成都、郑州、昆明、杭州、北京、兰州、太原；在这10个城市中，一线城市有北京1个，新一线城市有成都、郑州、杭州3个，二线城市有昆明、兰州、太原3个，三线城市有西宁、银川2个，五线城市有拉萨1个。具体见图1。

31个城市中居民公共场所设施安全感指数排名高于全国公共安全感指数排名的城市共有14个（其中2个与之相对持平），分别是拉萨、西宁、杭州、福州、广州、银川、昆明、长沙、武汉、天津、郑州、成都、兰州、北京；在这14个城市中，根据上文城市等级划分，我们可以得出一线城市有广州、北京2个，新一线城市有长沙、武汉、天津、杭州、郑州、成都6个，二线城市有福州、昆明、兰州3个，三线城市有西宁、银川2个，五线城市有拉萨1个。

31个城市中居民公共场所设施安全感指数排名低于全国公共安全感指数排名的城市共有17个，分别是西安、海口、南京、合肥、贵阳、济南、

中国城市公共场所设施安全感调查报告(2018)

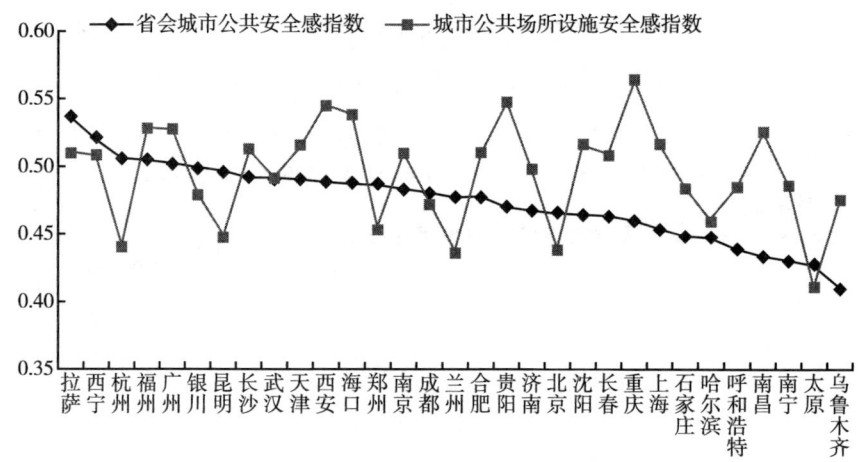

图1 全国城市公共安全感指数与公共场所设施安全感指数比较

沈阳、长春、重庆、上海、石家庄、哈尔滨、呼和浩特、南昌、南宁、太原、乌鲁木齐;在这17个城市中,根据上文城市等级划分,我们可以得出一线城市有上海1个,新一线城市有西安、南京、沈阳、重庆4个,二线城市有海口、合肥、贵阳、济南、长春、重庆、南昌、南宁、太原、乌鲁木齐10个,三线城市有呼和浩特1个,五线城市有拉萨1个。具体见图2。

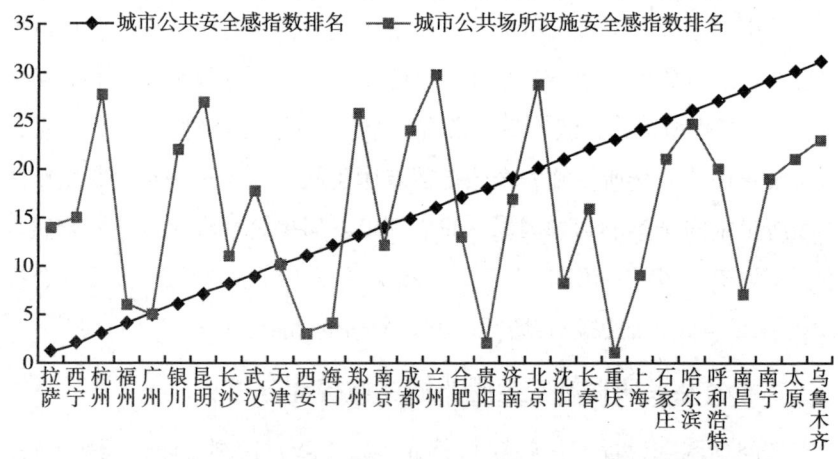

图2 全国城市公共安全感指数与公共场所设施安全感排名比较

31个城市居民公共场所设施安全感指数高于全国公共场所设施安全感指数的城市有重庆、贵阳、西安、海口、广州、福州、南昌、沈阳、上海、天津、长沙、南京、合肥、拉萨、西宁、长春、济南，共17个城市；低于全国公共场所设施安全感指数的城市有武汉、南宁、呼和浩特、石家庄、银川、乌鲁木齐、成都、哈尔滨、郑州、昆明、杭州、北京、兰州、太原，共14个城市。具体见图3。

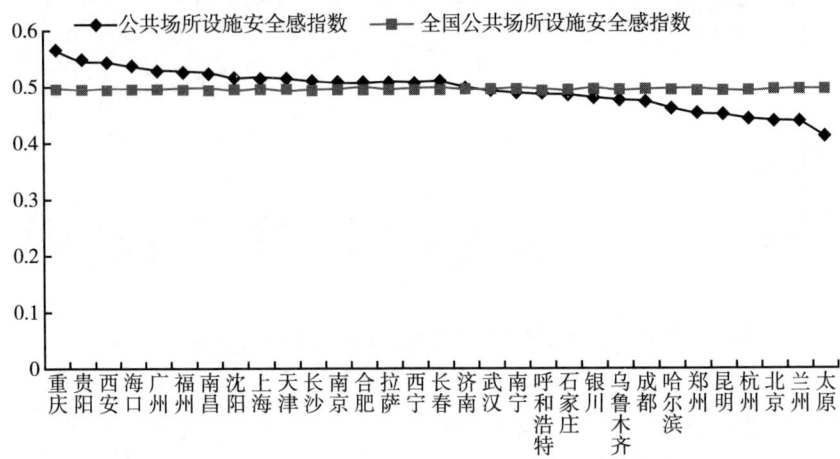

图3　全国城市公共场所设施安全感指数与各城市公共场所设施安全感排名比较

从图3中我们可以看出，城市居民公共场所设施安全感指数高于全国公共场所设施安全感指数的17个城市中有2个一线城市、6个新一线城市、7个二线城市，三线以下城市有2个。城市居民公共场所设施安全感指数低于全国公共场所设施安全感指数的14个城市中有1个一线城市、4个新一线城市、7个二线城市，三线以下城市有2个。从城市经济发展水平来看，似乎与城市居民公共场所设施安全感指数有所关联，为了进一步研究城市居民公共场所设施安全感的影响因子，我们假设：居民公共场所设施安全感与城市维护建设资金投入占GDP比重呈正相关关系，即城市维护建设资金投入占GDP比重越大，居民公共场所设施安全感也越高。

（二）公共场所设施安全感的描述性统计分析

本次问卷调查设置了一些控制变量，如年龄、性别、政治面貌、民族、宗教信仰、户口类型、文化程度、身份职业以及个人月收入等9个控制变量。将以上2个指标、4个问题以及9个控制变量进行描述统计量以及相关性分析，结果如表4、表5所示。

中国城市公共场所设施安全感调查报告(2018)

表4 各变量的均值、标准差和相关性分析

	均值	标准差	性别	政治面貌	年龄	民族	宗教信仰	户口类型	文化程度	身份职业	个人月收入	问题1	问题2	问题3	问题4	公共场所设施安全评分
性别	1.5	0.5	1													
政治面貌	3.11	1.115	.059**	1												
年龄	1.82	0.924	-.059**	.053**	1											
民族	1.6	1.956	-0.01	-.026*	-.037**	1										
宗教信仰	1.38	1.111	0.01	.050**	0.02	.251**	1									
户口类型	1.96	1.143	-.035**	.080**	-.268**	.065**	.061**	1								
文化程度	3.46	0.91	0.001	-.327**	-.342**	-.057**	-.068**	-.035**	1							
身份职业	4.59	1.941	.064**	.248**	.087**	.025*	.055**	.075**	-.284**	1						
个人月收入	2.47	1.304	-.160**	-.104**	.237**	-.028**	0.008	-.134**	.149**	-.294**	1					
问题1	5.37	2.548	-0.096**	.033**	0.060**	-0.001	-0.013	-0.023**	-0.044**	0.021	0.048**	1				
问题2	5.32	2.492	-0.086**	.021*	0.036**	0.003	-0.008	0.002	-0.029**	-0.002	0.041**	0.727**	1			
问题3	5.35	2.601	-0.105**	0.015	0.050*	0.025*	0.004	-0.014	-0.031**	0.008	0.061**	0.647**	0.678**	1		
问题4	5.38	2.545	-0.107**	0.014	0.072**	0.029**	0.002	-0.014	-0.046**	0.003	0.057**	0.670**	0.689**	0.722**	1	
公共场所设施安全评分	3.49	0.864	-0.045**	-0.001	0.024**	0.035**	0.006	0.008	-0.006	0.015	0.016	0.291**	0.290**	0.297**	0.301**	1

注:** 在.01水平(双侧)上显著相关; * 在0.05水平(双侧)上显著相关。

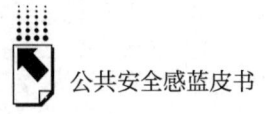

表5 各因子之间的相关性分析

	问题1	问题2	问题3	问题4	公共场所设施安全评分
问题1	1				
问题2	.727**	1			
问题3	.647**	.678**	1		
问题4	.670**	.689**	.722**	1	
公共场所设施安全评分	.291**	.290**	.297**	.301**	1

由表5可以看出，四个问题之间全部呈显著相关关系，说明四个问题的选取和设置较为合理；此外还可以看到性别、年龄两个变量与四个问题以及公共设施安全评分均呈显著相关关系，即说明性别对于设施安全、设施应急两个指标的影响显著，且对于本市安全状况评分也有重要影响，因此性别、年龄对于公共设施安全的感知度有明显的影响；文化程度、个人月收入两个变量与四个问题即两个指标呈显著相关关系，说明文化程度、个人月收入对于城市居民对公共设施安全的感知度具有显著影响，而这两个变量对于城市公共安全状况的评分则无显著影响；政治面貌、民族则只对其中一个指标产生显著影响，其中政治面貌与设施安全这一指标呈显著相关关系，而对另一个指标则无显著影响，相反，民族与设施应急这一指标呈显著相关关系，而对设施安全指标则无显著影响，但其对居民对于城市公共设施安全的评分有显著影响；而宗教信仰、户口类型以及身份职业这三个变量对于居民公共设施安全的感知度、公共设施安全的评分均无显著影响。

显然，性别、年龄、文化程度以及个人月收入这四个变量对城市居民公共设施安全感具有显著影响，下面对于这四个方面进行单因素分析，进一步观察这四个控制变量与居民公共设施安全感的关系。

1. 性别与公共设施安全感知度的关系

由上文可知，性别对于居民公共设施安全感知度具有显著影响，从表6可以看出，男性居民对于公共设施安全的担心程度评分明显高于女性居民，这说明相比较于女性，男性居民对于公共设施安全的担心程度较低，则从侧面反映出男性居民对于公共设施安全感知度显著小于女性,因此,我们可以得出结论,在公共设施安全感知方面,女性的感知度普遍高于男性,推测原因是男性相比于女性更忙于工作,而女性大部分会承担起陪孩子玩耍以及陪伴老人的责任,她们有较多的时间以及可能性接触更多的公共设施,从而会对公共设施产生更强的感知。

表6 性别与公共设施安全感知度的关系

变量	男		女		t	p
	M	SD	M	SD		
问题1	5.61	2.554	5.12	2.52	9.083	0
问题2	5.53	2.495	5.10	2.471	8.143	0
问题3	5.62	2.572	5.07	2.601	10.022	0
问题4	5.65	2.518	5.11	2.543	10.13	0
公共场所设施安全评分	3.53	0.879	3.45	0.847	4.28	0

2. 年龄与公共设施安全感知度的关系

表7 年龄与公共设施安全感知度的关系

变量	18~29岁		30~44岁		44~59岁		60岁以上		F	事后比较
	M	SD	M	SD	M	SD	M	SD		
问题1	5.24	2.566	5.4	2.484	5.52	2.531	5.81	2.685	11.228***	1>2, 1>3, 1>4, 2>4
问题2	5.25	2.494	5.32	2.459	5.45	2.478	5.53	2.654	3.962**	1>3
问题3	5.25	2.615	5.33	2.585	5.55	2.541	5.66	2.682	7.842***	1>3, 1>4, 2>3, 2>4
问题4	5.22	2.562	5.41	2.489	5.64	2.519	5.79	2.644	15.588***	1>2>3, 1>4, 2>4
公共场所设施安全评分	3.48	0.875	3.45	0.843	3.53	0.868	3.57	0.854	4.007**	2>4

根据上文担心程度评分越低，担心程度越高，则感知度越强，分析表7可以看出，在四个问题方面，年龄段在18~29岁的居民的担心程度评分均显著小于其他年龄阶段的居民，而随着年龄层次越高，其担心程度的评分越高，说明年龄阶段低的居民对于公共设施安全的担心程度较高，即感知度较强，年龄阶段较高的居民对于公共设施安全的担心程度较低，即感知度较低。其可能的原因在于：一是青年人正处于由学校向社会过渡或职业生涯的初期，所面临的生存压力普遍较大，因此对社会的不满情绪可能较多；二是青年人深谙互联网和新媒体技术，更容易获得发达国家或发达城市比较好的公共设施安全做法，对所在政府公共设施安全的期望值提高；三是青年人处于价值观不稳定期，加之自身能力和经验有限，对网络上一些负面情绪或不实信息的辨识能力较弱，极易受负面言论的蛊惑或煽动。而年龄层次较高的居民对于生活的要求则更加的宽容，对于政府设置的公共设施大部分心存感激，认为这一举措较好地为他们提供了休闲娱乐设施，因此对于公共设施安全的担心程度则会相对偏低，因而此阶段居民的公共设施安全感知度较低。

3. 文化程度与公共设施安全感知度的关系

表8 文化程度与公共设施安全感知度的关系

变量	小学及以下		初中		高中		大学		研究生及以上		F	事后比较
	M	SD	M	SD	M	SD	M	SD	M	SD		
问题1	5.58	2.538	5.47	2.675	5.51	2.565	5.3	2.502	5.03	2.58	5.837***	1<5, 2<5, 3<4, 3<5
问题2	5.47	2.554	5.35	2.657	5.44	2.532	5.27	2.435	5.11	2.424	2.982	
问题3	5.6	2.673	5.48	2.742	5.42	2.603	5.27	2.562	5.37	2.58	2.97	
问题4	5.63	2.506	5.54	2.688	5.5	2.569	5.3	2.502	5.2	2.504	5.178***	3<4
公共场所设施安全评分	3.5	0.929	3.5	0.889	3.49	0.867	3.48	0.854	3.5	0.843	0.164	

从表 8 中可以看出，文化程度在问题 3 以及问题 4 方面具有显著影响，从均值来看，文化程度越低其担心程度评分越高，说明其对于公共设施安全的担心程度越低，则对公共设施安全的感知度越高。因此，文化程度在小学及以下的对于公共设施安全的感知度普遍显著低于文化程度在初中及以上的居民，推测是因为文化程度较低，接受的教育较少，其安全意识较差，以及对于自身拥有的权利知识了解较少，同样的对于政府的要求则会偏低，这就造成了对于公共设施的关注度不够，自然对于其的感知度也会偏低；而接受过高等教育的居民，对于自身权益的保护会明显高于文化水平较低的居民，自然会对公共设施提出更高的要求，因此，他们对于公共设施安全的担心程度明显高于文化程度较低的居民，即对于公共设施安全的感知度显著高于文化程度较低的居民。

4. 个人月收入与公共设施安全感知度的关系

表 9 个人月收入与公共设施安全感知度的关系

变量	2000 元以下		2001~3500 元		3501~5000 元		5001~8000 元		8001~12500 元		12500 元以上		F	事后比较
	M	SD	M	SD	M	SD	M	SD	M	SD	M	SD		
问题 1	5.2	2.568	5.31	2.623	5.52	2.478	5.43	2.457	5.57	2.572	5.63	2.662	5.329***	1>3
问题 2	5.19	2.508	5.25	2.555	5.44	2.453	5.4	2.405	5.47	2.508	5.56	2.495	3.616**	1>3
问题 3	5.15	2.641	5.33	2.665	5.42	2.548	5.49	2.468	5.67	2.527	5.8	2.773	6.815***	1>3, 1>4, 1>5, 1>6
问题 4	5.18	2.596	5.38	2.614	5.48	2.472	5.55	2.445	5.55	2.466	5.73	2.541	6.41***	1>3, 1>4, 1>6
公共场所设施安全评分	3.5	0.864	3.45	0.873	3.45	0.854	3.52	0.867	3.58	0.825	3.58	0.897	3.437**	2>5, 3>5

随着生活水平的改善和收入水平的提高，一个城市的物质基础设施会率先得到改善，进而提升居民对公共场所设施安全的认可和安全评价。由表 9

可知，居民月收入水平对公共场所设施安全总指标和四个分指标的影响均呈显著相关，具体表现为随着居民个人收入水平的提高，居民对城市公共场所设施安全状况的担心程度愈加淡化，对城市公共场所设施的安全评价也就越高；反之，月收入水平越低，对公共场所设施安全状况的担忧情绪逐渐增强，尤其是月收入低于2000元以下的低收入者在现实生活中对所享受到的公共场所设施有着较为强烈的不安全感受，对公共场所设施安全的需求相对更多。

（三）公共场所设施安全感的其他相关分析

1. 城市公共场所设施安全感指数与城市维护建设资金投入占GDP比重比较

本部分选取城市维护建设资金投入占GDP比重这一指标来展现城市经济水平对居民公共场所设施安全感的影响因子，从《中华人民共和国2017年城乡建设统计年鉴》中将全国31个省会城市和直辖市的城市维护建设资金支出进行提取。具体数据见表10。

表10 全国城市维护建设资金支出占GDP比重

单位：%

城市名称	城市分类	城市维护建设资金支出占GDP比重（%）	排名	居民公共场所设施安全感指数排名
安徽（合肥）	二线	13.76	1	13
陕西（西安）	新一线	8.28	2	3
广西（南宁）	二线	7.80	3	19
北京	一线	6.34	4	29
青海（西宁）	三线	5.98	5	15
江苏（南京）	新一线	4.30	6	12
山西（太原）	二线	3.91	7	31
云南（昆明）	二线	3.08	8	27
福建（福州）	二线	2.55	9	6
山东（济南）	二线	2.31	10	17
河北（石家庄）	二线	2.20	11	21
重庆	新一线	2.15	12	1
辽宁（沈阳）	新一线	1.91	13	8

续表

城市名称	城市分类	城市维护建设资金支出占GDP比重（%）	排名	居民公共场所设施安全感指数排名
吉林（长春）	二线	1.71	14	16
广东（广州）	一线	1.56	15	5
新疆（乌鲁木齐）	二线	1.54	16	23
湖北（武汉）	新一线	1.34	17	18
湖南（长沙）	新一线	1.00	18	11
浙江（杭州）	新一线	0.83	19	28
甘肃（兰州）	二线	0.83	20	30
海南（海口）	二线	0.73	21	4
内蒙古（呼和浩特）	三线	0.63	22	20
上海	一线	0.56	23	9
河南（郑州）	新一线	0.43	24	26
四川（成都）	新一线	0.14	25	24
黑龙江（哈尔滨）	二线	0.11	26	25
宁夏（银川）	三线	0.08	27	22
贵州（贵阳）	二线	0.05	28	2
天津	新一线	0.02	29	10
江西（南昌）	二线	0.02	30	7
西藏（拉萨）	五线	0.01	31	14

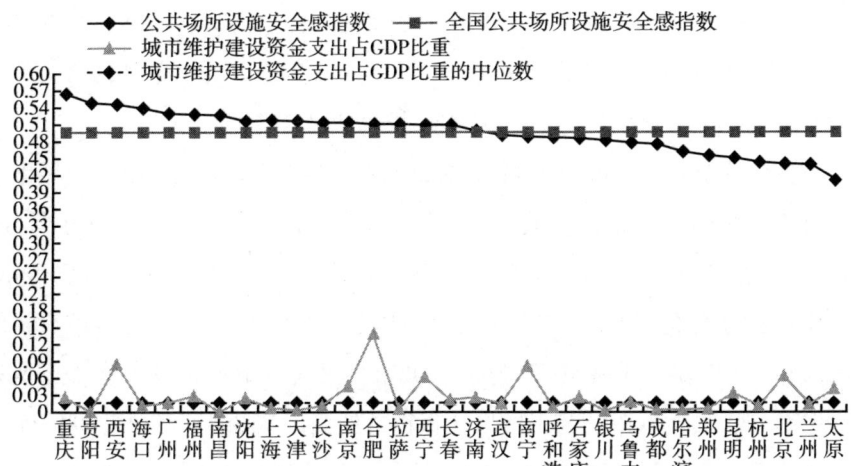

图4 城市公共场所设施安全感指数以及城市维护建设资金投入占GDP比重比较

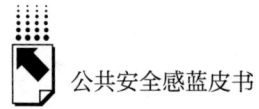

数据分析结果发现，城市居民公共场所设施安全感指数高于全国公共场所设施安全感指数的城市有重庆、贵阳、西安、海口、广州、福州、南昌、沈阳、上海、天津、长沙、南京、合肥、拉萨、西宁、长春、济南，共17座城市，其城市维护建设资金的投入占GDP的比重排名，分别为：重庆（2.15%）排第12名、贵阳（0.05%）排第28名、西安（8.28%）排第2名、海口（0.73%）排第21名、广州（1.56%）排第15名、福州（2.55%）排第9名、南昌（0.02%）排第30名、沈阳（1.91%）排第13名、上海（0.56%）排第23名、天津（0.02%）排第29名、长沙（1%）排第18名、南京（4.3%）排第6名、合肥（13.76%）排第1名、拉萨（0.01%）排第31名、西宁（5.98%）排第5名、长春（1.71%）排14名、济南（2.31%）排第10名。

低于全国公共场所设施安全感指数的城市有武汉、南宁、呼和浩特、石家庄、银川、乌鲁木齐、成都、哈尔滨、郑州、昆明、杭州、北京、兰州、太原，共14座城市；其城市维护建设资金的投入占GDP的比重排名为：武汉（1.34%）排第17名、南宁（7.80%）排第3名、呼和浩特（0.63%）排第22名、石家庄（2.20%）排第11名、银川（0.08%）排第27名、乌鲁木齐（1.54%）排第16名、成都（0.14%）排第25名、哈尔滨（0.11%）排第26名、郑州（0.43%）排第24名、昆明（3.08%）排第8名、杭州（0.83%）排第19名、北京（6.34%）排第4名、兰州（0.83%）排第20名、太原（3.91%）排第7名。

为方便分析数据，并进行城市居民公共场所设施安全感知指数与城市维护建设资金投入的比较，把城市维护建设资金占GDP比重从大到小排序，取其中位数新疆乌鲁木齐（1.54%）作为比较值。从表10中，可以得出：城市维护建设资金占GDP比重排名在中位数（1.54%）以上的城市有2座一线城市、4座新一线城市、9座二线城市，三线以下城市有1座，也就是说除了西宁，其他城市均为二线以上城市。然而，从图4，可以看出，31座城市居民公共场所设施安全感指数高于全国公共场所设施安全感指数的17座城市中，城市维护建设资金占GDP比重排名在中位数（1.54%）以上的有10座城市，排名在中位数（1.54%）以下的有7所，其中贵阳

(0.05%）排第 28 名、南昌（0.02%）排第 30 名、天津（0.02%）排第 29 名、拉萨（0.01%）排第 31 名，非常靠后；而低于全国公共场所设施安全感指数的 14 座城市中，城市维护建设资金占 GDP 比重排名在中位数（1.54%）以上的有 6 座城市，排名在中位数（1.54%）以下的有 8 所，其中南宁（7.80%）排第 3 名、昆明（3.08%）排第 8 名、北京（6.34%）排第 4 名、太原（3.91%）排第 7 名，排名非常靠前。

据此可推测：城市建设维护资金投入占 GDP 比重与城市经济发展水平相关，大概呈现城市经济发展水平越高，城市建设维护资金投入占 GDP 比重也就越大，特例是上海，可能的原因是公共场所设施的投入大头发生在建设期间，之后的维护资金相对花费较少，而这些发达地区可能在 2017 年之前就已经完成了主要的基础设施建设，因此 2017 年的投入主要在维护和少量的新增基础设施建设上，故而投入总量较少，也有可能该地区的 GDP 较高，故而投入占比相应变小。

但城市居民公共场所设施安全感指数与城市建设维护资金投入并非呈完全正相关，只有部分城市符合这一规律，有些城市的数据非常耐人寻味。比如贵阳、南昌、天津、拉萨的城市建设维护资金投入占 GDP 比重排名垫底，但城市居民公共场所设施安全感指数却很高，尤其是贵阳（排名第 2）和南昌（排名第 7），相反，南宁、昆明、北京、太原的城市建设维护资金投入占 GDP 比重排名前十，但城市居民公共场所设施安全感指数却非常靠后，尤其是北京（排第 29）、太原（排名第 31）和昆明（排名第 27）。这些特殊现象引发思考，居民对于公共场所设施安全的感知是否不仅仅取决于政府的资金投入，还与其他因素有关，如居民对政府的满意信任度。

2. 城市公共场所设施安全感指数与居民对政府的满意信任度的比较

根据前文提出的居民公共场所设施安全感知主观数据与客观实际情况相悖的现象，如城市维护建设投入资金较少，但是居民公共场所设施安全指数较高，或者城市维护建设资金投入多，但是居民公共场所设施安全指数较低，我们假设其出现是由于居民的公共场所设施安全感知指数不仅与政府的资金投入、城市公共场所设施建设程度和完善程度有关，也与政府的满意信

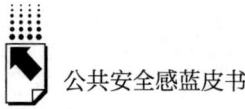

任度有关。调查问卷中"您对本市政府在公共安全方面的表现满意吗？您对本市政府解决公共安全问题有信心吗？对于本市政府发布的各种公共安全事故通报信息，您信任吗？"这三个问题测量了居民对政府的满意信任度，对数据进行分析。具体如表11所示。

表11 31座城市居民对政府满意信任度排名

城市名称	各城市政府满意信任度	排名	居民公共场所设施安全感指数排名
拉萨	3.49	1	14
长沙	3.48	2	11
武汉	3.47	3	18
北京	3.47	4	29
成都	3.46	5	24
上海	3.43	6	9
重庆	3.41	7	1
广州	3.36	8	5
西宁	3.35	9	15
济南	3.35	10	17
南宁	3.35	11	19
杭州	3.32	12	28
天津	3.29	13	10
哈尔滨	3.29	14	25
昆明	3.28	15	27
沈阳	3.27	16	8
合肥	3.27	17	13
乌鲁木齐	3.27	18	23
西安	3.23	19	3
南昌	3.23	20	7
长春	3.22	21	16
福州	3.21	22	6
南京	3.17	23	12
呼和浩特	3.17	24	20
海口	3.16	25	4
郑州	3.16	26	26
贵阳	3.14	27	2
银川	3.14	28	22
兰州	3.12	29	30
石家庄	3.09	30	21
太原	3.01	31	31

将31座城市公共场所设施安全感指数与居民对政府的满意信任度进行比较,见图5。

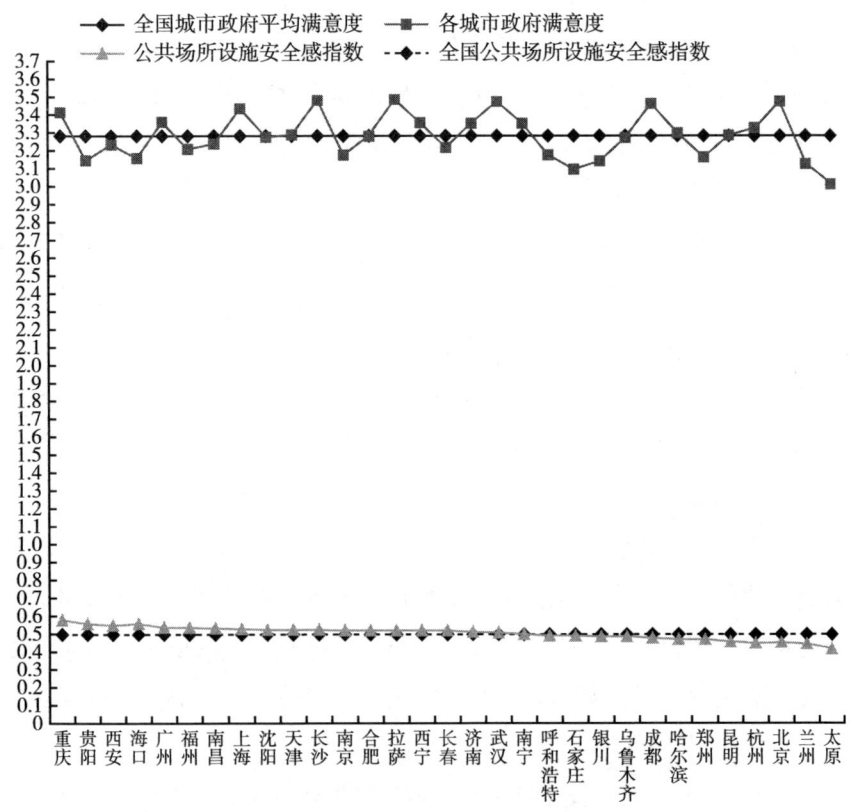

图5 公共场所设施安全感指数与居民对政府满意信任度的比较

根据分析结果,可以发现如下。

按照居民公共场所设施安全感指数排名来看,其居民对政府满意信任度排名,分别为:重庆(3.41)排第7名、贵阳(3.14)排第27名、西安(3.23)排第19名、海口(3.16)排第25名、广州(3.36)排第8名、福州(3.21)排第22名、南昌(3.23)排第20名、沈阳(3.27)排第16名、上海(3.43)排第6名、天津(3.29)排第13名、长沙(3.48)排第2名、南京(3.17)排第23名、合肥(3.27)排第17名、拉萨(3.49)

排第 1 名、西宁（3.35）排第 9 名、长春（3.22）排第 21 名、济南（3.35）排第 10 名、武汉（3.47）排第 3 名、南宁（3.35）排第 11 名、呼和浩特（3.17）排第 24 名、石家庄（3.09）排第 30 名、银川（3.14）排第 28 名、乌鲁木齐（3.27）排第 18 名、成都（3.46）排第 5 名、哈尔滨（3.29）排第 14 名、郑州（3.16）排第 26 名、昆明（3.28）排第 15 名、杭州（3.32）排第 12 名、北京（3.47）排第 4 名、兰州（3.12）排第 29 名、太原（3.01）排第 31 名。

为方便分析数据，并进行城市居民公共场所设施安全感知度与居民对政府满意信任度的比较，取其全国平均满意信任度（3.28）当作分割线。从上文以及图5，可以看出，31个城市居民公共场所设施安全感指数高于全国公共场所设施安全感指数的17个城市中，居民对政府满意信任度排名在全国平均满意度（3.28）以下的大约有9个城市，并非所有的城市在公共场所设施安全感指数高于全国公共场所设施安全感指数的情况下，居民对政府满意信任度都低；而低于全国公共场所设施安全感指数的14个城市，居民对政府满意信任度排名在全国平均满意度（3.28）以上的大约有7个城市，同样与假设不相符合。据此，可验证推测，城市居民公共场所设施安全感指数与城市居民对政府满意信任度并非完全呈负相关，只有部分城市符合这一规律。

3. 城市公共场所设施安全感指数与城市维护建设资金投入、居民对政府的满意信任度三者之间的关系比较

根据上文的比较，城市维护建设资金占GDP比重与公共场所设施安全感并非呈完全正相关，同样，居民对政府满意信任度也并非完全呈负相关，如果当两者同时作用时，是否能够得出一些规律呢？因此，以满意度的平均值和资金投入占比的平均值作为原点坐标，以此画象限图，如图6，图中城市后括号内数字代表该城市的公共场所设施安全感排名。

以第一线象限代表投入较高，满意度较低；第二象限代表投入较高，满意度较高；第三象限代表投入较低，满意度较低；第四象限代表投入低，满意度较高。

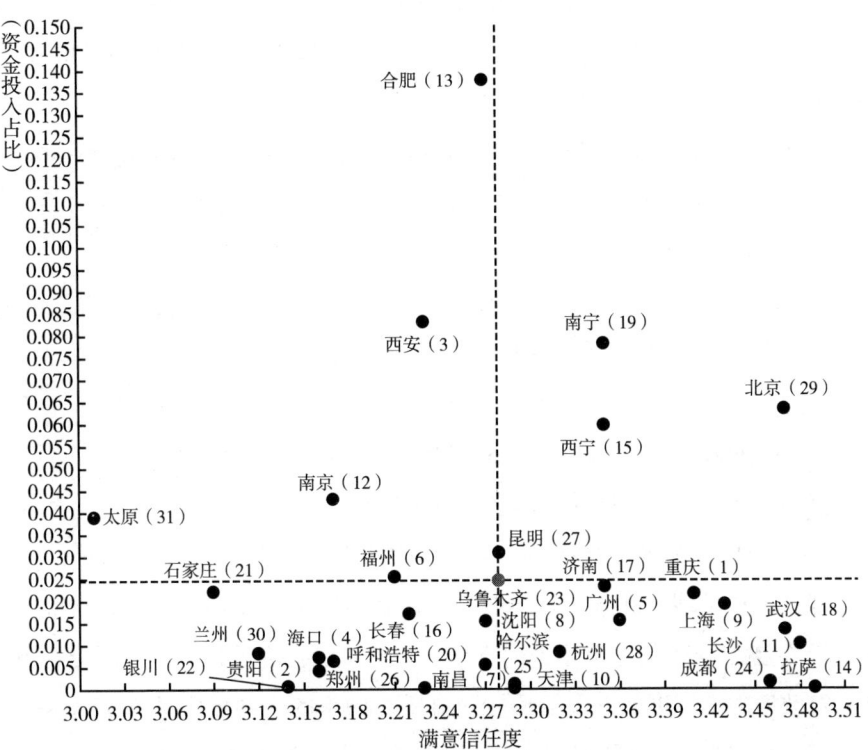

图 6　城市维护建设资金投入、居民对政府的满意度象限

从图 6 中可以看出以下几方面。

第一象限（投入高、满意度低）有 6 个城市，以城市公共场所设施安全感指数排名从高到低为：西安（0.5445）排第 3 名、福州（0.5276）排第 6 名、南京（0.5099）排第 12 名、合肥（0.5093）排第 13 名、昆明（0.4488）排第 27 名（将昆明归于第一象限，因为昆明的资金投入占比为 3.08%，排名靠前，而满意度为 3.28，刚达到全国公共场所设施安全感水平，所以将其归于满意度低的第一象限）、太原（0.4105）排第 31 名。

第二象限（投入高、满意度高）有 3 个城市，以城市公共场所设施安全感指数排名从高到低为：西宁（0.5083）排第 15 名、南宁（0.4861）排第 19 名、北京（0.4381）排第 29 名。

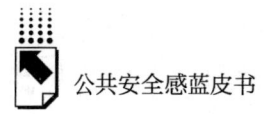

第三象限（投入低、满意度低）有11个城市，以城市公共场所设施安全感指数排名从高到低为：贵阳（0.5475）排第2名、海口（0.5385）排第4名、南昌（0.5251）排第7名、沈阳（0.5155）排第8名、长春（0.5080）排第16名、呼和浩特（0.4853）排第20名、石家庄（0.4834）排第21名、银川（0.4786）排第22名、乌鲁木齐（0.4759）排第23名、郑州（0.4537）排第26名、兰州（0.4365）排第30名。

第四象限（投入低、满意度高）有11个城市，以城市公共场所设施安全感指数排名从高到低为：重庆（0.5641）排第1名、广州（0.5277）排第5名、上海（0.5155）排第9名、天津（0.5151）排第10名、长沙（0.5122）排第11名、拉萨（0.5087）排第14名、济南（0.4983）排第17名、武汉（0.4909）排第18名、成都（0.4721）排第24名、哈尔滨（0.4599）排第25名、杭州（0.4417）排第28名。

通过分析发现，满意度高的城市，其公共场所设施安全感指数与城市维护建设资金占GDP的比重相关度不高，甚至可能会起反作用。其可能的原因在于对政府的满意度高，会导致居民对所在城市的公共场所设施安全水平的期望值也相应提高，不再满足于单纯的外在公共设施的建设，可能更关注公共设施的内涵，比如管理水平、应急能力等；如果意味加大城市维护建设资金的投入，可能会适得其反，引发百姓对公共资金的滥用质疑。满意度低的城市，其公共场所设施安全感指数与城市维护建设资金占GDP的比重存在一定相关性，加大城市维护建设资金的投入在一定程度上可以提高居民对所在城市公共场所设施安全感指数。可能的原因在于满意度低的城市多为二线以下中西部城市，城市公共场所设施尚不完善，加大力度建设和完善公共场所设施能让居民明白感知政府在公共设施安全方面所做出的努力，从而提高城市安全感。

二 城市公共场所设施安全感存在的问题与挑战

基于上文的数据分析，可以看出目前我国城市公共场所设施安全感存在以下一些问题与挑战。

（一）居民公共场所设施安全感与客观安全水平存在部分背离

从上文中我们得出，在中西部地区欠发达城市，居民公共场所设施安全感与城市公共设施建设与维护投入存在一定正相关，这是因为，欠发达城市公共场所设施尚不完善，据有关统计，我国50%的城市没有完备的排水系统，即使有也存在建设标准偏低的问题。而且，垃圾、污水处理和城市交通这些方面欠账很多。目前，我国城镇化发展迅速，且人口基数很大，上述几个方面的欠账多，城市的功能不配套、不健全，直接影响到人民群众的生活和工作，而且会影响到我国经济社会发展的质量，因此，加大力度建设和完善公共场所设施能让居民明白感知政府在公共设施安全方面所做出的努力，从而提高安全感。其公共场所设施安全感指数与城市维护建设资金占GDP的比重存在一定相关性，加大城市维护建设资金的投入在一定程度上可以提高居民对所在城市公共场所设施安全感指数。

然而，在一些城市，尤其是一线发达的中心城市，城市公共场所设施安全感指数与城市维护建设资金占GDP的比重相关度不高，甚至可能会起反作用，比如北京，北京的城市维护建设资金投入占比排名第4，从资金投入来看，政府对公共设施的投入很重视。但是北京居民的公共场所设施安全指数排名极靠后，可能的原因之一就是物质层面上的公共设施建设的增加，并不意味着公共设施管理和应急水平会相应提升，相关部门缺乏建设公共安全基础设施的意识，导致建设存在缺陷、管理不到位的状况也是非常明显的。政府部门对于公共安全基础设施在设计、规划、使用和管理等过程，也存在一定的问题[1]，具体来说，就是从规划上来看，某些领导决策缺乏实践性，眼光缺乏长远性，单纯追求经济效益而忽视人们安全准则。从使用上来看，重"技防"轻"人防"现象普遍。从建设和管理上来看，公共安全基础设施建设地区差异性较大，且总体水平不高。城市公共生活基础设施安全防控

---

[1] 王晨：《城市公共安全基础设施建设研究》，《辽宁警察学院学报》2017年第2期，第52～58页。

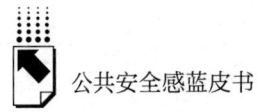

能力滞后以及应急机制不完善,危机管理的有效性,最根本的不在于结束危机能力的有效性,而是预防危机发生和扩展的有效性。在我国,绝大多数城市或部门大都缺乏一套详细完善的防备预案和应急处理机制,常常是问题发生了再"临时抱佛脚",贻误战机,激化了社会不稳定因素。因此,对于公共设施相对完善的城市应将重点置于基础设施的建设质量、管理水平、需求覆盖、应急机制、预防危机能力等更深层次领域。

这为不同城市提升公共场所设施安全感提出了非常大的挑战,必须因地制宜,必须深入调研和掌握本市居民的需求和关注点,有的放矢。但这并不意味着欠发达地区可以只满足于公共基础设施建设,而忽视长远的规划设计、良好的管理、应急机制和应急能力等的提升,法乎其上,得乎其中,城市公共基础设施的建设与管理应高起点、高标准,注重发展性与人民主体性。

(二)中心城市公共场所设施安全感具有一定的"虹吸效应"

住建部联合多个部委推进和编制的《全国城镇体系规划》提出了建设十个全国和国家中心城市。截至2017年,北京、上海、广州、天津、重庆、成都、武汉、郑州、西安等九个城市被国家明确定位建设国家中心城市,且全部都是省会城市(或直辖市)。在讨论到中心城市发展时,往往提到中心城市存在"虹吸效应",即核心城市、中心城市、大城市、具有优势地位的城市,能够将周边城市、中小城市和小城镇的资源要素吸引过来。

从公共场所设施安全感指数来看,九个国家中心城市的整体公共场所设施安全感排名较分散,有的非常靠前而有的十分靠后。为方便找出规律,我们可以将其划分为东、中、西部,东部中心城市有北京、上海、广州、天津;中部中心城市有武汉、郑州;西部中心城市有重庆、成都、西安;从表12,我们可以看出国家东、中、西部三个地区的中心城市排名有部分规律:东部地区除了北京市之外,其他3个城市(广州、上海、天津)排名偏中高位置;西部地区的3个城市除了成都之外,排名相较于本地区的非中心城市都相当高,这表明中心城市相较于本地区的非中心城市而言,无论从经济发展、人才流动还是居民对公共设施安全的认可，都呈现一定程度的"虹吸效应"。然而这种效应在中部地区则不明显。

表12　国家东、中、西部中心城市公共场所设施安全感统计

地区划分		城市	公共场所设施安全感	全国公共场所设施安全感指数	排名
东部	中心城市	北京	0.4381	0.4941	29
		广州	0.5277	0.4941	5
		上海	0.5155	0.4941	9
		天津	0.5151	0.4941	10
	非中心城市	石家庄	0.4834	0.4941	21
		沈阳	0.5155	0.4941	8
		杭州	0.4417	0.4941	28
		南京	0.5099	0.4941	12
		福州	0.5276	0.4941	6
		济南	0.4983	0.4941	17
		海口	0.5385	0.4941	4
		南宁	0.4861	0.4941	19
中部	中心城市	武汉	0.4909	0.4941	18
		郑州	0.4537	0.4941	26
	非中心城市	太原	0.4105	0.4941	31
		呼和浩特	0.4853	0.4941	20
		长春	0.5080	0.4941	16
		哈尔滨	0.4599	0.4941	25
		合肥	0.5093	0.4941	13
		南昌	0.5251	0.4941	12
		长沙	0.5122	0.4941	11
西部	中心城市	成都	0.4721	0.4941	24
		西安	0.5445	0.4941	3
		重庆	0.5641	0.4941	1
	非中心城市	贵阳	0.5475	0.4941	2
		昆明	0.4488	0.4941	27
		拉萨	0.5087	0.4941	14
		西宁	0.5083	0.4941	15
		兰州	0.4365	0.4941	30
		乌鲁木齐	0.4759	0.4941	23
		银川	0.4786	0.4941	22

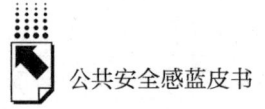

（三）城市公共场所设施安全感出现较为明显的等级差异

一线城市中除了北京，广州、上海两座城市在公共场所设施安全感排名中居第 5、第 9 位，且公共场所设施安全感指数高于全国平均水平，反映了广州、上海两座城市的居民对有较高的感知度，比较认可所在城市公共场所设施的安全。而且，尽管北京排名第 29 位，十分靠后，但根据同期所做的居民对政府的满意度和信任度的数据来看，北京居民的满意信任度非常高，因此，可能的解释就是：北京作为首都，公共安全设施较为齐全，安保级别较高，且近年来并未发生过重大安全事件，因此，北京居民可能对城市公共设施安全水平的期望值更高，也可能不仅仅关注公共设施物质层面的安全，更重视其管理能力、应急保障以及精神文化等更高层次的满足。

新一线城市中城市居民公共场所设施安全感指数高于全国公共场所设施安全感指数的有 6 座新一线城市，低于全国公共场所设施安全感指数的有 4 座。而二线城市的排名则较分散，城市居民公共场所设施安全感指数高于和低于全国公共场所设施安全感指数的城市各占一半，差距较大，比如贵阳排名第 2，太原则排名第 31 位，两者之间存在较大差距。在 3 座三线城市中，除西宁排名第 15 位，处于全国排名的中游，其余 2 个城市排名都比较靠后。而五线城市拉萨，其排名与三线城市西宁相近。这些方面充分表明了城市公共场所设施安全感出现较为明显的等级差异。

（四）对青年和低收入人群公共场所设施安全感需求的关注不够

根据上述数据分析出的结果，可以看到影响居民公共场所设施安全感的因素还与性别、年龄、文化程度等人口特征以及个人月收入等社会保障因素息息相关。并且，调查结果显示，青年和低收入人群已成为城市公共场所设施安全需求的敏感人群。调查显示，年龄段在 18～29 岁的居民的担心程度评分均显著小于其他年龄阶段的居民，说明这一年龄阶段的居民对于公共设施安全的担心程度最高。数据说明，个人月收入水平在 2000 元及以下的居民在设施安全感知和设施应急安全感知两个方面的担心程度评分均显著小于其他收入阶段的居民，这表明这一收入阶段的居民对公共设施安全最为敏感。这也给政府提出了新的挑战，应如何解决青年和低收入人群问题才能提升其城市公共安全感。

三 城市公共场所设施安全的提升对策与建议

城市公共场所基础设施安全关系城市的经济健康发展，关系城市居民的日常工作生活，关系社会的和谐与稳定。针对城市公共场所设施安全感存在的问题，我们提出促进城市公共场所设施安全感提升的如下建议。

（一）加强公共场所设施建设资金投入，建构整体协同的治理机制

公共场所设施大多属于公共产品或准公共产品，政府负有重要职责，因此政府要营造政策优势，拓宽筹资渠道，加大资金投入，积极改善公共基础设施建设环境，营造社会公众参与的良好氛围，从政策、投入等方面给予强力支持，并完善基础设施建设相关的立法，确保专项资金的使用安全。

在城市公共场所设施安全的治理中，由于过分强调政府主导的行政化治理和风险责任主体治理，忽视和排斥公众参与，造成了今天城市公用设施安全治理样态、工具、模式和文化的强烈行政化色彩。[①] 因此，在城市基础设施管理中，应当转变政府职能。由政府包揽一切向政企、政事、政社分开转变，增强社会的自治功能。转变政府职能必须从市场经济下政府的作用以及政府与市场、社会的关系入手，切实实现政企分开、政事分开、政社分开，使政府的职能真正转到经济调节、市场监管、社会管理和公共服务上来。同时，建构公共场所设施安全治理整体协同的网络化治理机制，对于改变公众参与安全治理淡薄意识，打造城市公共场所设施安全治理网络，健全城市公共场所设施安全治理长效机制，对于提高城市公共

---

① 何继新、韩艳秋：《公用设施安全治理与城市公共安全风险规避》，《学术探索》2018年第1期，第39~45页。

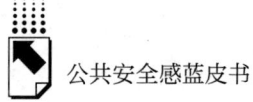

场所设施安全治理综合效率具有特殊的意义。应结合当前公共服务供给治理的网络化大潮,立足城市公用设施开放性、公平性、人本性、智能性、系统性等特点,改变以往社会公共安全科层治理的模式,基于多元主体间的协商合作,通过各组织间的合作与协商,形成公用设施安全风险治理整体协同的网络化治理模式。

(二)健全城市公共场所基础设施应急机制,提升公共场所应急能力

城市公共管理者应加强城市公共生活基础设施安全问题的危机管理意识,健全危机管理机制。建立基础设施公共安全应急能力评价指标。将这些指标作为地方公共安全应急能力建设的目标,并将评价结果作为地方政府业绩考核的依据之一。建立基础设施安全预警系统。以地理信息系统、全球定位系统、气象和地质灾害预报、现代通信与检测手段为基础,建立地下管网安全预警系统、轨道交通安全预警系统及城市电网安全预警系统。做好应急管理体系建设。加强应急管理基础工作,落实事故应急预案基本要素及应急预案编制与管理,根据基础设施规模、技术特点及安全事故特征,建立一套切实可行的安全应急预案,实行统分结合的公共安全治理结构,建立重大危险源确认、评价和动态监控体系,建立重大与大型活动备案和安全风险评估制度。①

(三)树立以民为本的公共设施管理新理念,切实提高政府信任度

"以民为本"城市基础设施管理理念的建立,不仅是城市基础设施管理者的正确价值选择,也是收益大于成本的合理公共经济行为,还是符合科学发展观要求的一次观念转变。该理念是由城市本身存在目的所决定的。城市基础设施管理要以人民群众为主体,以人民幸福为追求,以人民满意为标

---

① 何寿奎:《基础设施公共安全风险管理制度研究》,《生态经济》(学术版)2012年第1期。

准。牢固树立一切为了人民,一切服务人民的公仆意识,在城市基础设施管理中,把人民群众放在主人地位。坚持以服务人民为宗旨,寓管理于服务,寓执法于服务。不断创新管理成果满足人民群众不断增长的需要,使人民群众真正感受到城市基础设施管理是为全体人民的共同利益服务的,目标是实现人民满意,从而增强居民对政府的满意和信任度,树立政府的威望和信服力。

(四)加大公共场所设施安全宣传与教育力度,提升居民公共安全能力

由于当前建设公共安全基础设施的观念淡薄,群众对公共安全基础设施了解甚少。以消防梯为例,很少有人了解消防梯的设置目的和使用方法;再比如在公路上设置的应急车道,作为交通安全的专用基础设施,很多人却将其当作普通车道行驶,"任何人不得占用应急车道"的约束命令缺乏使用效力。因此,为强化对公共安全基础设施的安全使用,相关建设部门应当加强宣传教育,通过各大媒体增强群众对公共安全基础设施的了解认识,特别是在事故发生后,应抓住有利时机,向人们说明建设必要性,以引起人们的重视。具体指导,掌握使用方法。当人们在头脑中形成公共安全基础设施的观念后,就应逐步强化对公共安全基础设施的使用。各区域应当加强本区域内各类设施的使用指导,责任到单位。相关领域应专门配备一定数量的安全指导人员,负责公关安全基础设施的使用指导工作,可采用授课、讲座等方式,丰富教学方法,使每个成员都能对公共安全基础设施学以致用,提升维护自身安全的能力。应定期组织对这些人员聚集量大的特定场所的相关人员的培训,不定期组织实战演练,模拟并熟练操作和使用防灾设施和设备,模拟并熟悉灾难发生时的情景,以保证在灾难来临之时能做到保持清醒、从容与淡定,积极地应对灾难。①

---

① 王晨:《城市公共安全基础设施建设研究》,《辽宁警察学院学报》2017年第2期,第52~58页。

（五）深入了解居民安全需求，重点关注青年人与低收入人群

随着互联网、大数据的发展，人们接触外界信息的方式越来越多样化，要掌握现代化、信息化的手段收集广大人民群众的信息和意见，建立一支信息员队伍，充实调整管理队伍，不断进行信息的收集和更新，以提升应对公共安全基础设施的突发性事件能力，尽量减少公共安全基础设施事故的发生。要利用各种现代化手段积极排查和化解与其他人及社会的矛盾，按照"预防为主，教育疏导，依法处理，防止各类矛盾激化"的原则，重点了解造成其各种不稳定因素和问题，要注意及时发现、及时解决其需求。我国现阶段贫困人口仍然存在，低收入人群还有较大的比例。要加快建立健全适合低收入人群特点的公共安全保障制度，通过各种方式，降低其参保条件并积极引导其参与到社会保障体系中，此外通过鼓励社会捐赠，扩大社保基金的筹集渠道，不断做大做强全国社保基金。同时要进一步加大对社保基金的监管力度，促使基金管理公开、透明、安全运行，切实提升低收入人群的城市公共安全感水平。

B.9 中国城市社会保障安全感调查报告（2018）

陈静 郭檬*

摘　要： 城市社会保障安全感是城市公共安全感的重要构成系统。本次全国调查显示，中国城市社会保障安全感总体偏低，城市居民对社会保障的安全感受与性别、户口类型、职业、文化程度、收入、政治面貌、年龄等变量相关。城市社会保障安全感存在着不同城市之间差异明显，居民对不同保障层面评价较为离散等问题。需要通过聚焦弱者需求、完善制度结构、缩减群体差异、加强信息传递与沟通等措施，进一步提升中国城市居民社会保障安全感的水平。

关键词： 社会保障　安全感　社会安全

社会保障安全是城市公共安全体系的重要组成部分，能够帮助个人应对常规生活风险，维护社会稳定，并通过机制性预防救助应急等工作，构建城市公共安全网络。社会保障安全感是指城市居民通过其所了解的社会保障制度和政策，认知个人在遭遇诸如疾病、失业、生育、年老、失能等问题而陷入困境时，能够从政府、社会获得的包括物质和精神在内的一系列帮助和保护的基础上，所产生的不为社会生活风险所威胁的心理感受。在此意义上，社会保障安全是要通过社会保障制度的建立健全，使社会成员形成"我是

---

* 陈静，博士，中国矿业大学公共管理学院讲师，研究方向为社会保障安全；郭檬，中国矿业大学公共管理学院硕士研究生。

安全的",以及"我能够随时得到帮助"的公共意识与心理预期,提升公民个人的社会安全满意度。

一 城市社会保障安全感的基本状况

伴随着我国民生相关制度的健全、政策的发展与公共资源投入的增加,城市居民对于社会保障及其相关政策所带来的实际所得与心理安全感受处于何种状态?本章依据全国城市公共安全感调查相关数据,予以解读分析。

(一)城市社会保障安全感指数与排行

社会保障安全感包括了诸多层面和内容。在大量查阅既有文献,以及综合考虑问卷承载题量与待测指标的基础上,本次调查选取社会保障体系中与公众安全感受相关度密切的层面作为测量主要内容,以养老、医疗和社会救助为主体建构城市居民社会保障安全感评价指标体系,如表1所示。

表1 城市社会保障安全感测量指标

社会保障	担心年老后的经济来源及生活照顾问题
	担心看不起病
	家庭因意外陷入困境时会不会得到必要救济

1. 城市社会保障安全感分项指数排名

首先通过计算全国省会城市居民公共安全分项指数,测量社会保障安全指数及其排名。依据前文所示数据分析方法,分别计算出城市公共安全感9项分项指标指数:自然灾害安全感指数0.5091、生态安全感指数0.4840、医疗卫生安全感指数0.4799、食品安全感指数0.4693、交通安全感指数0.4917、公共场所设施安全感指数0.4941、社会治安安全感指数0.4934、社会保障安全感指数0.4843、信息安全感指数0.3835,如表9-2所示。

排名显示,社会保障安全感在城市居民的分项主观安全感受中居于中间层次，相对低于自然安全感、公共设施安全感、社会治安安全感、交通安全感，与生态安全感相差不大，可以看出城市居民对社会保障安全的主观评价偏低。这一排名与访谈资料中所显示的被访者普遍较为负面的感受表达基本一致。访谈资料显示，大部分被访者对当前养老和医疗保障制度的评价不高。

表2 全国城市公共安全感分项指标指数排行榜

分项指标	指数	排名
自然安全感	0.5091	1
公共设施安全感	0.4941	2
社会治安安全感	0.4934	3
交通安全感	0.4917	4
社会保障安全感	0.4843	5
生态安全感	0.4840	6
医疗卫生安全感	0.4799	7
食品安全感	0.4693	8
信息安全感	0.3835	9

2. 城市社会保障安全感全国指数排名

在应用因子分析法的数据分析中，各样本的因子权重与相应的标准化后的因子得分相乘可以得到每个样本的社会保障安全感指数，再对每一个样本的社会保障安全感指数进行加权平均可以计算出全国31个城市样本的社会保障安全感这一分项指标指数（计算方法如前文所述）。对各城市的社会保障安全感指数按高低排名，排名第1到第31的城市分别是：杭州、成都、西宁、海口、上海、南京、武汉、西安、拉萨、合肥、重庆、南昌、贵阳、兰州、昆明、长春、长沙、石家庄、济南、郑州、福州、哈尔滨、广州、沈阳、天津、呼和浩特、南宁、银川、太原、北京、乌鲁木齐，如表3所示。

社会保障是社会财富二次分配的重要路径，其制度发展对公共资源投入具有较高的需求。因此，一般说来，某一地区社会保障制度与待遇水平的高低往往与其经济发达程度相关。但就本次调查数据而言，作为一线城市的北京、上海、广州三地，除上海排在第5位较为靠前外，广州市排名第23位，

表3　全国社会保障安全感指数排名

城市	社会保障安全感指数	排名	城市	社会保障安全感指数	排名
杭州	0.5831	1	长沙	0.4851	17
成都	0.5768	2	石家庄	0.4805	18
西宁	0.5353	3	济南	0.4756	19
海口	0.5344	4	郑州	0.4728	20
上海	0.5259	5	福州	0.4681	21
南京	0.5212	6	哈尔滨	0.4660	22
武汉	0.5156	7	广州	0.4647	23
西安	0.5142	8	沈阳	0.4519	24
拉萨	0.5091	9	天津	0.4517	25
合肥	0.5033	10	呼和浩特	0.4498	26
重庆	0.5004	11	南宁	0.4492	27
南昌	0.4931	12	银川	0.4464	28
贵阳	0.4899	13	太原	0.4444	29
兰州	0.4898	14	北京	0.4167	30
昆明	0.4896	15	乌鲁木齐	0.3722	31
长春	0.4890	16			

北京市排至30位，经济实力与社会保障安全感之间不具备对应性。新一线城市的成都、杭州、武汉、重庆、南京、天津、西安、长沙、沈阳、郑州十地中，沈阳、郑州、长沙、天津居民的社会保障安全感水平相对较低。属于二线城市的福州、合肥、昆明、哈尔滨、济南、长春、石家庄、南宁、南昌、乌鲁木齐、兰州、海口、贵阳、太原大都处于中间层面。三线城市的呼和浩特、西宁、银川，以及五线城市的拉萨中，西宁市居民的社会保障安全感高居第二，而其他城市的排名基本处于末端。总体看来，城市发展水平与居民社会保障安全感之间多构成相关关系，但如广州、北京、西宁、天津等地，相对落差较大。

3. 社会保障安全感指数与公共安全感指数对比

在计算全国省会城市社会保障安全感指数的基础上，进一步将这一指标与城市总体公共安全感指数进行对比，结果如图1、图2、表4所示。

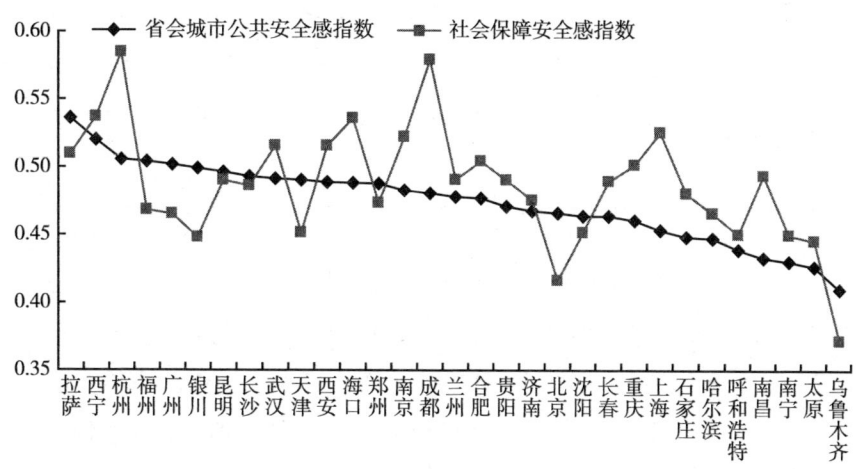

图1　全国城市公共安全感与社会保障安全感指数比较

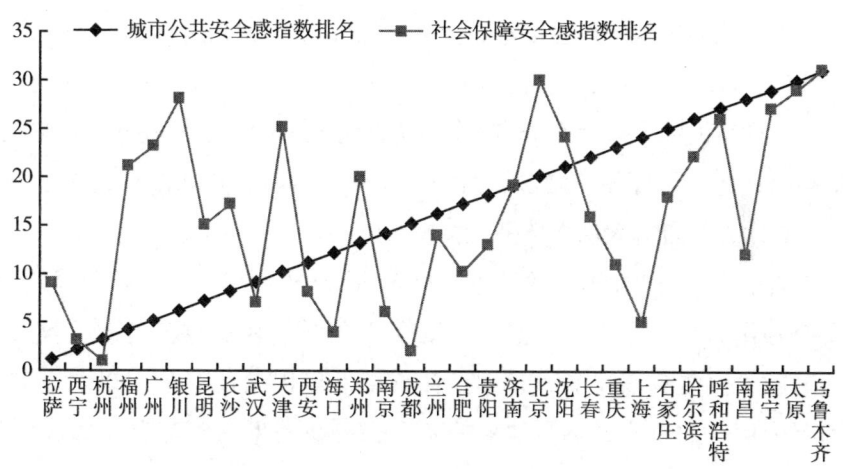

图2　全国城市公共安全感与社会保障安全感指数排名比较

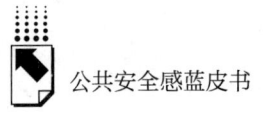

表4　全国城市公共安全感指数与社会保障安全感指数相关性

		总体安全感指数	社会保障安全感指数
总体安全感指数	Pearson 相关性	1	.038
	显著性（双侧）		.837
	N	31	31
社会保障安全感指数	Pearson 相关性	.038	1
	显著性（双侧）	.837	
	N	31	31

经图1、图2、表4及相关性统计，可以明显看出，各城市总体公共安全感指数与社会保障安全感指数之间的相关性不高。具体到城市分布上，成都、杭州、上海等地的社会保障安全感指数显著高于其总体公共安全感指数；银川、天津、北京、乌鲁木齐等地的社会保障安全感指数明显低于当地的总体公共安全感指数；长沙、济南、沈阳、呼和浩特、太原、西宁、昆明、郑州、兰州等地，二者的得分趋于一致。

从指数排名来看，拉萨、福州、广州、银川、昆明、长沙、天津、郑州、北京、沈阳等地的社会保障安全感排名高于其公共安全感总体排名；杭州、海口、南京、成都、兰州、合肥、贵阳、长春、重庆、上海、石家庄、哈尔滨、南昌的社会保障安全感指数排名较为显著的低于该城市总体安全感指数排名；西宁、杭州、武汉、西安、兰州、济南、呼和浩特、南宁、太原、乌鲁木齐二者排名基本持平。

综合表3、图1、图2的数据与排名进行分析，我国城市居民社会保障安全感作为一种主观心理感受，既受所在城市客观经济基础与发展程度的影响，也受到居民心理预期、评价标准等因素的影响。以北京和西宁两市为例，北京市被调查居民的基本保险覆盖率高于西宁（如表5、表6所示）。在客观数据方面，根据2017年中国城市统计年鉴的资料，北京市居民城镇职工基本养老保险参保率（参保人数/全市人数）为107.0488%，城镇职工基本医疗保险参保率（参保人数/全市人数）为

111.34%[①],失业保险参保率(参保人数/全市人数)为81.99%,城镇单位在岗职工平均工资为122749元,而西宁市的对应数据分别为21.34%、14.56%、8.47%和61069元,但北京市居民的社会保障安全感远低于西宁,说明居民的主观评价受多重因素的影响。

表5 西宁市居民有无基本社会保险统计

单位:%

		频率	百分比	有效百分比	累积百分比
有效	都有	129	43.0	43.1	43.1
	只有养老保险	42	14.0	14.0	57.2
	只有医疗保险	59	19.7	19.7	76.9
	都没有	31	10.3	10.4	87.3
	不清楚	38	12.7	12.7	100.0
	合计	299	99.7	100.0	
缺失	999	1	.3		
合计		300	100.0		

表6 北京市居民有无基本社会保险统计

		频率	百分比	有效百分比	累积百分比
有效	都有	170	56.7	56.7	56.7
	只有养老保险	23	7.7	7.7	64.3
	只有医疗保险	64	21.3	21.3	85.7
	都没有	15	5.0	5.0	90.7
	不清楚	28	9.3	9.3	100.0
	合计	300	100.0	100.0	

(二)城市居民社会保障安全感描述性统计分析

在对有效样本中社会保障安全感的专项数据进行整理之后,需要对其总体安全感进行描述性统计,以了解被调查者的态度和感受。运用SPSS2.0软件进行分析,所得结果如表7所示。

---

① 由于北京市外来人口较多,参保人数超过了有北京市户口居民人数,从而产生了超过100%的参保比率。

表7 城市居民社会保障总体安全感描述统计

	N	极小值	极大值	均值	标准差	方差
老年安全感	9257	1	10	5.35	2.705	7.318
医疗安全感	9263	1	10	5.05	2.763	7.634
社会救助安全感	9254	1	10	5.05	2.615	6.838
有效的 N(列表状态)	9233					

如上文所述，根据对基础数据的均值和方差描述，中国城市居民的老年安全感程度最高，医疗安全感和社会救助安全感次之且取值相同，总体而言，样本对社会保障安全感的态度趋于离散。

为更好地了解各城市居民在社会保障不同层面的安全感受，本文对各城市的分项安全感进行描述统计。

1. 城市居民养老安全感描述统计

就制度而言，老年安全涉及经济、服务两个层面，分别指向居民年老之后的制度化经济收入能否为其老年生活提供安全保障，以及来自家庭与社会的老年照顾体系能否为其提供所需要的生活服务与精神慰藉。根据数据统计，在被调查的居民中，拉萨、杭州、上海、成都四地的老年安全感最高，石家庄、乌鲁木齐、呼和浩特、太原的安全感最低。数据及排名如表8所示。

表8 城市居民老年安全感描述统计及排名

城市	N	均值	标准差	标准误	均值的95% 置信区间		极小值	极大值
					下限	上限		
拉萨	298	6.51	2.945	0.171	6.18	6.85	1	10
杭州	298	6.31	2.501	0.145	6.02	6.59	1	10
上海	306	6.2	2.511	0.144	5.92	6.49	1	10
成都	300	6.17	2.519	0.145	5.89	6.46	1	10
海口	302	5.82	2.826	0.163	5.5	6.14	1	10
重庆	299	5.81	2.825	0.163	5.48	6.13	1	10
南京	300	5.7	2.135	0.123	5.46	5.94	1	10
武汉	298	5.54	2.599	0.151	5.25	5.84	1	10

续表

城市	N	均值	标准差	标准误	均值的95%置信区间		极小值	极大值
					下限	上限		
南昌	300	5.53	2.918	0.168	5.2	5.86	1	10
广州	296	5.51	1.998	0.116	5.28	5.74	1	10
合肥	299	5.5	2.411	0.139	5.22	5.77	1	10
西安	300	5.44	2.477	0.143	5.16	5.72	1	10
西宁	298	5.43	2.22	0.129	5.18	5.69	1	10
长沙	296	5.41	2.693	0.157	5.1	5.72	1	10
天津	300	5.31	3.07	0.177	4.96	5.66	1	10
济南	296	5.29	3.064	0.178	4.94	5.64	1	10
哈尔滨	300	5.27	2.511	0.145	4.98	5.55	1	10
贵阳	302	5.25	2.709	0.156	4.95	5.56	1	10
兰州	299	5.21	2.47	0.143	4.93	5.5	1	10
北京	300	5.21	2.722	0.157	4.9	5.52	1	10
长春	300	5.14	2.911	0.168	4.81	5.47	1	10
南宁	292	5.13	3.021	0.177	4.79	5.48	1	10
昆明	299	5.12	2.892	0.167	4.79	5.45	1	10
银川	300	5.03	2.875	0.166	4.71	5.36	1	10
福州	298	4.97	2.562	0.148	4.67	5.26	1	10
沈阳	300	4.89	2.626	0.152	4.59	5.19	1	10
郑州	293	4.86	2.668	0.156	4.55	5.16	1	10
石家庄	297	4.79	2.176	0.126	4.54	5.04	1	10
乌鲁木齐	291	4.56	2.904	0.17	4.23	4.9	1	10
呼和浩特	300	4.53	2.971	0.172	4.19	4.87	1	10
太原	300	4.39	2.36	0.136	4.13	4.66	1	10

2. 城市居民医疗安全感描述统计

尽管社会保障领域的医疗问题仅指向医疗保险制度，但实际上，我国城市居民的医疗安全感是对现行医疗保险制度、医药体系和医疗服务体系综合评价后的主观感受。访谈资料与统计数据都显示，我国城市居民对医疗保障的安全感受普遍较低。在调查城市中，仅有拉萨、杭州的医疗安全感较高，银川、太原、乌鲁木齐和呼和浩特的医疗保障安全感最低，如表9所示。

表 9 城市居民医疗安全感描述统计及排名

城市	N	均值	标准差	标准误	均值的 95% 置信区间		极小值	极大值
					下限	上限		
拉萨	300	6.29	2.948	0.17	5.95	6.62	1	10
杭州	298	6.12	2.525	0.146	5.83	6.41	1	10
成都	300	5.82	2.649	0.153	5.52	6.12	1	10
上海	306	5.82	2.752	0.157	5.51	6.13	1	10
南京	300	5.81	2.241	0.129	5.56	6.07	1	10
海口	305	5.51	2.914	0.167	5.19	5.84	1	10
西宁	295	5.43	2.301	0.134	5.17	5.69	1	10
广州	296	5.42	2.106	0.122	5.18	5.66	1	10
重庆	299	5.33	3.007	0.174	4.99	5.67	1	10
武汉	299	5.31	2.59	0.15	5.02	5.61	1	10
哈尔滨	300	5.15	2.501	0.144	4.87	5.43	1	10
长沙	297	5.1	2.831	0.164	4.78	5.43	1	10
贵阳	303	5.09	2.722	0.156	4.78	5.39	1	10
兰州	299	5.07	2.557	0.148	4.78	5.36	1	10
合肥	299	5.06	2.401	0.139	4.78	5.33	1	10
西安	300	5.01	2.475	0.143	4.73	5.29	1	10
南昌	300	4.98	3.058	0.177	4.63	5.32	1	10
济南	296	4.87	3.054	0.178	4.52	5.22	1	10
长春	300	4.85	2.992	0.173	4.51	5.19	1	10
北京	300	4.85	2.776	0.16	4.53	5.17	1	10
昆明	300	4.8	2.938	0.17	4.47	5.14	1	10
福州	298	4.77	2.631	0.152	4.47	5.07	1	10
南宁	293	4.71	3.017	0.176	4.36	5.06	1	10
沈阳	300	4.7	2.768	0.16	4.39	5.02	1	10
天津	300	4.67	3.01	0.174	4.33	5.01	1	10
石家庄	297	4.54	2.175	0.126	4.29	4.78	1	10
郑州	292	4.45	2.742	0.16	4.13	4.76	1	10
银川	300	4.37	2.824	0.163	4.05	4.69	1	10
太原	300	4.24	2.391	0.138	3.97	4.51	1	10
乌鲁木齐	291	4.18	2.887	0.169	3.85	4.51	1	10
呼和浩特	300	4.15	2.924	0.169	3.82	4.48	1	10

3. 城市居民社会救助安全感描述统计

社会救助安全感是指城市居民认为自己在面临失业、贫困、大病、灾害等特殊危机的情况下获得社会支持和有效援助的可能性，以及由此产生的安全与否的心理感受。数据统计显示，杭州、拉萨、上海、成都四地的社会救助安全感最高，乌鲁木齐、太原、呼和浩特三市居民在社会救助层面的安全感受最低。如表10所示。

表10 中国城市居民社会救助安全感描述统计及排名

城市	N	均值	标准差	标准误	均值的95% 置信区间		极小值	极大值
					下限	上限		
杭州	298	6.32	2.559	0.148	6.02	6.61	1	10
拉萨	298	6.06	2.824	0.164	5.74	6.39	1	10
上海	306	5.97	2.525	0.144	5.69	6.25	1	10
成都	300	5.84	2.499	0.144	5.55	6.12	1	10
武汉	297	5.57	2.48	0.144	5.28	5.85	1	10
海口	301	5.57	2.895	0.167	5.24	5.9	1	10
南京	300	5.54	2.215	0.128	5.29	5.79	1	10
西宁	299	5.52	2.089	0.121	5.28	5.76	1	10
西安	300	5.47	2.311	0.133	5.21	5.73	1	10
重庆	299	5.39	2.768	0.16	5.07	5.7	1	10
广州	296	5.38	2.065	0.12	5.15	5.62	1	10
合肥	299	5.14	2.369	0.137	4.87	5.41	1	10
哈尔滨	298	5.02	2.382	0.138	4.75	5.3	1	10
南昌	300	4.97	2.785	0.161	4.66	5.29	1	10
长沙	297	4.96	2.62	0.152	4.66	5.26	1	10
兰州	298	4.93	2.36	0.137	4.66	5.2	1	10
长春	300	4.85	2.845	0.164	4.53	5.17	1	10
济南	296	4.84	2.871	0.167	4.51	5.17	1	10
北京	299	4.83	2.627	0.152	4.53	5.13	1	10
贵阳	303	4.79	2.457	0.141	4.51	5.07	1	10
郑州	292	4.73	2.654	0.155	4.42	5.03	1	10
福州	297	4.69	2.543	0.148	4.4	4.98	1	10
沈阳	300	4.63	2.64	0.152	4.33	4.93	1	10
昆明	300	4.61	2.68	0.155	4.31	4.92	1	10
石家庄	298	4.55	2.119	0.123	4.31	4.8	1	10
南宁	292	4.5	2.706	0.158	4.18	4.81	1	10
银川	300	4.5	2.644	0.153	4.2	4.8	1	10
天津	300	4.49	2.769	0.16	4.18	4.81	1	10
乌鲁木齐	291	4.31	2.724	0.16	4.0	4.63	1	10
太原	300	4.29	2.266	0.131	4.03	4.54	1	10
呼和浩特	300	4.22	2.773	0.16	3.9	4.53	1	10

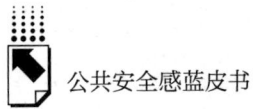

4. 城市居民总体安全感描述统计

总体安全感是指在一定地域范围内，社会保障相关制度及其实施效果作用于城市居民所产生的心理感受及其评价。数据统计显示，各城市被调查者对社会保障安全感的总体评价与分项评价基本一致，如表11所示。

表11 中国城市居民社会保障总体安全感描述统计及排名

城市	N	均值	标准差	标准误	均值的95% 置信区间		极小值	极大值
					下限	上限		
上海	306	3.82	0.853	0.049	3.72	3.91	1	5
拉萨	299	3.77	1.008	0.058	3.66	3.89	1	5
杭州	297	3.7	0.797	0.046	3.61	3.79	1	5
成都	300	3.65	0.87	0.05	3.55	3.75	1	5
北京	300	3.62	0.955	0.055	3.51	3.73	1	5
武汉	299	3.6	0.831	0.048	3.51	3.7	1	5
西宁	298	3.6	0.863	0.05	3.51	3.7	1	5
长沙	299	3.55	0.815	0.047	3.45	3.64	1	5
济南	295	3.54	0.902	0.053	3.44	3.65	1	5
重庆	299	3.53	0.977	0.057	3.42	3.64	1	5
广州	295	3.52	0.751	0.044	3.44	3.61	1	5
南京	300	3.45	0.862	0.05	3.35	3.54	1	5
南宁	293	3.43	0.933	0.054	3.33	3.54	1	5
沈阳	299	3.43	0.888	0.051	3.33	3.53	1	5
海口	304	3.42	0.937	0.054	3.32	3.53	1	5
哈尔滨	300	3.42	0.901	0.052	3.31	3.52	1	5
乌鲁木齐	291	3.41	1.034	0.061	3.29	3.52	1	5
兰州	298	3.38	0.917	0.053	3.27	3.48	1	5
合肥	299	3.35	0.836	0.048	3.26	3.45	1	5
天津	300	3.33	0.975	0.056	3.22	3.44	1	5
南昌	299	3.33	0.887	0.051	3.23	3.44	1	5
西安	300	3.31	0.813	0.047	3.21	3.4	1	5
福州	296	3.31	0.827	0.048	3.22	3.41	1	5
长春	300	3.26	0.978	0.056	3.15	3.37	1	5
贵阳	303	3.26	0.861	0.049	3.16	3.35	1	5
昆明	300	3.25	0.875	0.05	3.15	3.35	1	5
呼和浩特	300	3.22	0.901	0.052	3.11	3.32	1	5
郑州	293	3.13	0.857	0.05	3.03	3.22	1	5
银川	296	3.13	0.974	0.057	3.02	3.24	1	5
太原	300	3.08	0.883	0.051	2.98	3.18	1	5
石家庄	295	3.01	0.823	0.048	2.92	3.1	1	5

（三）城市社会保障安全感的组间描述分析

一般情况下，性别、户口类型、职业、文化程度、收入等变量有所区别的个体，由于抗风险能力、适用制度、待遇给付等方面的不同，会对当前社会保障制度及其带来的安全程度有不同的心理感受。因此，对不同组别进行单因素方差检验，比较不同群体的社会保障安全感程度，有助于我们了解中国城市居民社会保障安全感的群体差异，发现制度的缺失与不足，对各地社会保障事业的进一步发展具有参考意义。

1. 性别与社会保障安全感相关状况

因为生理因素及社会化的深刻影响，"性别"变量下的社会保障安全感呈现不同特点。男性群体和女性群体往往因社会经济地位、职业、收入水平的差异，以及性别心理的区别，导致对社会保障制度安全效应的评价不同。运用描述统计和单因素方差分析了解中国城市居民性别变量与社会保障不同层面安全感的相关关系，结果如表12、表13所示。

表12　不同性别城市居民社会保障分项安全感描述统计

		N	均值	标准差	标准误	均值的95% 置信区间		极小值	极大值
						下限	上限		
老年安全感	男	4620	5.53	2.715	.040	5.45	5.61	1	10
	女	4635	5.17	2.684	.039	5.10	5.25	1	10
	总数	9255	5.35	2.705	.028	5.30	5.41	1	10
医疗安全感	男	4625	5.21	2.790	.041	5.13	5.29	1	10
	女	4636	4.89	2.726	.040	4.81	4.97	1	10
	总数	9261	5.05	2.763	.029	4.99	5.11	1	10
救助安全感	男	4624	5.21	2.630	.039	5.13	5.28	1	10
	女	4628	4.89	2.590	.038	4.82	4.97	1	10
	总数	9252	5.05	2.615	.027	4.99	5.10	1	10
总体评价	男	4623	3.43	.943	.014	3.41	3.46	1	5
	女	4628	3.39	.879	.013	3.37	3.42	1	5
	总数	9251	3.41	.912	.009	3.39	3.43	1	5

表13 性别与社会保障安全感相关关系

		平方和	df	均方	F	显著性
老年安全感	组间	290.353	1	290.353	39.847	.000
	组内	67422.967	9253	7.287		
	总数	67713.320	9254			
医疗安全感	组间	237.011	1	237.011	31.153	.000
	组内	70441.831	9259	7.608		
	总数	70678.842	9260			
救助安全感	组间	228.564	1	228.564	33.551	.000
	组内	63014.129	9250	6.812		
	总数	63242.693	9251			
总体评价	组间	3.544	1	3.544	4.262	.039
	组内	7689.938	9249	.831		
	总数	7693.482	9250			

由表12、表13可知,性别变量与社会保障安全感呈显著相关关系。无论是总体状况或是某一分项统计,男性城市居民的社会保障安全感要显著高于女性。笔者认为,这与男性的个体抗风险能力、经济能力、家庭社会地位普遍高于女性的社会结构密切相关。

2. 户口类型与社会保障安全感相关状况

由于社会保障制度具有显著的行政区域性和户籍特征,与户口类型直接关联的制度差异与保障差异一直是社会保障领域研究的焦点问题。对不同户口类型——本市城市、本市农村、外地城市、外地农村在社会保障不同领域的安全感受进行均值及相关性分析,所得结果如表14、表15所示。

表14 不同户口类型城市居民社会保障分项安全感描述统计

		N	均值	标准差	标准误	均值的95%置信区间		极小值	极大值
						下限	上限		
老年安全感	本地城市	4808	5.40	2.707	.039	5.32	5.47	1	10
	本地农村	1354	5.14	2.629	.071	5.00	5.28	1	10
	外地城市	1717	5.48	2.691	.065	5.35	5.61	1	10
	外地农村	1366	5.24	2.777	.075	5.09	5.39	1	10
	总数	9245	5.35	2.705	.028	5.30	5.41	1	10

续表

		N	均值	标准差	标准误	均值的95%置信区间		极小值	极大值
						下限	上限		
医疗安全感	本地城市	4810	5.10	2.775	.040	5.02	5.18	1	10
	本地农村	1356	4.92	2.631	.071	4.78	5.06	1	10
	外地城市	1718	5.25	2.748	.066	5.12	5.38	1	10
	外地农村	1367	4.74	2.834	.077	4.58	4.89	1	10
	总数	9251	5.05	2.763	.029	4.99	5.11	1	10
救助安全感	本地城市	4803	5.11	2.605	.038	5.03	5.18	1	10
	本地农村	1357	5.08	2.544	.069	4.95	5.22	1	10
	外地城市	1716	5.11	2.626	.063	4.99	5.24	1	10
	外地农村	1366	4.73	2.682	.073	4.59	4.87	1	10
	总数	9242	5.05	2.615	.027	5.00	5.10	1	10
总体评价	本地城市	4811	3.42	.916	.013	3.40	3.45	1	5
	本地农村	1355	3.35	.926	.025	3.30	3.40	1	5
	外地城市	1715	3.47	.883	.021	3.43	3.52	1	5
	外地农村	1360	3.36	.918	.025	3.31	3.41	1	5
	总数	9241	3.41	.912	.009	3.39	3.43	1	5

表15 户口类型与社会保障安全感相关关系

		平方和	df	均方	F	显著性
老年安全感	组间	134.833	4	33.708	4.613	.001
	组内	67523.968	9241	7.307		
	总数	67658.801	9245			
医疗安全感	组间	256.173	4	64.043	8.417	.000
	组内	70354.647	9247	7.608		
	总数	70610.820	9251			
救助安全感	组间	178.695	4	44.674	6.551	.000
	组内	63000.688	9238	6.820		
	总数	63179.383	9242			
总体评价	组间	16.502	4	4.125	4.965	.001
	组内	7674.749	9237	.831		
	总数	7691.251	9241			

通过比较均值和单因素方差分析,可以看出户口类型不同的城市居民对社会保障安全的主观感受有显著差异。拥有城市户口的样本在各个层面的安

全感均高于农村户口样本，这一结果基本上能够验证社会保障研究中的普遍假设。居民主观感受的差异与当前社会保障制度城乡二元化、公共服务非均等化等客观现实联系在一起，一方面使农村户籍群体抵御风险能力不足，社会安全感更加薄弱；另一方面也是产生相对剥夺感，引发社会矛盾和社会不稳定的重要因素之一。

3. 政治面貌与社会保障安全感相关状况

数据分析显示，被调查者的政治面貌与其社会保障安全感之间具有较为显著的相关关系。中共党员和民主党派党员的安全感明显高于其他政治群体，如表16、表17所示。

表16 不同户口类型城市居民社会保障分项安全感描述统计

		N	均值	标准差	标准误	均值的95% 置信区间		极小值	极大值
						下限	上限		
老年安全感	中共党员	1667	5.57	2.731	.067	5.43	5.70	1	10
	民主党派	228	5.42	2.156	.143	5.14	5.70	1	10
	共青团员	2764	5.38	2.642	.050	5.29	5.48	1	10
	群众	4571	5.25	2.752	.041	5.17	5.33	1	10
	总数	9230	5.35	2.705	.028	5.30	5.41	1	10
医疗安全感	中共党员	1667	5.27	2.801	.069	5.13	5.40	1	10
	民主党派	227	5.25	2.325	.154	4.94	5.55	1	10
	共青团员	2767	5.10	2.720	.052	4.99	5.20	1	10
	群众	4575	4.94	2.790	.041	4.86	5.02	1	10
	总数	9236	5.05	2.763	.029	4.99	5.11	1	10
救助安全感	中共党员	1665	5.23	2.612	.064	5.10	5.35	1	10
	民主党派	227	5.34	2.152	.143	5.06	5.62	1	10
	共青团员	2767	4.93	2.569	.049	4.83	5.03	1	10
	群众	4569	5.04	2.658	.039	4.97	5.12	1	10
	总数	9228	5.05	2.614	.027	5.00	5.10	1	10
总体评价	中共党员	1667	3.48	.896	.022	3.44	3.53	1	5
	民主党派	228	3.36	1.008	.067	3.23	3.49	1	5
	共青团员	2765	3.43	.896	.017	3.40	3.47	1	5
	群众	4567	3.38	.921	.014	3.35	3.41	1	5
	总数	9227	3.41	.912	.009	3.40	3.43	1	5

表17　户口类型与社会保障安全感相关关系

		平方和	df	均方	F	显著性
老年安全感	组间	124.630	3	41.543	5.688	.001
	组内	67381.069	9226	7.303		
	总数	67505.699	9229			
医疗安全感	组间	152.959	3	50.986	6.690	.000
	组内	70360.715	9232	7.621		
	总数	70513.674	9235			
救助安全感	组间	112.381	3	37.460	5.491	.001
	组内	62932.579	9224	6.823		
	总数	63044.960	9227			
总体评价	组间	14.489	3	4.830	5.815	.001
	组内	7660.879	9223	.831		
	总数	7675.368	9226			

在我国，政治面貌与社会保障安全感之间的紧密联系，本质上是职业、经济收入的群体分层在政治领域的反映。一般情况下，中共党员、民主党派党员多与高学历、稳定的工作、较高的经济收入和社会地位，以及健全和较高待遇的制度保障相关联。

4.年龄与社会保障安全感相关状况

由于所感受的风险、危机和压力的区别，以及社会保障缴费与待遇领取的年龄错位，不同年龄阶层的城市居民可能对社会保障所带来的心理安全感的主观评价有所差异。根据调查数据分析中国城市居民年龄与社会保障安全感之间的关系，结果如表18、表19所示。

表18　不同年龄城市居民社会保障分项安全感描述统计

		N	均值	标准差	标准误	均值的95%置信区间		极小值	极大值
						下限	上限		
老年安全感	18~29岁	4442	5.44	2.682	.040	5.36	5.52	1	10
	30~44岁	2679	5.16	2.666	.052	5.06	5.26	1	10
	45~59岁	1585	5.30	2.747	.069	5.16	5.43	1	10
	60岁以上	543	5.73	2.875	.123	5.49	5.97	1	10
	总数	9249	5.35	2.704	.028	5.29	5.40	1	10

续表

		N	均值	标准差	标准误	均值的95% 置信区间		极小值	极大值
						下限	上限		
医疗安全感	18~29岁	4447	5.14	2.766	.041	5.06	5.22	1	10
	30~44岁	2678	4.84	2.696	.052	4.74	4.94	1	10
	45~59岁	1588	4.99	2.781	.070	4.86	5.13	1	10
	60岁以上	542	5.49	2.904	.125	5.24	5.73	1	10
	总数	9255	5.05	2.762	.029	4.99	5.10	1	10
救助安全感	18~29岁	4442	5.00	2.617	.039	4.93	5.08	1	10
	30~44岁	2676	4.91	2.568	.050	4.81	5.00	1	10
	45~59岁	1584	5.26	2.631	.066	5.13	5.39	1	10
	60岁以上	544	5.50	2.690	.115	5.28	5.73	1	10
	总数	9246	5.05	2.614	.027	4.99	5.10	1	10
总体评价	18~29岁	4445	3.43	.907	.014	3.40	3.45	1	5
	30~44岁	2676	3.33	.904	.017	3.30	3.37	1	5
	45~59岁	1581	3.48	.919	.023	3.44	3.53	1	5
	60岁以上	544	3.50	.946	.041	3.42	3.58	1	5
	总数	9246	3.41	.912	.009	3.39	3.43	1	5

表19 年龄与社会保障安全感相关关系

		平方和	df	均方	F	显著性
老年安全感	组间	214.550	3	71.517	9.807	.000
	组内	67420.350	9245	7.293		
	总数	67634.901	9248			
医疗安全感	组间	262.760	3	87.587	11.523	.000
	组内	70315.075	9251	7.601		
	总数	70577.835	9254			
救助安全感	组间	243.605	3	81.202	11.923	.000
	组内	62941.265	9242	6.810		
	总数	63184.870	9245			
总体评价	组间	28.362	3	9.454	11.404	.000
	组内	7661.399	9242	.829		
	总数	7689.761	9245			

从表18中可以看出，30~44岁年龄段的群体，对社会保障各层面的安全感评价最低。概因年龄与工作因素，在社会保障的制度框架内，这一群体

的支出（各项缴费）多而待遇享受少，生活经验使其尚未切身感受到社会保障制度的保护效应。相对应的，60岁以上老年人从养老、医疗等保障制度中获益颇多，因此这一群体的社会保障安全感评价最高。

5. 宗教信仰与社会保障安全感相关状况

均值与方差分析显示，城市居民的宗教信仰与社会保障安全感并不呈现显著相关关系，分析结果如表20、表21所示。

表20 不同宗教信仰城市居民社会保障分项安全感描述统计

		N	均值	标准差	标准误	均值的95%置信区间		极小值	极大值
						下限	上限		
老年安全感	无宗教信仰	7772	5.36	2.691	.031	5.30	5.42	1	10
	佛教	770	5.31	2.841	.102	5.11	5.51	1	10
	道教	94	5.43	2.499	.258	4.91	5.94	1	10
	基督教	198	5.05	2.750	.195	4.67	5.44	1	10
	伊斯兰教	214	5.40	2.524	.173	5.06	5.74	1	10
	天主教	38	5.24	3.044	.494	4.24	6.24	1	10
	其他宗教信仰	157	5.55	2.986	.238	5.08	6.02	1	10
	总数	9243	5.35	2.706	.028	5.30	5.41	1	10
医疗安全感	无宗教信仰	7772	5.04	2.752	.031	4.98	5.11	1	10
	佛教	775	5.05	2.875	.103	4.85	5.26	1	10
	道教	94	5.62	2.644	.273	5.08	6.16	1	10
	基督教	198	4.90	2.759	.196	4.52	5.29	1	10
	伊斯兰教	214	5.01	2.563	.175	4.67	5.36	1	10
	天主教	38	4.87	2.673	.434	3.99	5.75	1	10
	其他宗教信仰	157	5.12	2.973	.237	4.65	5.59	1	10
	总数	9248	5.05	2.761	.029	4.99	5.10	1	10
救助安全感	无宗教信仰	7768	5.06	2.602	.030	5.00	5.12	1	10
	佛教	771	5.06	2.724	.098	4.87	5.25	1	10
	道教	94	5.04	2.692	.278	4.49	5.59	1	10
	基督教	198	4.77	2.652	.188	4.40	5.14	1	10
	伊斯兰教	214	4.91	2.462	.168	4.58	5.24	1	10
	天主教	38	4.63	2.832	.459	3.70	5.56	1	10
	其他宗教信仰	156	5.19	2.741	.219	4.76	5.63	1	10
	总数	9239	5.05	2.614	.027	5.00	5.10	1	10

续表

		N	均值	标准差	标准误	均值的95%置信区间		极小值	极大值
						下限	上限		
总体评价	无宗教信仰	7763	3.42	.897	.010	3.40	3.44	1	5
	佛教	773	3.39	.981	.035	3.32	3.46	1	5
	道教	95	3.28	.953	.098	3.09	3.48	1	5
	基督教	198	3.28	.917	.065	3.15	3.41	1	5
	伊斯兰教	214	3.48	1.047	.072	3.34	3.62	1	5
	天主教	38	3.11	.981	.159	2.78	3.43	1	5
	其他宗教信仰	157	3.52	1.010	.081	3.36	3.68	1	5
	总数	9238	3.41	.912	.009	3.39	3.43	1	5

表21　宗教信仰与社会保障安全感相关关系

		平方和	df	均方	F	显著性
老年安全感	组间	27.277	6	4.546	.621	.714
	组内	67624.856	9236	7.322		
	总数	67652.133	9242			
医疗安全感	组间	36.948	6	6.158	.808	.564
	组内	70446.639	9241	7.623		
	总数	70483.587	9247			
救助安全感	组间	30.287	6	5.048	.738	.619
	组内	63105.600	9232	6.836		
	总数	63135.887	9238			
总体评价	组间	12.040	6	2.007	2.416	.025
	组内	7666.354	9231	.831		
	总数	7678.394	9237			

6. 职业与社会保障安全感相关状况

职业是与社会保障安全感密切相关的一个重要变量。我国社会保障制度从建立之初即实行的"多轨制"框架，不同行业群体的社会保障缴费与待遇有较大差异，其相对应的社会保障制度安全效应及由其引发的心理感受也会有所区别。对本次调查数据中不同职业与社会保障安全感之间的关系进行计算和分析，所得结果如表22、表23所示。

中国城市社会保障安全感调查报告（2018）

表22 不同职业城市居民社会保障分项安全感描述统计

		N	均值	标准差	标准误	均值的95%置信区间		极小值	极大值
						下限	上限		
老年安全感	公务员	342	5.74	2.744	.148	5.45	6.03	1	10
	事业单位人员	1058	5.41	2.650	.081	5.25	5.57	1	10
	公司职员	2026	5.23	2.625	.058	5.11	5.34	1	10
	进城务工人员	484	5.02	2.729	.124	4.77	5.26	1	10
	学生	2411	5.57	2.599	.053	5.47	5.67	1	10
	自由职业者	1393	5.07	2.806	.075	4.92	5.22	1	10
	离退休人员	531	5.70	2.848	.124	5.46	5.94	1	10
	其他	996	5.25	2.852	.090	5.07	5.43	1	10
	总数	9241	5.35	2.705	.028	5.30	5.41	1	10
医疗安全感	公务员	342	5.39	2.729	.148	5.10	5.68	1	10
	事业单位人员	1061	5.22	2.742	.084	5.06	5.39	1	10
	公司职员	2029	4.83	2.641	.059	4.72	4.95	1	10
	进城务工人员	485	4.88	2.771	.126	4.63	5.13	1	10
	学生	2411	5.32	2.681	.055	5.21	5.43	1	10
	自由职业者	1395	4.79	2.874	.077	4.64	4.94	1	10
	离退休人员	530	5.37	2.838	.123	5.13	5.61	1	10
	其他	995	4.81	2.936	.093	4.62	4.99	1	10
	总数	9248	5.05	2.763	.029	4.99	5.11	1	10
救助安全感	公务员	342	5.29	2.649	.143	5.01	5.57	1	10
	事业单位人员	1058	5.13	2.524	.078	4.98	5.28	1	10
	公司职员	2023	4.91	2.551	.057	4.80	5.02	1	10
	进城务工人员	484	5.01	2.737	.124	4.76	5.25	1	10
	学生	2412	5.15	2.523	.051	5.05	5.25	1	10
	自由职业者	1394	4.86	2.723	.073	4.71	5.00	1	10
	离退休人员	532	5.53	2.669	.116	5.30	5.76	1	10
	其他	993	4.95	2.758	.088	4.78	5.12	1	10
	总数	9238	5.05	2.616	.027	4.99	5.10	1	10
总体评价	公务员	342	3.54	.976	.053	3.44	3.64	1	5
	事业单位人员	1059	3.43	.895	.027	3.37	3.48	1	5
	公司职员	2027	3.38	.886	.020	3.34	3.41	1	5
	进城务工人员	483	3.39	.982	.045	3.30	3.47	1	5
	学生	2410	3.50	.874	.018	3.47	3.54	1	5
	自由职业者	1393	3.31	.931	.025	3.26	3.35	1	5
	离退休人员	531	3.50	.914	.040	3.42	3.58	1	5
	其他	992	3.33	.957	.030	3.27	3.39	1	5
	总数	9237	3.41	.912	.009	3.40	3.43	1	5

285

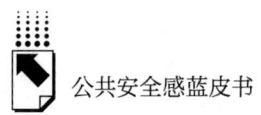

表 23 职业与社会保障安全感相关关系

		平方和	df	均方	F	显著性
老年安全感	组间	443.928	7	63.418	8.717	.000
	组内	67176.091	9233	7.276		
	总数	67620.019	9240			
医疗安全感	组间	562.573	7	80.368	10.604	.000
	组内	70026.745	9240	7.579		
	总数	70589.318	9247			
救助安全感	组间	276.201	7	39.457	5.789	.000
	组内	62914.842	9230	6.816		
	总数	63191.043	9237			
总体评价	组间	55.772	7	7.967	9.646	.000
	组内	7622.969	9229	.826		
	总数	7678.741	9236			

上述结果能够检验现行社会保障"多轨制"的运行结果。由于不同职业者参加的养老保障制度、医疗保障制度在框架设计、缴费、待遇给付等方面的巨大差异，公务员、事业单位的社会保障制度所带来的心理效应显著高于其他群体，企业职员、进城务工人员和自由职业者的主观感受相对较差。社会保障的职业分化无疑对整体社会安全感和保障效果起到削减作用。

7. 收入水平与社会保障安全感相关状况

居民的收入水平与社会保障需求紧密相关。理论上，收入越低的人，由于自我保障能力差，更容易受到风险事件的侵扰，对社会保障的需求愈发凸显。但由于社会保障权利义务相对应的特性，使许多项目，尤其是作为主体的社会保险项目的待遇给付与缴费具有一定的关联性，即收入低的居民，由于缴费水平低，保障待遇往往也相对较低，这就更加影响了低收入群体的社会保障安全感。数据分析显示，中国城市居民的收入水平与社会保障安全感之间呈现普遍的正相关关系。大体上，居民收入越高，在养老、医疗、社会救助等方面的安全感也就越高（见表24、表25）。

中国城市社会保障安全感调查报告（2018）

表24　不同收入水平城市居民社会保障分项安全感描述统计

		N	均值	标准差	标准误	均值的95%置信区间		极小值	极大值
						下限	上限		
老年安全感	2000元以下	2728	5.36	2.713	.052	5.26	5.46	1	10
	2001~3500元	2104	5.18	2.805	.061	5.06	5.30	1	10
	3501~5000元	2283	5.29	2.620	.055	5.18	5.39	1	10
	5001~8000元	1325	5.50	2.620	.072	5.36	5.64	1	10
	8001~12500元	430	5.66	2.766	.133	5.40	5.92	1	10
	12500元以上	202	5.97	2.813	.198	5.58	6.36	1	10
	总数	9072	5.35	2.707	.028	5.29	5.41	1	10
医疗安全感	2000元以下	2731	5.07	2.796	.053	4.97	5.18	1	10
	2001~3500元	2106	4.79	2.812	.061	4.67	4.92	1	10
	3501~5000元	2286	5.03	2.691	.056	4.92	5.14	1	10
	5001~8000元	1324	5.15	2.640	.073	5.01	5.29	1	10
	8001~12500元	430	5.44	2.789	.134	5.18	5.71	1	10
	12500元以上	202	5.67	2.998	.211	5.25	6.08	1	10
	总数	9079	5.04	2.761	.029	4.98	5.10	1	10
救助安全感	2000元以下	2730	5.00	2.623	.050	4.90	5.10	1	10
	2001~3500元	2104	4.92	2.713	.059	4.80	5.03	1	10
	3501~5000元	2283	5.12	2.565	.054	5.02	5.23	1	10
	5001~8000元	1322	5.12	2.486	.068	4.99	5.25	1	10
	8001~12500元	429	5.24	2.678	.129	4.98	5.49	1	10
	12500元以上	202	5.18	2.647	.186	4.82	5.55	1	10
	总数	9070	5.05	2.615	.027	4.99	5.10	1	10
总体评价	2000元以下	2730	3.45	.905	.017	3.42	3.49	1	5
	2001~3500元	2100	3.37	.936	.020	3.33	3.41	1	5
	3501~5000元	2282	3.36	.897	.019	3.33	3.40	1	5
	5001~8000元	1325	3.43	.897	.025	3.38	3.48	1	5
	8001~12500元	430	3.49	.910	.044	3.41	3.58	1	5
	12500元以上	202	3.48	.963	.068	3.35	3.61	1	5
	总数	9069	3.41	.911	.010	3.39	3.43	1	5

287

表 25　收入水平与社会保障安全感相关关系

		平方和	df	均方	F	显著性
老年安全感	组间	216.174	5	43.235	5.918	.000
	组内	66234.143	9066	7.306		
	总数	66450.317	9071			
医疗安全感	组间	295.400	5	59.080	7.780	.000
	组内	68894.926	9073	7.593		
	总数	69190.326	9078			
救助安全感	组间	80.248	5	16.050	2.350	.038
	组内	61914.488	9064	6.831		
	总数	61994.736	9069			
总体评价	组间	17.070	5	3.414	4.117	.001
	组内	7514.814	9063	.829		
	总数	7531.884	9068			

综上所述，中国城市居民社会保障安全感测量中呈现一些普遍性规律，性别、职业、户籍、收入水平、年龄、政治面貌等变量与居民对自身社会保障安全的主观评价相关。上述结果对于各地采取针对性措施，进一步健全完善城市社会保障安全体系，增强城市居民的社会保障安全感具有重要参考意义。

二 城市社会保障安全感存在的问题与挑战

"总体国家安全观"是习近平新时代中国特色社会主义思想的重要内容。在总体安全观的视野下，社会安全（social security）处于一个非常重要且关键的位置，社会安全是由和谐有序的社会运行状态和确定回应的心理预期所构成的。社会保障制度自其产生以来，就安全保护方面发挥着无可替代的作用。近年来，我国社会保障制度快速发展，包括社会救助、社会保险和社会福利在内的制度框架不断完善，但从全国调查的结果来看，我国社会保障安全感还存在一些不容忽视的问题。

（一）城市居民社会保障安全感评价总体偏低

近年来，我国社会保障事业呈现积极发展的良性态势，社会保障各子系统和具体制度的客观数据水平逐年提升。但是，在公共资源持续投入，公众实际所得不断增加的同时，对此次全国城市公共安全感调查所得数据与资料的分析发现，中国城市居民的社会保障安全感评价并不高。测量数据显示，社会保障安全感指数为0.4843，在城市公共安全感9项分项指标指数排名中位居第5位，落后于自然安全感、公共设施安全感、社会治安安全感、交通安全感，其数值与公众反映强烈的生态环境问题相差无几，显见城市居民对社会保障制度的安全效应总体评价偏低。

（二）城市间居民社会保障安全感区域差别明显

应用因子分析法的数据分析发现，本次调查的31个省会城市的居民对社会保障安全效应的评价不一。对所有城市样本的社会保障安全感指数进行排名，其中杭州市社会保障安全感指数为0.5831，居于首位（见表3），成都、西宁、海口、上海等地的评价指数相对较高；乌鲁木齐则居于末位，北京、太原、南宁、呼和浩特等地的评价指数也相对较低，各个城市在社会保障制度上的安全感差异显著，且社会保障安全感与城市总体公共安全感之间的联系亦不密切。同时，依据各个省份的经济发展水平与地理位置，将我国划分为东、中、西三部分。东部地区包括北京、天津、河北、辽宁、上海、江苏、浙江、福建、山东、广东和海南等11个省（市）；西部地区包括的省级行政区共12个，分别是四川、重庆、贵州、云南、西藏、陕西、甘肃、青海、宁夏、新疆、广西、内蒙古；中部地区有8个省级行政区，分别是山西、吉林、黑龙江、安徽、江西、河南、湖北、湖南。此次调查31个省会城市对应所属省份并按照东、中、西三部分进行划分，在全国社会保障安全感指数排名前五位中，东部地区城市占有三个席位，分别是杭州市、海口市以及上海市；排名后五位中，西部地区城市南宁市、银川市以及乌鲁木齐市位列其中。显见我国东部、中部、西部地区之间整体社会保障安全感差异明显；东部地区城市居民对社会保障安全感的评价整体高于中部、西部地区；西部地区城市居民对社会保障的主观评价整体低于东部、中部地区。

（三）城市居民对社会保障不同层面的安全感评价不一

基于需求满足的不同层次，一般将社会保障制度分为社会救助、社会保险和社会福利三个基本层面。社会救助立意"救人于危难"，是最后的"安全屏障"。社会保险给予公民常规、可预期风险的制度性保障。此次调查测算了我国社会保障制度体系的主要层面，包括养老、医疗和社会救助，深入了解我国城市居民对社会保障安全感的主观感受。根据前文对所得调研数据进行统计处理，并对以上三个层面的安全感指数进行排名发现，我国城市居民对社会保障不同层面的安全感评价不一。老年安全感指数均值为5.35，位居首位，医疗安全感和社会救助安全感指数均值均为5.05。城市居民对老年安全感的评价最高，医疗安全感和社会救助安全感较低。方差计算结果显示，样本对社会保障安全感的态度趋于离散（见表7）。

（四）社会保障制度安全感评价职业、户籍类型分化显著

我国城市居民在性别、政治面貌、经济收入等方面存在的差异，与职业变量紧密结合，基于职业分化的碎片化制度使不同群体对社会保障安全感评价不一。在性别变量下，男性在就业市场中占据优势，其老年安全感、医疗安全感和救助安全感的均值为5.53、5.21和5.21，均高于女性在这三方面安全感均值的5.17、4.89和4.89（见表12）。中共党员、民主党派、共青团员、群众在社会保障不同层面的安全感呈递减趋势（见表16），概因不同政治面貌通常反映为不同的职业层级，以影响从业者的制度参与和主观感受。前文调查分析数据显示，公务员、事业单位人员的社会保障安全感在社会保障制度的不同层面均高于其他社会成员；进城务工人员、学生、公司职员对社会保障安全感的评价较低；离退休人员对社会保障安全感的总体评价偏高。由于不同群体在社会保障不同层次的待遇给

付存在巨大差异,社会保障制度安全感评价在不同群体上差异明显。

同时,由于历史原因,改革开放前我国在城乡之间实行了区域界限分明、人员控制严格、产业分工清楚、管理方式迥异的体制,形成了所谓的城乡"二元结构"。根据本次调查所得数据进行描述统计,结果显示,本地城市居民和外地城市居民在社会保障各个层面的安全感均值为5.40和5.48,相对应的高于本地农村居民和外地农村居民社会保障安全感的5.14和5.24(见表9-14)。对上述数据进行分析可知,户口类型与社会保障安全感显著相关,农村户籍人口的社会保障安全感明显低于城市户籍人口,也就成为显而易见的事实。

(五)城市居民保障层次不完整,自我保障意识较弱

居民的风险应对与安全保护体系是一个多层次的立体架构。一般而言,应该由政府主导的社会保障、市场主导的企业保障以及个人自我保障共同构成。根据西方发达国家的经验,购买补充商业保险是居民进行有计划的自我保障的主要途径。但如同表26所示,此次被调查居民购买了商业医疗或养老保险的比例仅为33.2%,大部分居民缺乏自我保障意识,对社会性保障体系的依赖性较强,因此,当社会保障制度所提供的待遇给付不能完全满足其心理预期和现实需求的时候,居民的安全感受也随之弱化。

表26 是否购买商业保险

单位:%

		频率	百分比	有效百分比	累积百分比
有效	没买过,不清楚	3630	39.1	39.2	39.2
	还没买,打算购买	2553	27.5	27.6	66.8
	购买过	3076	33.2	33.2	100.0
	合计	9259	99.8	100.0	
缺失	999	14	.2		
	合计		9273	100.0	

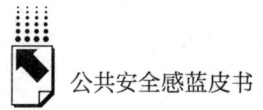
公共安全感蓝皮书

三 提升城市社会保障安全感的对策与建议

正如英国费边社会主义者所认为的"应该让每一个人都感到生活绝对有保障,应该让每一个人关于他未来物质需要的所有忧虑都一扫而空,这样,人们对财富的渴望才会失去它的杠杆作用。当人们每天的生活有了保证的时候,金钱利益的专横就会被打破,人们的生命将开始用来生活而不是用来为得到生活的机会而斗争"。社会保障能够给予公民安全和安定的心理感受,能够促进社会的紧密结合与协调。面对城市居民社会保障安全感的问题,基于公共管理的分析范式,需要进一步从制度管理层面提出相应的策略与建议。

(一)关注弱者需求,进一步提升保障体系的安全效应

社会保障的基本和最重要价值是"安全"。对公民而言,安全效应的获得必须以"有"和"够"两个要素为前提。在前者,是指我国社会保障制度建设应努力由"广覆盖"向"全覆盖"发展。事业发展要继续扩面,重视历史上被制度所排斥或边缘化的群体,如中小企业职工、农民工、失地农民、无工作人群,将其纳入基本保障的范围之内。在后者,是指在坚持客体普惠性原则的基础上,朝着"质"的层面下功夫,关注保障待遇给付的合理化以及相对公平性。

以最为基本的养老保险为例,在现阶段,要通过尝试推行"国民年金+职业年金"等模式,从顶层设计的层面在未来逐步建立面向所有群体的基本养老保险体系。要进一步完善城乡居民养老保险制度,持续提升包括企业职工和城乡居民在内的养老保险待遇给付水平,使其养老待遇能够一定程度上满足老年生活所需,强化经济保障功能。在其他保障层面,也要通过一些针对性措施,更加关注城市中弱者的需求,增强保障的公平性。如加大居民医疗保险的政府资金投入,提高报销范围比例;不断提高最低生活保障制度水平;提高公积金结存利用率,探索住房公积金更加积极有效的作用方式等。

在此过程中，各级政府作为社会保障工作的核心，应该进一步加大关注力度、加大投入力度、加大工作力度，强化政府作为筹资主体的作用，提高城乡居民保障待遇水平；加大对基层社会保障公共服务平台建设的资金投入，推进城乡社会保障经办服务规范化、信息化、标准化建设，营造良好的社会保障环境。

（二）完善制度结构，构建统筹层次更高的社会保障制度

2018年6月，国务院印发了《关于建立企业职工基本养老保险基金中央调剂制度的通知》，决定建立养老保险基金中央调剂制度，着力解决区域发展不平衡不充分的突出问题，均衡地区间企业职工基本养老保险基金负担。建立养老保险基金中央调剂制度被视为实现基本社会保险全国统筹的第一步。我国社会保障体系正处于改革完善期，其制度安全效用的实现，必须从制度设计的顶层入手，以保障社会公众的基本生活安全为主旨，在"扩面"与"提质"的基础上，持续提升包括社会救助、社会保险、社会福利在内的各子系统的统筹层次，强化制度之间的无障碍转移接续力度。缩小由于历史负债、经济发展水平、政府作用、心理期望值等因素所带来的不同城市居民对社会保障制度安全感的评价差异，合理均衡各地区之间基金负担，提高社会保障基金整体抗风险能力，推动我国城市居民的整体社会保障制度安全感均衡化提升。

（三）缩小群体差异，建立更加公平的社会保障体系

党的十九大以来，党对社会保障体系建设做出了新的重大部署。要坚持以习近平新时代中国特色社会主义思想为指导，立足职能职责，紧紧围绕新目标新任务新要求，以更大的改革勇气、更积极的进取精神、更高超的实践智慧，全力推进新时代社会保障工作。目前，我国社会保障工作面临许多矛盾和困难，其中制度公平性不足问题突出，给社会保障改革发展带来新的挑战。为此，需要在实践层面坚定不移地推进机关事业单位与企业实行统一的基本养老保险制度，促使四项制度（新农保、城镇居民养老保险、企业职

工养老保险、机关事业单位养老保险）合并成两项制度（职工养老保险制度与城乡居民养老保险制度），妥善处理改革之后各类人员养老保障权益问题，持续推进城乡居民基本医疗保险的整合，建立统一的城乡居民基本医疗保险制度，从而逐步缩小城乡之间、职业之间、区域之间的保障待遇差异。

（四）加强了解沟通，认知和理解居民安全感受

既有的社会保障研究中，学者们大多通过制度的健全性、覆盖面、政府财政投入的比例和模式、福利效应等方面的内容来评价社会保障制度的发展程度。调查发现，社会保障制度的实施应该使公民对社会保障的性质、功能有明确的认知，了解到个人在遭遇风险和困难时，是否能够得到来自政府和社会的帮助，通过何种途径以及能够得到何种程度的帮助等，从而避免个体陷入生活困境，获得生活安全的切实感受。此次全国城市公共安全感调查从新的视角出发，站在被保障者的立场上理解"我感觉安全吗？"这一问题。通过认知居民的心理感受，发现一些常规研究中被忽略的因素。其中比较重要的是，由于信息交流与沟通的不顺畅，社会保障或福利的给予和接受之间出现了明显错位。主要表现在，大部分被调查者对自己可以享有、已经享有和未来将享有的社会保障权益知之甚少，对于社会保障，尤其是社会养老保险、社会医疗保险的性质和基本理念（如互助互济性）、政府责任、个人权利和义务较少甚至完全没有了解。其结果是，政府部门在社会保障领域的投入逐年增加，而民众的社会保障制度安全感却仍处于较低状态。

当前人口结构逐渐老化，经济社会结构改革处于质变阶段，各种问题与矛盾不断集聚。回顾新中国成立以来我国社会的发展历程，没有任何一个时期像当前这样面临城市公共安全的沉重压力，需要并且有能力建立面向全体公民的社会保障制度，为公民提供安全和公平的感受。在此背景下，政府部门及政策研究者要更加关注"民生领跑政策"的强烈诉求与需求环境，通过积极有效的政策设置，合理解决、有效满足社会各阶层对社会保障的需求，构建能够有效应对化解社会公众生命周期内的多种可预期风险的社会保障制度，有效地提升城市居民的社会保障安全感。

B.10
中国城市信息安全感调查报告（2018）

周云圣*

摘　要： 在现代信息社会中，信息安全成为具有强烈公共性的一种安全体验。全国调查数据显示，信息安全感在城市公共安全感的九个维度中，居于倒数第一位，成为城市居民感觉最差的一项安全评价。同时存在着各城市之间的信息安全感差别较大、部分群体信息安全感显著不均衡、信息安全感与网络安全程度相关性较低、部分群体的信息行为不安全等问题。通过加强公民信息权益保护、完善信息安全监管等措施，能更好地提升城市居民的信息安全感。

关键词： 城市安全　信息安全感　信息权益

从传统商业社会到移动互联网商业社会的转型，改变了个人信息的私有属性，信息传递频率提高，信息存储规模增大，也使信息安全具有了强烈的公共性：据中国互联网络信息中心（CNNIC）发布的第41次《中国互联网络发展状况统计报告》，截至2017年12月，我国网民规模达7.72亿，普及率达到55.8%，超过全球平均水平（51.7%）4.1个百分点，超过亚洲平均水平（46.7%）9.1个百分点。另据中国互联网协会发布的《中国网民权益保护调查报告（2016）》估算，2016年，我国网民因为垃圾信息、诈骗信息、个人信息泄露等遭受的经济损失为人均133元，总体经济损失约915亿元。其中，9%的网民由于各类权益侵害造成的经济损失在1000元

---

* 周云圣，中国矿业大学公共管理学院讲师，研究方向为信息安全。

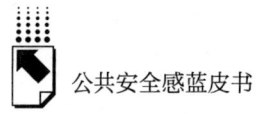

以上。[1]

信息安全是指保障国家、机构、个人的信息空间、信息载体和信息资源不受来自内外各种形式的危险、威胁、侵害和误导的外在状态和方式及内在主体感受。[2] 个人层面的信息安全问题主要涉及具体的信息行为及其后果,如信息采集、披露、扩散、欺诈及防护等行为。根据 2017 年开始施行的《中华人民共和国网络安全法》释义,个人信息是指以电子或者其他方式记录的能够单独或者与其他信息结合识别自然人个人身份的各种信息,包括但不限于自然人的姓名、出生日期、身份证件号码、个人生物识别信息、住址、电话号码等。该法第四十一条明确规定了个人信息收集和使用的原则,即网络运营者收集、使用个人信息,应当遵循合法、正当、必要的原则,公开收集、使用规则,明示收集、使用信息的目的、方式和范围,并经被收集者同意。为全面了解城市居民的信息安全感状况,本章基于全国城市公共安全感调查数据进行分析。

一 城市信息安全感的基本状况

行业界常采用不安全指标来刻画信息安全状况,如中国互联网络信息中心定期发布的《中国互联网络发展状况统计报告》,中国互联网协会发布的《中国网民权益保护调查报告》,通过在线调查或电话调查来分析信息安全程度。本书选择三个与安全感关联性较强的问题来构建信息安全感指标,来测度城市居民对于信息安全的担心程度和主观评价。这三项指标如下。

(1) 担心个人隐私信息被盗取并被用于商业或犯罪目的吗?

(2) 担心个人账户密码被盗取吗?

(3) 担心信息犯罪会更猖獗吗?

居民对三个信息安全问题的回答从"极为担心"到"完全不担心",共分

---

[1] 《中国网民权益保护调查报告 2016》,中国互联网协会,2016 年 6 月 26 日,http://www.isc.org.cn/zxzx/xhdt/listinfo-33759.html。

[2] 上海社会科学院信息研究所:《信息安全辞典》,上海辞书出版社,2013,第 23 页。

为1~10个等级。分值越高，表明居民在该方面的信息安全感受越好。这三项指标在逻辑上存在递进关系，个人隐私信息的泄露比个人账户信息的泄露更多发，而信息犯罪行为的发生可能性最小，但也带来更严重的心理压力。

（一）城市信息安全感专项指数和排名

通过对全国城市居民公共安全感的9项分类指数进行计算和排名，具体见表1。信息安全感指数得分为0.384，位居倒数第一名，且指数绝对值也大幅低于其他指数。我国目前网民规模、互联网依赖程度和使用强度持续提高，个人私密信息的曝光频率高，直接推升了居民对个人信息泄露的担心程度。信息安全与切身利益具有高度相关性。无论是个人隐私信息，还是个人资产信息，一旦暴露，或被恶意获取，都意味着直接的人身、人格尊严或财产损失，且信息传播的广泛性也放大了这一风险。网络诈骗形式层出不穷，让居民个人防不胜防，且私人信息会继续在网络社会中高频传播。相比较其他领域的公共安全问题，信息安全涉及每一个人的切身利益，因此成为本次调查中居民反映最严重的一种公共安全问题。

表1 全国城市公共安全感分项指标指数排行榜

分项指标	指数	排名
自然安全感	0.5091	1
公共设施安全感	0.4941	2
社会治安安全感	0.4934	3
交通安全感	0.4917	4
社会保障安全感	0.4843	5
生态安全感	0.4840	6
医疗卫生安全感	0.4799	7
食品安全感	0.4693	8
信息安全感	0.3835	9

从信息安全感三个分项指标的调查结果来看（见表2），居民对个人隐私泄露、财产信息泄露和信息犯罪的担心程度均不及平均水平5.5分，三个指标

的评价得分依次为4.41、4.43、4.53分,且呈递增关系,调查结果验证了三种信息安全问题之间确实存在一定的逻辑关系,居民对信息犯罪的担忧程度又显著高于隐私和财产信息泄露问题。总体上,全国城市居民对信息安全存在较大担心,如何通过有效的公共服务缓解这种忧虑是当前亟须解决的问题。

表2 全国城市居民信息安全感描述性统计

信息安全指标	N	均值	标准差
隐私泄露安全感	9266	4.41	2.647
财产信息泄露安全感	9270	4.43	2.715
信息犯罪安全感	9267	4.53	2.701

(二)各城市信息安全感指数及排名

由于区位、历史传承、人口结构、城市规模和治理政策等方面的差异,每个城市都具有独特的社会生态,生活在不同城市的居民对信息安全有着不同的认知。通过城市间的居民信息安全感指数排名,可以看出这种差异,见表3。排名前十位的城市分别为拉萨、杭州、南京、西宁、上海、武汉、广州、海口、重庆、合肥,排名后十位的城市分别为北京、贵阳、南昌、济南、太原、沈阳、银川、乌鲁木齐、南宁、天津。超过指数中位数5.5分的城市只有拉萨一市,排名后十位的城市指数得分几乎都在4分及以下。总体上,城市间的指数得分偏低,且较为悬殊,各城市居民的信息安全感确实存在明显差别。

从四个直辖市来看,四城排名落差较大,上海得分最高,为5.13分,高出北京近1分,比排名垫底的天津高出1.5分以上。信息安全感与城市规模、经济发展水平等实力型因素的相关性较弱,但与新经济发展水平的关联性较强。上海作为国际金融中心和长三角城市群的中心城市,在信息安全领域要达到国际水准才能满足居民的需要。

西部拉萨和乌鲁木齐两市的信息安全感排名遥相呼应,相去甚远。同样是区位偏远、少数民族人口比例高,居民的感受却迥然不同,与两市的宗教信仰和社会稳定情况有较大关系。拉萨以藏传佛教为主，地理区位相对闭塞，多元文化群体的往来较少，乌鲁木齐市则位于"丝绸之路"上，是我国国际贸易的重要陆路中转站，且受民族宗教问题的影响时间较长，居民信息被不当利用的风险更高，降低了该市居民的信息安全感。

从东、中、西部城市的横向对比来看，信息安全感的区域差异不太直观。东部城市中，杭州、南京、上海、武汉、广州位居前十，而合肥、石家庄、福州居中，北京、济南、天津靠后。调查结果进一步表明，城市居民的信息安全感比其他公共安全领域具有更明显的个体性和主观性。目前，我国省会级城市之间的发展差距相对低于各地农村之间的差距，各城市内部的居民群体也会对信息安全有不同的直观感受。

表3 全国信息安全感指数排名

城市	信息安全感	排名	城市	信息安全感	排名
拉萨	5.61	1	昆明	4.30	17
杭州	5.29	2	郑州	4.30	18
南京	5.17	3	福州	4.24	19
西宁	5.16	4	呼和浩特	4.24	20
上海	5.13	5	长沙	4.18	21
武汉	4.95	6	北京	4.16	22
广州	4.91	7	贵阳	4.09	23
海口	4.85	8	南昌	4.06	24
重庆	4.76	9	济南	4.01	25
合肥	4.73	10	太原	3.98	26
兰州	4.64	11	沈阳	3.92	27
成都	4.56	12	银川	3.76	28
西安	4.55	13	乌鲁木齐	3.74	29
长春	4.55	14	南宁	3.69	30
石家庄	4.47	15	天津	3.60	31
哈尔滨	4.35	16			

进一步考察各城市在三个单项指标上的得分情况（见图1）可见，大部分城市信息安全感的具体表现较为一致，对隐私信息泄露、财产信息泄露和信息犯罪的担心程度比较接近于总体的信息安全感，并与前文相关性分析的结果保持一致。其中，表现有所不同的是成都、西安、重庆和济南等市，居民对信息犯罪的担心程度明显低于其他两项指标。成都、济南的居民更担心隐私信息的泄露问题。成都、西安的居民则更忧虑财产信息的泄露问题。如前言所述，信息风险的表现种类繁多，令居民防不胜防，居民对不同信息泄露的敏感度是有差别的。各城市居民在三类信息安全指标上的结构性差异表明，信息安全的政策或技术应对措施应更有针对性，在城市层面分清居民对财产和隐私信息的担心程度来治理，会显著提高总体的信息安全感水平。

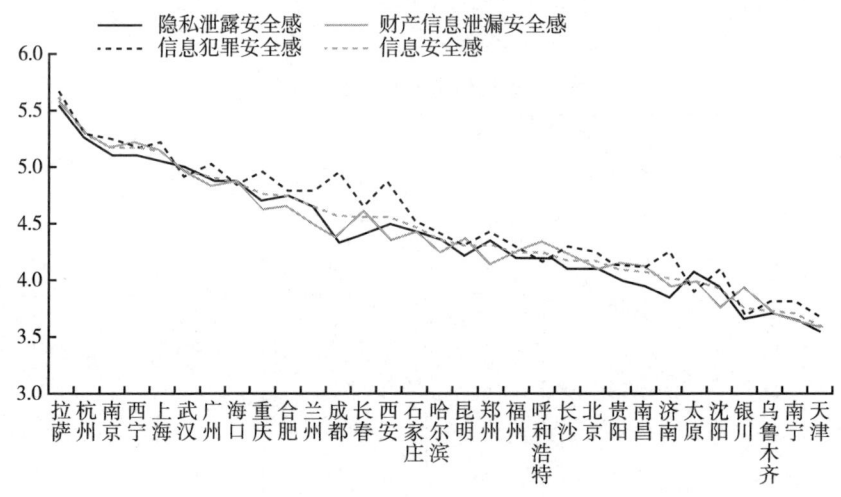

图1 各城市居民对信息安全不同层面的担心程度指数

（三）城市信息安全感的组间描述性统计

根据本次调查对基础数据的均值和方差描述，全国城市居民在信息安全方面的主观感受较为离散。对不同组别进行描述性统计、独立样本t检验及单因素方差分析，确定不同群体的信息安全感差异程度，能为信息安全政策设计提供更为明确的指导。本次调查选取了9个人口统计学背景变量来进行群体间对比,包括:(1)性别、年龄等自然情况变量;(2)政治面貌、民族、宗教信仰等社会性变量;(3)户口类型、文化程度、身份职业、个人月收入等个体能力变量。

1. 基于性别的信息安全感状况

如表4所示,信息安全领域存在显著的性别差异,且在三个分项指标上的表现完全一致,男性比女性有更高的安全感,男性居民的信息安全指数比女性群体高出0.4以上。这种性别差异有多种原因。一是女性在消费决策中往往占有主导地位。现代社会中,女性在一些家庭中的地位较高,在日常生活中做出大量的消费决策,使女性成为很多商业活动的营销对象,也诱使违法的信息收集和欺诈行为针对女性来设计,无疑让女性的个人信息面临更大的暴露风险,从而降低了女性的信息安全感。二是女性特有的感性特质。社会心理学的大量证据表明男性在风险应对中更为理性,能够在涉及信息的交易或社交活动中更为警觉。因此,针对女性群体来提升信息安全感将更有成效。

表4 不同性别居民在信息安全感不同层面担心程度的差异比较

检验变量	性别	N	均值	标准差	t值
隐私泄露安全感	男	4629	4.60	2.673	7.093***
	女	4635	4.21	2.607	
财产信息泄露安全感	男	4630	4.66	2.728	8.253***
	女	4638	4.19	2.683	
信息犯罪安全感	男	4629	4.74	2.706	7.713***
	女	4632	4.24	2.481	

注:*** $p < 0.001$.

2. 基于年龄的信息安全感状况

城市居民的信息安全感呈现明显的年龄差异,且呈线性正相关,年龄段越高,越觉得信息安全状况较好(见表5)。采用判定标准较为严格的Scheffe方法进行基于年龄的单因素方差分析,以确定各年龄组在信息安全指标上的表现是否具有统计显著性。结果表明,在隐私信息和财产信息泄露这两个指标上,18~29岁与30~44岁这两个年龄组的安全感没有显著差异，在对信息犯罪问题的担心程度上，45～59岁和60岁以上这两个年龄组的表现没有显著差异。除此之外，各年龄组在三项指标上都呈现显著差别。由于低龄群体的网络依赖程度更高，信息风险暴露程度便会始终高企，从而存在持续的信息安全顾虑。然而，需要考虑的是，中老年群体较高的信息安全感可能与实际的信息风险防范能力不匹配，确切关系有待进一步调查研究。

表5 城市居民不同年龄层次与信息安全感担心程度的关系

因变量	年龄组	N	均值	标准差	F	多重比较（Scheffe法[b]）
隐私泄露安全感	18～29岁	4450	4.25	2.647	21.054*	1＝2[a]
	30～44岁	2677	4.37	2.617		
	45～59岁	1587	4.66	2.609		
	60岁以上	544	5.06	2.745		
财产信息泄露安全感	18～29岁	4452	4.23	2.730	28.405*	1＝2[a]
	30～44岁	2678	4.41	2.641		
	45～59岁	1588	4.72	2.695		
	60岁以上	544	5.19	2.784		
信息犯罪安全感	18～29岁	4451	4.29	2.728	31.034*	3＝4[a]
	30～44岁	2678	4.57	2.622		
	45～59岁	1587	4.89	2.649		
	60岁以上	543	5.16	2.765		

注：* F检验的显著性水平为0.05。
a：多重比较中的1、2、3、4分别代表四个年龄组。后续表格中的含义与此相同。
b：本节各变量的单因素方差分析均采用判定标准较为保守的Scheffe方法进行多重比较，后续表格中的多重比较方法与此相同。

3. 基于政治面貌的信息安全感状况

居民的政治面貌与信息安全感有显著的相关性，但不同群体在三项指标上的表现不太一致。如表6所示，民主党派的信息安全感最高，指数得分为4.90，共产党员和群众分列二三位，最低的则是共青团员群体，指数得分为

4.16。从各组对比来看,民主党派在隐私信息和财产信息泄露方面的担心显著低于共产党员,在各项指标上均显著高于共青团员。共青团员在各个方面的信息安全感均显著低于群众。

可以从两个层面来解释民主党派缘何有较高的信息安全感:一是这一群体信息应用的制度环境更规范。在我国,各民主党派的入党标准较为严格,且党员数量很少,大部分民主党派成员的社会地位较高,属于精英阶层。这一群体所从事的社会活动通常有规范的制度保障,所涉及的信息使用也拥有系统的风险防范机制。二是这一群体的知识优势。由专业群体构成的民主党派成员通常会有良好的信息使用行为习惯,信息安全意识和防范能力也显著高于一般群体。

相比之下,中共党员的群体特征与民主党派有显著差别,直接影响了这一群体的信息安全感水平。一方面,党员数量远超过民主党派,从而分布的社会阶层更为广泛,拉低了安全感水平;另一方面,中共党员的入党标准不同于民主党派,更注重党员发展对象的政治素养,对专业能力和社会地位的要求相对较低。这就导致中共党员这一群体的信息风险防范能力弱于以专业人群为主的民主党派。这两个因素共同作用,导致党员群体的安全感较低。

共青团员的信息安全感较低,这可能与该群体的职业生涯发展特征有关。这一群体未能像正式党员那样达到更高的社会政治层级,也没有民主党派的专业素养高,这一群体在各方面相对中游的特征共同决定了其信息安全感较低。

表6 城市居民不同政治面貌与信息安全感担心程度的关系

	政治面貌	N	均值	标准差	F	多重比较
隐私泄露安全感	中共党员	1666	4.37	2.616	13.602*	1<2 2>3 3<4
	民主党派	228	4.93	2.048		
	共青团员	2770	4.17	2.597		
	群众	4575	4.53	2.706		

续表

	政治面貌	N	均值	标准差	F	多重比较
财产信息泄露安全感	中共党员	1668	4.45	2.702	20.072*	1<2 1>3 2>3 3<4
	民主党派	228	5.03	2.307		
	共青团员	2770	4.12	2.681		
	群众	4577	4.58	2.745		
信息犯罪安全感	中共党员	1667	4.54	2.663	23.143*	1>3 2>3 3<4
	民主党派	228	4.75	2.272		
	共青团员	2769	4.19	2.678		
	群众	4576	4.72	2.732		

注：* 显著性水平为 0.05。

4. 基于民族的信息安全感状况

调查数据显示，居民的民族特征与信息安全感受有显著关联（见表7）。总体上，汉族居民的信息安全感高于其他民族，但差异程度较小。汉族居民在隐私和财产信息泄露方面的担心程度显著高于其他民族，在信息犯罪方面的担忧虽然更甚，但未达到统计上的显著程度。

表7 不同民族居民在信息安全感不同层面担心程度的差异比较

	民族	N	均值	标准差	t
隐私泄露安全感	汉族	8114	4.38	2.651	-1.874*
	其他民族	1150	4.54	2.617	
财产信息泄露安全感	汉族	8116	4.40	2.711	-2.071*
	其他民族	1152	4.58	2.742	
信息犯罪安全感	汉族	8113	4.51	2.700	-1.532
	其他民族	1152	4.64	2.701	

注：*$p < 0.05$.

具体考察主要少数民族的信息安全感得分情况（见图2）可知，藏族居民的信息安全感大幅高于其他民族，这与前文对拉萨市的分析结论一致。而壮族、蒙古族的安全感最低，其他民族之间的差异则不太明显。汉族人口比例占绝对优势，受多样化因素的干扰，民族特性逐渐淡化，各主要的少数民族也日益呈现大杂居小聚居的社会融合状态，导致民族特性对信息安全感的影响较弱。相比之下，聚居程度仍然较高的民族得以保留相对完整的传统文化，因而呈现过高或过低的信息安全感受，但具体的关联机理有待进一步研究。

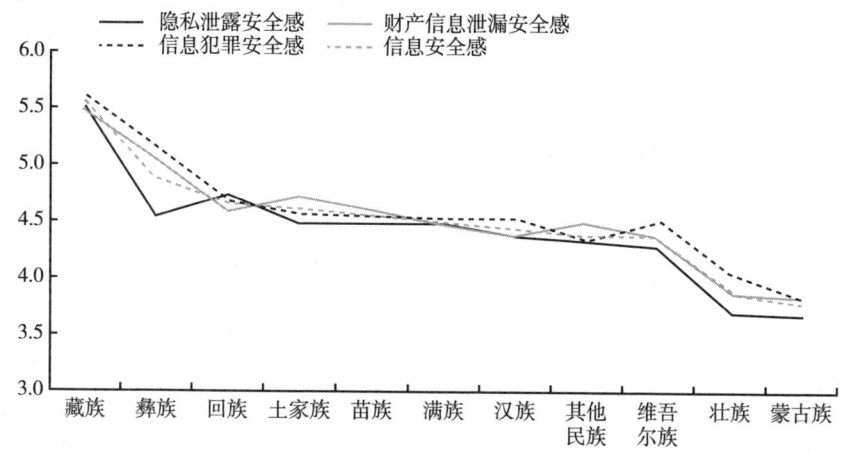

图2 不同民族居民在信息安全感不同层面担心程度的差异比较

5. 基于宗教信仰的信息安全感状况

有无宗教信仰与信息安全感的高低没有显著的相关性。有宗教信仰的居民对信息安全的感受较为乐观，且这种乐观主要体现在隐私和财产信息泄露问题上，但相关性较弱（见表8）。进一步比较信奉主要宗教的居民安全感受可知，信奉佛教、基督教、伊斯兰教这三大宗教的居民对信息安全的感受比较趋近，而信众相对较少的道教居民对信息安全顾虑较少，天主教信徒的信息安全顾虑最多（见图3）。综合而言，宗教信仰与信息安全感这种弱相关性是由我国的社会结构和社会制度决定的。作为社会主义国家，宗教信仰对居民信息安全行为的塑造性要弱于宗教更为流行的一些国家，我国居民的信息安全行为更具有世俗性特征。

表8 不同宗教居民在信息安全感不同层面担心程度的差异比较

	宗教信仰	N	均值	标准差	t
隐私泄露安全感	无宗教信仰	7776	4.39	2.646	-1.664*
	其他主要宗教	1475	4.51	2.656	
财产信息泄露安全感	无宗教信仰	7778	4.41	2.707	-1.776*
	其他主要宗教	1477	4.54	2.754	
信息犯罪安全感	无宗教信仰	7776	4.52	2.696	-.846
	其他主要宗教	1476	4.58	2.726	

* 均值差的显著性水平为0.1。

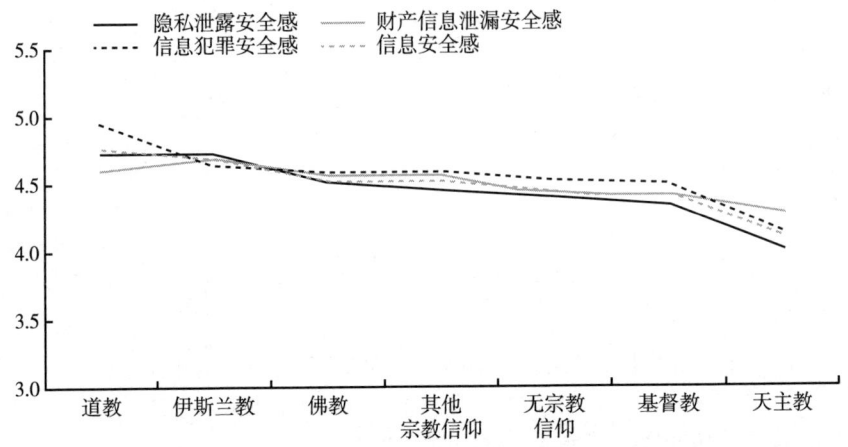

图3 不同宗教信仰居民在信息安全感不同层面担心程度的差异比较

6. 基于户口类型的信息安全感状况

调查结果表明，市民的户口类型与信息安全感有较强的相关性。如表9所示，持本地农村户口的居民对信息安全问题最为乐观，而外地农村人口对于信息安全的担忧最甚。这一差异凸显了作为外地农村人口主体的农民工等流动性群体正面临着严峻的信息安全困境。进城务工人口寄希望于辛勤劳动改善家庭生活状况，故而对因信息安全而造成的财产损失格外敏感。近年来，户籍制度虽已松动，但只是弱化了边际人口的城乡差异，对于本次调查的大部分受访者而言，户口类型仍然与其身份和生活方式有着直接的关联。

本地农村人口的乐观表现既与其不离土离乡的生活模式有关，也与其相对封闭的信息使用环境有关。

无论是本地城市人口，还是外地城市人口，对三类信息安全问题的担心程度非常一致，均没有显著差别。对于省会级城市的居民而言，但凡取得了城市户口，是否在本地落户不足以区分其群体特征，这反映了城市间人口的高度流动性，来自哪个城市对于工作绩效而言不再起决定性作用，因而呈现中等水平的乐观程度。

表9 不同户口类型居民在信息安全感不同层面担心程度的差异比较

因变量	户口类型	N	均值	标准差	F	多重比较
隐私泄露安全感	本地城市	4813	4.43	2.635	9.395*	1>4 2>4 3>4
	本地农村	1356	4.64	2.600		
	外地城市	1717	4.39	2.674		
	外地农村	1369	4.11	2.682		
财产信息泄露安全感	本地城市	4816	4.44	2.702	8.539*	1=3
	本地农村	1357	4.69	2.668		
	外地城市	1718	4.40	2.753		
	外地农村	1368	4.17	2.741		
信息犯罪安全感	本地城市	4814	4.54	2.683	9.636*	1>4 2>4 3>4
	本地农村	1356	4.78	2.629		
	外地城市	1717	4.53	2.760		
	外地农村	1369	4.22	2.737		

注：* $p < 0.01$.

7. 基于受教育程度的信息安全感状况

受教育程度与市民的信息安全感呈较强的负相关关系（见表10），且在三个单项指标上也呈现高度的一致性，受教育程度越高，越担心信息安全问题，对不同学历的细致考察进一步说明了这种强关联性（见图4）。受教育程度在小学及以下的群体信息安全感指数高达5.22，而占调查样本的比例较低的研究生群体只有 3.97，且中间三个等级的信息安全感也依次有较大落差。

一方面，受教育程度较高群体个人信息的风险暴露程度是非常高的，这一群体对运用网络进行工作具有高度依赖性，其信息流也具有较高的利用价值。另一方面，受教育程度会影响人们的风险感知度，更为丰富的知识和阅历使受教育程度良好的市民能及时辨别花样繁多的信息诈骗等行为，从而对潜在对信息泄露更为敏感。

表 10　不同受教育程度居民在信息安全感不同层面担心程度的差异比较

因变量	受教育程度	N	均值	标准差	F	多重比较
隐私泄露安全感	初中以下	1480	4.84	2.733	46.628*	各组间均有显著差异
	高中	2368	4.62	2.664		
	大专及以上	5411	4.19	2.593		
财产信息泄露安全感	初中以下	1479	4.95	2.788	54.946*	各组间均有显著差异
	高中	2371	4.63	2.748		
	大专及以上	5413	4.19	2.653		
信息犯罪安全感	初中以下	1478	5.04	2.748	58.507*	各组间均有显著差异
	高中	2371	4.77	2.731		
	大专及以上	5411	4.28	2.646		

注：* $p < 0.001$。

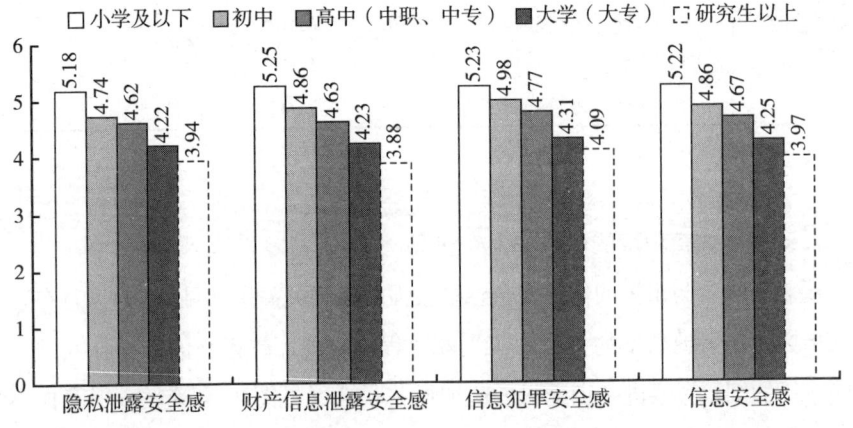

图 4　不同受教育程度居民在信息安全感不同层面担心程度的差异比较

8. 基于身份职业的信息安全感状况

不同身份职业群体对信息安全的主观感受存在明显差异。如表11所示，离退休人员的信息安全感大幅高于其他职业人群。相比之下，有稳定工作的职业人群对信息安全有较多担忧，而安全感最低的是学生群体。在行政事业单位和工商企业工作的群体在各个信息安全指标上都没有显著差异，呈现了高度同质性。离退休人员的生活方式决定了其私密信息暴露的可能性逐渐降低，虽然也有老年人上当受骗的报道经常见诸报端，但多为针对老年人群体养生、保健、医疗需要的诱导性消费，而较少采用信息诈骗的方式。而学生群体一方面有着较高强度的网络使用习惯，又普遍缺乏社会经验，难以辨别设计缜密的信息诈骗等违法行为，且部分学生的消费习惯也不够成熟，诸多因素使学生群体成为信息类违法犯罪的重灾区。

表11 不同身份职业居民在信息安全感不同层面担心程度的差异比较

因变量	身份职业	N	均值	标准差	F	多重比较
隐私泄露安全感	行政事业单位	1402	4.43	2.604	15.800	1＜4
	工商企业	3910	4.43	2.665		2＞3
	学生	2413	4.22	2.536		2＜4
	离退休人员	531	5.07	2.728		3＜4
财产信息泄露安全感	行政事业单位	1403	4.40	2.682	18.708	1＜4
	工商企业	3909	4.49	2.701		2＞3
	学生	2414	4.19	2.642		2＜4
	离退休人员	532	5.12	2.773		3＜4
信息犯罪安全感	行政事业单位	1403	4.57	2.657	19.137	1＝2
	工商企业	3908	4.61	2.693		
	学生	2413	4.24	2.631		
	离退休人员	531	5.11	2.716		

注：均值差的显著性水平为0.05。

9. 基于个人月收入的信息安全感状况

个人月收入水平反映了居民在劳动力市场上的价值高低，也与信息安全背后所关联的财产损失风险直接相关。总体上，收入高低与居民信息安全感的关联性较弱。如表12所示，只有月收入在3500元以下的较低收入群体的信息安全感显著低于月收入在3500～5000元的中等收入群体，且只在财产信息、信息犯罪方面存在这种差异。其中，月收入在2000元以下的群体安全感最低（见图5）。其他群体之间没有显著差异。这一调查结果呈现清晰的门槛效应，即个人月收入达到3000元左右之后，对信息问题的担忧就会明显缓解。城市生活成本较高是产生这种门槛效应的重要因素。在收入较低的时期，任何因信息问题而引致的财产损失都意味着生活难以为继，因而对信息安全的敏感性更高。在收入水平提高之后，不仅支付能力有了一定的回旋余地，信息风险的防范能力逐渐增强，信息安全感也会相应提高。

表12 不同个人月收入居民在信息安全感不同层面担心程度的差异比较

因变量	个人月收入	N	均值	标准差	F	多重比较
隐私泄露安全感	3500元以下	4839	4.36	2.684	2.085	
	3501～5000元	2285	4.53	2.582		
	5001～8000元	1325	4.41	2.608		
	8000元以上	632	4.39	2.672		
财产信息泄露安全感	3500元以下	4843	4.36	2.752	3.976*	1<2
	3501～5000元	2286	4.59	2.659		
	5001～8000元	1324	4.42	2.639		
	8000元以上	632	4.46	2.749		
信息犯罪安全感	3500元以下	4840	4.43	2.746	5.302*	1<2
	3501～5000元	2286	4.69	2.630		
	5001～8000元	1324	4.59	2.637		
	8000元以上	632	4.62	2.689		

注：*均值差的显著性水平为0.05。

二 城市信息安全感存在的问题与挑战

基于调查结果的统计分析，我国城市居民信息安全感存在较严重的问题，这些问题的具体表现和可能的原因如下。

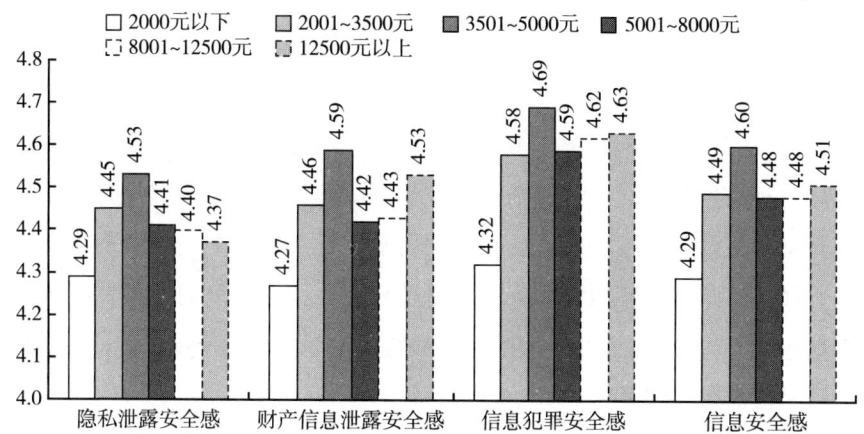

图5 不同月收入水平居民在信息安全感不同层面担心程度的差异比较

（一）居民信息安全感偏低且分化明显

首先，在构成城市公共安全指数的9个方面中，居民的信息安全感程度最低。如前所示，信息安全感指数为0.384，名次排在末位，且指数绝对值也大幅低于其他指数。从信息安全感三个分项指标的居民调查结果来看，居民对个人隐私泄露、财产信息泄露和信息犯罪的担心程度都不及平均水平5.5分。这一状况与习近平总书记强调"不断增强人民的获得感、幸福感、安全感"的目标尚有较大的差距。

截至2018年6月，我国网民规模突破8亿，上半年新增网民2968万人，较2017年末增加3.8%，互联网普及率达57.7%。手机网民规模达7.88亿，上半年新增手机网民3509万人，较2017年末增加4.7%，网民中使用手机上网人群的占比达98.3%。我国网络购物用户规模达到5.69亿，相较2017年末增长6.7%，占网民总体比例达到71.0%。手机网络购物用户规模达到5.57亿，相较2017年末增长10.2%，使用比例达到70.7%。①

---

① 《第42次中国互联网络发展状况统计报告》，中国互联网络信息中心（CNNIC），2018年8月20日，http://www.cac.gov.cn/2018-08/20/c_1123296882.htm。

已经持续领先于全球平均水平（2017年末为51.7%），更远超过亚洲平均水平（2017年末为46.7%）。以手机为中心的智能设备，成为"万物互联"的基础，车联网、智能家电促进"住行"体验升级，构筑个性化、智能化应用场景。移动互联网服务场景不断丰富、移动支付使用不断深入，互联网理财用户规模增长明显。此种情势下，信息的流通取代了货币流通，成为经济运行不可或缺的要素。然而，技术的可复制性却给信息安全带来了极大的挑战，居民直接暴露于层出不穷的信息违法行为中。信息的任意复制性则是压低居民信息安全感的另一个要因，无论是隐私信息在网络社群的无意传播，还是恶意的信息盗取或诈骗行为，信息泄露的风险都是不可控的，且无法有效删除泄露出去的私密信息，受害者将始终担心这些信息何时被再次非法利用。

其次，城市间的指数得分较为悬殊，各城市居民的信息安全感存在明显差别。在调查的31个城市中，处于第一梯队的四个直辖市之间的排名落差巨大，上海靠前，天津靠后，也反映出即使特大城市，在信息现代化领域也仍需努力。在这方面，杭州、贵阳、重庆在着力发展信息产业方面成绩卓著，为居民拥有较高的信息安全感提供了坚实基础。

再次，信息安全感还存在着广泛的群体性差异。综合第一节的统计结果可知，女性、青年人、共青团员、汉族、无宗教信仰、外地农村户口、受教育程度高、学生及有固定工作的职员、低收入者等群体对涉及个人隐私信息、财产信息及信息犯罪的担忧都显著高于其他群体。找出影响这些群体安全感的关键因素，并通过有针对性的政策设计、公共服务、技术手段来提升信息安全保障水平，具有重要的政策意义。

（二）各城市信息安全感的主客观情况差异较大

在很大程度上，信息安全的主观感受取决于居民的个体特征和个体环境下的信息风险暴露程度，而客观的信息安全状况则是信息风险程度、政府部门及信息安全企业防范效果的反映。在理想状态下，居民的主观感受与客观状况的差异越小，越说明信息安全资源得到有效利用。《2018大数据城市网络安全指数报告》的数据与本调查的信息安全感数据可以进行较好的城市层面对比分析。

《2018大数据城市网络安全指数报告》由大数据协同安全技术国家工程实验室等四家单位联合发布，以360互联网安全中心在2017年1月至2018年3月监测到的全国各个城市云端网络安全大数据为基础，通过对实际攻击行为的监测，分析全国各中心城市的网络安全状况。其中，衡量居民信息安全状况的个人网络安全指数由涉及个人信息安全的八项指标构成（见表13），利用客观数据，采用加权平均法算出一个（0，1）区间上的小数。指数越大，越接近于1，说明个人网络信息越安全。

表13 大数据城市个人网络安全指数基础数据指标

二级指数	三级指数	基础数据说明（权重均为1/8）
个人网络安全指数	1. PC木马	360为电脑用户拦截的木马攻击
	2. 手机木马	360为手机用户拦截的木马攻击
	3. 盗版软件	各城市手机用户安装的盗版软件
	4. 钓鱼网站	360为用户拦截的钓鱼网站攻击
	5. 网络诈骗	猎网平台收到各城市网络诈骗举报
	6. 诈骗电话	360为手机用户拦截的诈骗电话
	7. 骚扰电话	360为手机用户拦截的骚扰电话
	8. 垃圾短信	360为手机用户拦截的垃圾短信

资料来源：《2018大数据城市网络安全指数报告》，360互联网安全中心，2018年5月25日，http：//zt.360.cn/1101061855.php?dtid=1101062370&did=491187777。

将该指数与居民信息安全感指数进行对比（见表14）可知，在中心城市层面，个人信息安全感与个人网络安全程度的相关性较低（相关系数为0.184）。从两指数排名差异程度看，拉萨、西宁、武汉、重庆、合肥、长春、福州、呼和浩特、南昌等市的信息安全感排名比其个人网络安全排名高出超过10个位次，北京、长沙、济南、沈阳、乌鲁木齐等市的情况恰恰相反，主观排名远低于客观排名。杭州的主客观排名均为第二，这也表明杭州在信息产业及信息安全方面处于全国中心城市的领先地位。天津的主客观排名均为倒数名次，值得有关部门重视。

表14 城市居民信息安全感与网络安全状况的对比

城市	个人网络安全	个人网络安全排名	信息安全感	信息安全感排名
拉萨	0.65	18	5.61	1
杭州	0.82	2	5.29	2
南京	0.73	7	5.17	3
西宁	0.62	19	5.16	4
上海	0.72	10	5.13	5
武汉	0.66	16	4.95	6
广州	0.79	5	4.91	7
海口	0.73	9	4.85	8
重庆	0.18	31	4.76	9
合肥	0.61	20	4.73	10
兰州	0.81	4	4.64	11
成都	0.69	13	4.56	12
西安	0.56	24	4.55	13
长春	0.39	30	4.55	14
石家庄	0.66	17	4.47	15
哈尔滨	0.58	23	4.35	16
郑州	0.72	11	4.30	17
昆明	0.70	12	4.30	18
呼和浩特	0.46	26	4.24	19
福州	0.45	27	4.24	20
长沙	0.67	15	4.18	21
北京	0.85	1	4.16	22
贵阳	0.78	6	4.09	23
南昌	0.43	28	4.06	24
济南	0.81	3	4.01	25
太原	0.61	21	3.98	26
沈阳	0.69	14	3.92	27
银川	0.59	22	3.76	28
乌鲁木齐	0.73	8	3.74	29
南宁	0.52	25	3.69	30
天津	0.41	29	3.60	31

资料来源：个人网络安全指数数据摘自2018年5月发布的《2018大数据城市网络安全指数报告》。

（三）市民信息行为不够安全

当感知到信息存在泄露和被滥用的风险时，居民的行为会更为谨慎，但养成更为安全的信息习惯需要较高的自制力或外部强化力量。这样的主客观条件在很多居民身上并不具备，从而让违法分子有机可乘，利用非法获取的信息来牟利。据调查，2017 年，猎网平台共收到全国用户提交的有效网络诈骗举报 24260 例，举报总金额 3.50 亿余元，人均损失 14413.4 元。与 2016 年相比，网络诈骗的举报数量增长了 17.6%，人均损失却增长了 52.2%。[①] 除此之外，尚有众多遭受小额损失，或因隐私信息泄露而遭受人格尊严损失的居民没有进行过举报，因信息不安全而造成的各类损失远远超出现有的各种估量。

随着人们使用网络的频率不断提高，个人通过网络平台账号和在线支付资金账户进行私密操作的行为也日益频繁。如何设置诸多账户的登录密码，能直观反映出市民的信息安全意识。为考察居民的信息行为是否安全，本调查中设置了一个客观题目："您是否在银行卡账户、邮箱、QQ 等涉及个人信息安全的服务上使用相同的密码？"答案从"都不一样"到"完全一样"共四个等级。居民的回答情况及不同群体的分类统计，见表 15。总体上，密码设置完全一样的居民占样本人数的 7.9%，大部分相同的为 31.6%，少部分相同的为 31.7%，密码设置都不一样的接近 20%。综合对比来看，有意将密码差异化的偏谨慎市民占 50% 以上，出于便利而放松安全要求的市民近 40%。鉴于网民及涉及私密、财产行为的人口基数巨大，账户信息仍然是信息犯罪及网络信息安全激烈对抗的领域。另据《2018 中国网民个人隐私状况调查报告》的调查结果，以"几个密码通用于大多数账号"的中国网民占比达到 50.8%，对自己拥有的所有账号都采取同一套密码的人占

[①] 《2017 年网络诈骗趋势研究报告》，360 互联网安全中心，2018 年 1 月 29 日，http://zt.360.cn/1101061855.php?dtid=1101062366&did=491006041。

14.9%。① 本调查结果与之相差较为悬殊,居民的密码设置行为表现得更为谨慎。②

表 15 居民账号密码设置情况分组统计

变量	变量取值	N	完全一样	大部分相同	少部分相同	都不一样	记不清
性别	男	4632	8.5	30.7	32.9	19.3	8.7
	女	4639	7.3	32.4	30.6	19.6	10.1
年龄	18~29 岁	4453	7.2	33.2	33.1	18.1	8.4
	30~44 岁	2680	7.2	31.1	32.5	21.6	7.6
	45~59 岁	1588	9.1	29.4	30.3	20.1	11.1
	60 岁以上	544	13.4	26.7	21.1	17.8	21.0
政治面貌	中共党员	1668	8.5	33.7	32.2	19.4	6.3
	民主党派	228	9.2	32.5	37.3	11.8	9.2
	共青团员	2770	6.4	34.6	34.0	17.5	7.5
	群众	4580	8.4	29.0	30.0	21.0	11.5
民族	汉族	8119	7.9	32.2	31.2	19.3	9.4
	其他民族	1152	7.80	26.80	35.60	20.60	9.20
宗教信仰	无宗教信仰	7781	7.5	32.3	31.7	19.3	9.2
	佛教	775	9.6	27.1	30.6	20.5	12.1
	基督教	198	8.1	31.3	27.3	22.2	11.1
	伊斯兰教	214	11.7	30.0	37.1	15.5	5.6
户口类型	本地城市	4817	8.5	32.0	30.6	19.9	9.0
	本地农村	1357	8.5	28.7	34.8	17.3	10.7
	外地城市	1719	6.4	33.2	32.2	19.7	8.6
	外地农村	1369	7.0	30.8	32.5	19.5	10.2
受教育程度	小学及以下	342	9.1	27.8	24.6	21.1	17.5
	初中	1139	8.9	24.4	29.7	22.4	14.6
	高中(中职、中专)	2371	9.0	29.4	31.2	19.6	10.8
	大学(大专)	4868	7.3	34.0	32.9	18.5	7.2
	研究生以上	546	5.9	36.5	32.1	20.4	5.1

---

① 《2018 中国网民个人隐私状况调查报告》,企鹅智酷,2018 年 8 月 16 日,http://www.useit.com.cn/thread-20058-1-1.html。

② 需要注意的是,在线调查通常采用受访者主动填答的方式采集数据,而无从得知那些没有机会或不愿参与调查的网络用户在信息行为上的安全性表现如何,从而存在样本代表性不足的问题。

续表

变量	变量取值	N	完全一样	大部分相同	少部分相同	都不一样	记不清
身份职业	公务员	342	9.9	31.9	30.4	21.1	6.7
	事业单位人员	1061	7.6	34.2	33.5	19.3	5.4
	公司职员	2031	8.0	31.6	35.1	18.8	6.5
	进城务工人员	485	6.2	28.0	34.2	19.8	11.8
	学生	2414	6.2	35.6	34.0	15.7	8.5
	自由职业者	1396	8.7	26.8	27.2	25.8	11.4
	离退休人员	532	13.4	26.0	22.6	17.7	20.3
个人月收入	2000元以下	2734	7.0	32.9	31.8	17.2	11.1
	2001~3500元	2109	8.8	28.6	30.1	21.9	10.6
	3501~5000元	2288	8.2	32.3	32.5	18.5	8.6
	5001~8000元	1325	8.5	34.0	32.5	19.3	5.7
	8001~12500元	430	7.0	30.9	32.3	21.6	8.1
	12500元以上	202	5.0	24.5	30.5	32.5	7.5
合计		9088	7.9	31.6	31.7	19.5	9.4

进一步针对密码设置情况做群体间对比分析，见表15。

（1）在性别上，男性与女性的设置习惯较为一致，各种情形的差异最多2个百分点。相比之下，男性的信息安全感显著高于女性，反映了男女之间在信息风险敏感程度上的生理性差异。

（2）在年龄上，密码设置完全一样的比例与年龄段正相关，年轻人的信息行为更为安全。21%的60岁以上老年人记不清其密码设置情况，仍有13.4%的人密码完全一样，选择"大部分相同"的比例也偏高。

（3）在政治面貌上，共青团员相对谨慎。民主党派密码完全一样的比例（9.2%）较高，共青团员的比例较低（6.4%），其他群体的设置情况差异不大。

（4）在民族上，其他民族的信息行为更为安全，"密码大部分相同"的比例比"少部分相同"低9个百分点。

（5）在宗教信仰上，伊斯兰教的群体相对大意一些，11.7%的居民密码完全一样，且都不一样的比例仅有15.5%。

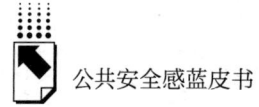

(6) 不同户口类型的居民群体在密码设置行为上未表现出明显差别。

(7) 在受教育程度上，信息行为的安全性与学历正相关。学历越高的，密码完全一样的比例越低，且记不清密码设置情况的比例也呈现同样的变化趋势。

(8) 在身份职业上，进城务工人员和学生的信息行为相对谨慎，密码完全一致的比例仅为 6.2%。但这两个群体拥有的涉及隐私和资产信息的账号相对较少，其实际的信息行为应与其他群体相当。

(9) 在个人月收入水平上，高收入群体的信息行为更为安全，设置相对谨慎的比例超过 60%，高出一般水平 10 个百分点。

综上，居民信息行为的安全程度确实有待提高，且存在一定的群体性差异，在设计应对政策措施时，有必要利用信息安全感知、信息行为动机与信息行为之间的作用机理来提高这些措施的有效性。

（四）信息安全的公共服务有待完善

当前，针对网络用户遭受信息诈骗等侵权行为，已经有较为系统的在线举报受理和统计工作。2017 年 CNCERT 接到网络安全事件报告累计 103463 件，相比 2016 年的 125660 件降低 17.7%。2017 年中国互联网违法和不良信息举报中心（12377）共受理网民有效举报 5263.9 万件，较 2016 年的 3022.7 万件增长 74.1%。① 政府有关机构及各大信息服务商的应对措施通常具有一定的滞后性，从 2017 年受理举报的大幅增长情况可见一斑。显然，针对居民个体的信息安全宣传指导也会是有效的应对措施。

社区是居民信息接触最多的生活场景，城市有关部门若在这一场景中开展系统的信息安全宣传指导，能有效提升居民的信息安全意识和行为。为考察各城市在这方面的作为情况，本调查设置了一道客观题目："您的社区有没有防范网络、电话诈骗的提醒和宣传？"回答包括三个选项，分别为"没

---

① 《第 41 次中国互联网络发展状况统计报告》，中国互联网络信息中心（CNNIC），2018 年 9 月 15 日，http：//www.cnnic.cn/hlwfzyj/hlwxzbg/hlwtjbg/201803/t20180305_70249.htm。

看到过""有一些简单提醒""有针对性的宣传和培训"。调查结果表明（见表16），全国总体情况不容乐观，尚未形成主动、系统的个人信息防范格局。回答"有针对性的宣传和培训"的占22.2%，回答"有一些简单提醒"的占60.9%，回答"没看到过"的占16.9%。各城市间在开展防骗服务上的表现也较为悬殊。石家庄、杭州、南京等市表现较好，有30%左右的居民回答"有针对性的宣传和培训"，哈尔滨、西宁的表现较差，回答"有针对性的宣传和培训"的居民不足15%，政府和社区各层面的信息安全公共服务较为欠缺。

表16 信息安全防范：社区有无防骗提醒和宣传（N=9273）

城市名称	N	没看到过	有一些简单提醒	有针对性的宣传和培训
石家庄	298	12.4	56.4	31.2
杭州	298	10.4	60.7	28.9
南京	300	19.0	52.3	28.7
广州	296	12.2	59.8	28.0
太原	300	9.7	62.3	28.0
上海	306	10.2	62.0	27.9
昆明	300	14.3	59.0	26.7
拉萨	300	19.9	54.5	25.6
乌鲁木齐	291	17.9	56.7	25.4
贵阳	303	11.3	63.6	25.2
沈阳	300	12.4	62.9	24.7
南宁	294	17.1	59.6	23.3
合肥	299	25.8	51.2	23.1
银川	300	19.3	57.7	23.0
济南	296	17.3	60.3	22.4
北京	300	14.4	63.5	22.1
重庆	299	13.4	64.5	22.1
天津	300	16.0	62.7	21.3
长沙	299	14.1	64.8	21.1
长春	300	25.0	55.0	20.0
呼和浩特	300	25.3	55.3	19.3
福州	298	13.8	67.0	19.2

续表

城市名称	N	没看到过	有一些简单提醒	有针对性的宣传和培训
武汉	299	17.1	63.8	19.1
兰州	300	18.0	63.0	19.0
郑州	293	25.7	55.5	18.8
成都	300	13.7	67.7	18.7
南昌	300	19.2	62.3	18.5
海口	305	11.0	72.1	16.9
西安	300	26.0	57.3	16.7
西宁	299	12.7	72.9	14.4
哈尔滨	300	28.7	61.3	10.0
总计	9273	16.9	60.9	22.2

三 提升城市信息安全感的对策与建议

虽然信息安全感是居民在信息应用场景中的主观感受,但其担心程度取决于信息安全的主客观条件。若个人能在上网过程中保持良好的使用习惯,遵守常规的信息保护原则,例如,尽量少使用重复的密码设置,对重要账户同时采用多种方式进行登录验证,就可以避免私密信息的轻易泄露。另外,企业或个人进行信息采集的行为若能受到严格而及时的监管,也能保证用户的私密信息安全无虞。然而,这些主客观方面的安全条件很难同时具备,个人有追求便利性而忽视信息保护的动机,信息采集者也不会满足于仅获取法规之内的信息内容,常常借助隐蔽手段或诱导方式来收集更全面的用户信息。信息违法行为的非针对性也让信息接触者忽视信息的权利属性,将其当成网络上随意取用的公共资源,由此才频频出现大规模的用户信息泄露事件。因此,提升城市居民的信息安全感,需要更为系统的应对措施。

(一)完善立法保护公民的信息权益

完善的法律体系能塑造出可一个预期的信息存储、使用和传播环境,有助于信息安全的利益相关方在有关规范内自行解决信息安全问题。2016年12月20日，最高人民法院、最高人民检察院、公安部联合发布了《关于办理电信网络诈骗等刑事案件适用法律若干问题的意见》，为严惩电信网络诈骗案件提供了明确的法律依据及具体的法律标准。2016年轰动全国的"徐玉玉被电信诈骗案"成为适用《意见》审理的第一例要案，2018年2月1日入选"2017年推动法治进程十大案件"。互联网经济的迅猛发展往往超出立法所能约束的范围，因此，应加快完善信息安全立法，保护公民的信息权益。

首先，将泄露个人信息入罪，提高信息防范责任。因为技术手段的隐蔽性和网络环境的开放性，信息泄露规模巨大，会造成严重的社会后果。而刑法规定侵犯公民个人信息罪都是出于主观故意，只将非法使用、非法篡改公民个人信息等主观故意明显且造成严重危害的行为入罪，导致信息犯罪的预期代价过低。对因过失致使公民个人信息泄露造成严重危害结果的行为也应入罪。

其次，增加救济途径，提高受害者的追诉能力。虽然公民个人信息权具有明确的私权利属性，但采取非针对性的方式进行违法采集利用时，就具有了明确的公共危害性，可以对侵犯公民个人信息的行为实行自诉为主、公诉为辅的追诉机制。对于侵害公民个人信息安全，严重破坏国家秩序、危害社会和谐稳定、造成严重危害后果的行为应由公诉机关指控。[①]

最后，针对信息违法行为特性，制定全国性法律法规。信息安全涉及的领域不受地域限制，具有强烈的普遍性，且应对信息违法犯罪需要较强的技术能力，有必要在建立信息安全法的时候，尽量避免采用制定地方性法规和部门规章的方法代替制定全国性法律法规。也可以在专门信息安全基本法出台之前，建立必要的、急需的单行法。

（二）完善信息安全的监管制度

信息安全的公共性决定了政府部门要提供相应的公共服务，并完善相应

---

① 赵连庆：《公民个人信息安全的刑法保护——以电信网络诈骗案件频发为视角》，《学习与探索》2017年第9期。

的监管制度。第一，要强化政府在信息应急管理中的监管者角色。在竞争压力和信息技术迅速迭代的条件下，网络服务业的行业集中度不断提高，"独角兽"企业不断涌现，随之而来的是信息泄露而引发的公共性问题日益凸显。从应急管理的意义上，公安机关可加强与有关网络服务企业的合作，为调查取证提供专门的信息恢复、固定和保全等技术。政府在移动互联网公共信息安全管理中，应占据主导地位，发挥应急事件指挥者的角色。政府对控制一般网络公共信息安全事件演变为危机事件肩负巨大责任，需要通过自身的能力使社会秩序尽快恢复正常。① 第二，要整合公共信息监管机构，形成合力。互联网产业的高速发展使信息风险防范需要突破以"条线"管理为主的传统行政体制。在信息安全问题尚未成为普遍的公共安全问题时，同级的政府各有关部门分别管理各自领域涉及信息安全的公共事务。随着信息传播量级的提升，以及各行政部门间职责界限的模糊，亟须设立权责明确的新机构来整合分散在各部门的信息监管职能。通过更为扁平化的组织架构，通过完善的信息标准、平台监控、风险预警、协同应急等措施开展信息安全工作。第三，完善信息安全问责机制。美国联邦政府已经形成以《信息自由法》、《网络安全法》以及《联邦信息技术安全评估框架》等为核心，各机构信息安全问责辅助性法律法规为支撑，联邦政府、立法和司法机构以及社会问责主体的政府信息安全问责法律和组织体系。从信息安全问责执行机制、信息安全问责监督纠察机制、信息安全诉讼机制以及信息安全绩效评估机制等四个方面建立了信息安全问责运行机制。可以借鉴美国经验，提高问责对象的针对性与加大问责力度、注重多部门协作、扩大政府部门在网络监管中的权限，并明确其职责任务。②

（三）大力提高居民信息安全的行为素养

根据木桶原理，面向居民个体采取系统的措施来提升其信息安全行为，具有更显著的本质安全意义，并可减轻公共资源用于防范信息风险的压力。

---

① 王文婧：《试论移动互联网公共信息安全保障机制》，《信息安全与技术》2015年第10期。
② 盖宏伟、袁佳杭、佟林杰：《美国联邦政府信息安全问责制度体系及借鉴》，《情报理论与实践》2018年第8期。

第一，提供系统的信息安全统计服务，帮助居民形成完整的安全感知参照系。目前，信息违法情况的统计多由互联网协会等事业性组织或主要网络服务商提供，以专题报告等形式发布，数据获取以在线问卷调查为主。调查样本代表性等不足问题难以避免，所发布的数据分析容易误导居民对信息安全现状的感受。应采取国家统计局抽样调查的方式进行信息安全统计工作，以便让居民根据更为客观的数据信息做出判断。

第二，加强信息安全措施的针对性。应对措施需兼顾全体居民，尤其是网络使用经验不足的人群。截至2017年12月，我国非网民规模为6.11亿，其中城镇非网民占比为37.6%，农村非网民占比为62.4%。上网技能缺失以及文化水平限制仍是阻碍非网民上网的重要原因，其中部分有行为能力的居民也将很快成为网民。网民数量可以在短时间内急剧增加，但网民的信息安全意识和行为能力无法迅速跟进，信息暴露概率增大，给违法犯罪分子更多可乘之机。根据本调查的结果，应针对信息安全感较弱的群体开展宣传教育，包括城市流动人口、学生和受教育程度较低的群体。不断提高这些群体对有害信息的辨别能力，引导其自觉抵制各种不良信息的诱惑。在教育内容和手段上，可以通过政府购买服务的方式来提高信息安全教育服务的供给效率。

第三，完善信息安全教育内容。有研究表明，基于保护动机理论和预期后悔理论，情绪在个人信息安全保护行为管理中发挥着重要作用，这意味着政府可以督促网络信息设备和服务的制造提供商或运营商重视用户在信息安全问题上的情感诉求，通过强制推送安全提醒通知、风险警告提示等标识或文字设计的方式，来诱导用户担忧及预期后悔情绪的触发，从而提醒用户注意信息安全的保护。[1] 政府可以在城市公共场景中，利用线上或线下途径直接提供此类信息提醒服务。只有通过各种途径提高居民信息安全的认知和行为素养，才能提升居民信息安全领域的安全感和幸福感。

---

[1] 陈昊、李文立：《基于情绪中介的信息安全保护行为研究》，《科研管理》2018年第6期。

附 件

Appendix

B.11
2017年城市公共安全感认知与行为问卷题目

请您根据您的实际情况回答下列问题，在选择项题号上打钩：

1. 您会经常关注本地天气预报吗？
   ①基本不看　　　　　　　　②想知道的时候问别人天气情况
   ③需要的时候看一看　　　　④每天都看

2. 您所在的社区或单位有没有组织过自然灾害应急演练？
   ①没有　　　　　　　　　　②没印象
   ③偶尔有　　　　　　　　　④经常有

3. 在雾霾或空气质量差的日子里，您会戴口罩出行吗？
   ①从来不戴　　　　②偶尔会戴　　　　③经常戴

4. 您周围的邻居会将垃圾分类之后再放入垃圾桶吗？
   ①几乎没有　　　　　　　　②有少部分人这样做
   ③大多数人都这样做　　　　④都会这样做

5. 您会使用酒店、宾馆提供的清洁用品吗？

①自带用品 ②偶尔会使用

③经常使用

6. 据您观察,市民随地吐痰的现象多吗?

①几乎没见到 ②偶尔见到 ③经常见到 ④十分普遍

7. 当您在超市购买食品时,您会根据生产日期和保质期选择商品吗?

①不会特别留意保质期 ②只要在保质期内都行

③会仔细比较保质期,选择最新鲜的

8. 当您买到问题食品后,您会怎么处理?

①怕麻烦,就当自己倒霉 ②找卖家要求退款或赔偿

③向有关行政部门投诉

9. 在过马路等红灯时,如果没有车辆通行,你会提前过马路吗?

①不会,等绿灯亮了再过 ②看情况,抢时间的时候会提前过

③会,观察确定没车就提前过

10. 据您观察周围的人开车过程中接打电话的情况普遍吗?

①很少见到 ②少部分人会 ③很多人会 ④十分普遍

11. 当进入陌生的公共场所时,您是否会留意逃生通道或避险标识吗?

①从不关注 ②偶尔会去观察 ③经常留意

12. 如果发现道路上的窨井盖不见了,您会怎样做?

①避开绕行 ②口头提醒后面的人

③放个东西提醒大家 ④提醒大家,并向市政部门反映

13. 在人群中走路时,您会把包背在前面吗?

①一般不会 ②偶尔会这样做 ③经常这样做

14. 您是否看到小区保安在夜间巡逻?

①经常见到 ②偶尔见到 ③很少见到 ④从没见到

15. 您买过商业性人寿保险或大病保险吗?

①没买过,不清楚 ②还没买,打算购买 ③购买过

16. 您有社会养老保险和社会医疗保险吗?

①都有 ②只有养老保险 ③只有医疗保险

④都没有　　　⑤不清楚

17. 您是否在银行卡账户、邮箱、QQ 等涉及个人信息安全的服务上使用相同的密码?

①完全一样　　②大部分相同　　　③少部分相同

④都不一样　　⑤记不清

18. 您的社区有没有防范网络、电话诈骗的提醒和宣传?

①没看到过　　②有一些简单提醒　　③有针对性的宣传和培训

19. 在过去一年内,您有几次吃坏肚子的情况(如拉肚子、肚痛甚至上医院)?

①无　　　②1 次　　　③2 次　　　④3 次　　　⑤4 次以上

20. 您认为目前的食品安全违法信息公开程度怎么样?

①非常不透明　　②不太透明　　③比较透明　　④非常透明

21. 当出现食品安全事件时,您认为消费者维权容易吗?

①非常麻烦　　②比较麻烦　　③比较容易　　④非常容易

22. 在最近一年时间内,您所知道的公共场所不安全事件多吗?(如电梯伤人、火灾、踩踏等)

①极少　　　②偶尔　　　③经常　　　④极为普遍

23. 如果在公共场所遇到突发事件(如电梯故障、火灾、拥挤踩踏),您第一时间会怎么做?

①随人群走　　②拍照　　　③自己找逃生出口

④打电话求助　　⑤救助他人

24. 您对本市政府在公共安全方面的表现满意吗?

①非常不满意　　②不满意　　③一般　　　④比较满意

⑤非常满意

25. 您对本市政府解决公共安全问题有信心吗?

①完全没信心　　②没信心　　③一般　　　④比较有信心

⑤非常有信心

26. 对于本市政府发布的各种公共安全事故通报信息,您信任吗?

①非常不信任　　②不信任　　　③一般　　　　④比较信任

⑤非常信任

27. 您是否接受过社会组织（如公益团体）关于公共安全的教育或服务？

①没有　　　　　②有

如果有，有哪些呢？（多选）

①信息安全　　　　　②自然灾害防治　　　③生态安全

④医疗卫生安全　　　⑤食品安全　　　　　⑥交通安全

⑦公共场所设施安全　⑧社会治安　　　　　⑨社会保障

B.12
全国城市公共安全感调查小组

第一组：广州、南宁
带队教师：曹惠民、李　昶
小组成员：陈　绅（组长）　邓勇新　董若愚　李晓宁　李亚楠　杨晓平
　　　　　张少丽智　周博宇　朱　璇　陈思宇　丁　倩

第二组：武汉、长沙
带队教师：张长立
小组成员：龚　雪（组长）　宫　煜　康玉菲　李东霖　邓晓颜　郭庆宁
　　　　　黄可欣　高钰书　孙希嫚　刘雨婷　潘如男

第三组：海口
带队教师：尹保华
小组成员：赵天宁（组长）　宣博凯　王　艳　姜舒华　刘海燕　罗吉宜
　　　　　彭诺涵

第四组：石家庄、太原
带队教师：张　辉
小组成员：陈冠宇（组长）　李　渊　刘　昆　诸葛芃　白　婧　陈彤云
　　　　　储　怡　刘倩倩　王　依　熊笑影　李晓娇

第五组：哈尔滨、长春
带队教师：许　超

小组成员：李少轩（组长）　包　钰　方远凯　贾利民　姜心宁　蒋丹钦
　　　　　蒋姗杉　孙可欣　王春悦　王景元　钟武晨　周珊珊

第六组：南京、合肥
带队教师：曹　明、曹瑞杰
小组成员：何元元（组长）　常智栋　崔基明　刘汉拔　胡恢鑫　董玥妍
　　　　　王佳璐　吴　旋　许兴兴　白义枫

第七组：郑州、西安
带队教师：韦长伟
小组成员：赵茹茹（组长）　于　昊　王启通　金春延　林上人　张文秀
　　　　　张宇龄　张　艺　褚　杨　臧　繁

第八组：兰州、西宁
带队教师：翟军亮
小组成员：李桂鑫（组长）　刘乃齐　颜玮婷　周任青　吕倩楠　曹春雨
　　　　　周翔宇　张文萱　史玉洲　贾生超

第九组：成都、重庆
带队教师：李　明
小组成员：王　云（组长）　罗　亮　张文培　史梦鸽　邓逸雯　简国蕾
　　　　　肖欣怡　周祉含　赵雅琼　刘　璇

第十组：上海、杭州
带队教师：施　炜
小组成员：刘　奇（组长）　柴文博　吉　洺　季滢樱　王佳欣　孟仕超
　　　　　赵雨晰　陆超超　陈　华　王　蓉

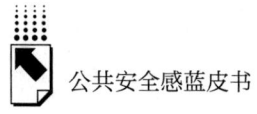

第十一组：北京、沈阳

带队教师：张　阳

小组成员：李冀蒙（组长）　马嘉宁　胡安迪　王南迪　周梦钰　杨　栖
　　　　　马瑞光　沈岱松　石　颢　张珈陌

第十二组：天津、济南

带队教师：周云圣

小组成员：马跃强（组长）　刘　林　赵一迪　潘　婕　潘晓凤　邹雨欣
　　　　　周倩玉　丁曼婷　王　硕

第十三组：银川

带队教师：王义保、王云飞

小组成员：陈晓洁（组长）　李含笑　李　洁　李淑清　钱星辰　张　静
　　　　　胡昊天　王志祥

第十四组：昆明、贵阳

带队教师：马亚静

小组成员：刘博源（组长）　单广然　黄晓萱　李雨嘉　朱熹杰　张明霞
　　　　　吕凯淇　程　伟　白星彬　金妍含　杨　朕

第十五组：南昌、福州

带队教师：陈世民

小组成员：王　乔（组长）　葛雅林　朱勤俭　朱群芳　徐细润　计超凡
　　　　　熊亮州　刘　琰　唐雅莉

第十六组：呼和浩特

带队教师：陈　静

小组成员：刘　灿（组长）　王玲丫　董欣静　杨　楠　龚李清　张少康
　　　　　匡　鹏　黄雪林

第十七组：乌鲁木齐
带队教师：李素琴
小组成员：穆帅星（组长）　穆海拜提·艾散　排日代姆·喀斯木　李怡萱
　　　　　杨曼莉　迪娜·卡德别克　徐　兆

第十八组：拉萨
带队教师：刘　蕾
小组成员：张文文（组长）　张　明　孔张冉　潘　淳　于有为　蒋文倩
　　　　　李　松　刘莞毓

第十九组：督导组
带队教师：吴祝武　任世存　李凯风
小组成员：庆　文（组长）　董天歌　杨婷惠　张　莹　张　睿　琚　子
　　　　　陈　婷

B.13 后　记

本书为中国应急管理学会蓝皮书系列之一,在中国应急管理学会蓝皮书指导委员会的统筹、规划、指导和帮助下,本书得以顺利出版。本书为中国工程院咨询研究项目"新形势下我国城市安全发展战略研究"子课题"新形势下我国城市风险评估与预防发展战略研究"的阶段性研究成果之一。项目为中国矿业大学双一流建设自主创新专项"城市与公共安全"(2018ZZCX10),由中国矿业大学城市公共安全管理智库具体组织实施。项目得到了江苏高校人文社会科学校外研究基地"江苏省公共安全创新研究中心"、中国矿业大学城市公共安全管理智库、中国矿业大学"五位一体"本科生实习实践项目、"行政管理"品牌培育专业资助。项目中得到了数十位专家学者和教师的咨询、指导和参与,发动了200多名本科生、研究生参加调研、数据整理等工作,历时近一年得以付梓,完全是一本集体智慧、汗水和时间的结晶。在此向所有参与蓝皮书统筹规划、咨询指导、项目调研、书稿写作的专家和师生们表示衷心的感谢!特别值得指出的是,社会科学文献出版社皮书分社陈颖副社长、皮书研究院吴丹院长和薛铭洁编辑的精心指导、热情策划和耐心编校等工作为本书顺利出版提供了保障,在此给予特别的感谢和敬佩。

本书是集体劳动的成果也是分工协作的贡献,书稿写作具体分工为:B.1总报告第一节(刘蕾、吴欣同),第二节(王义保、庆文、张莹),第三节(李明),第四节(许超、李昶),专题报告B.2(曹惠民),B.3(韦长伟、张彦华),B.4(陈世民),B.5(张辉、张少康、李雨嘉),B.6(曹明),B.7(翟军亮、黄宏),B.8(施炜、李欣),B.9(陈静、郭檬),B.10(周云圣)。虽然秉持着一种尽心竭力、精益求精的追求,但是蓝皮书

后 记

写作是一项仁者见仁、智者见智、永无止境的劳动,加之团队成员经验水平有限,疏漏之处在所难免,敬请专家批评指正,我们将竭诚欢迎和诚恳完善,期待继续出版更高质量的成果。

编 者

2018 年 9 月

权威报告·一手数据·特色资源

皮书数据库
ANNUAL REPORT(YEARBOOK) DATABASE

当代中国经济与社会发展高端智库平台

所获荣誉

- 2016年，入选"'十三五'国家重点电子出版物出版规划骨干工程"
- 2015年，荣获"搜索中国正能量 点赞2015""创新中国科技创新奖"
- 2013年，荣获"中国出版政府奖·网络出版物奖"提名奖
- 连续多年荣获中国数字出版博览会"数字出版·优秀品牌"奖

成为会员

通过网址www.pishu.com.cn访问皮书数据库网站或下载皮书数据库APP，进行手机号码验证或邮箱验证即可成为皮书数据库会员。

会员福利

- 使用手机号码首次注册的会员，账号自动充值100元体验金，可直接购买和查看数据库内容（仅限PC端）。
- 已注册用户购书后可免费获赠100元皮书数据库充值卡。刮开充值卡涂层获取充值密码，登录并进入"会员中心"—"在线充值"—"充值卡充值"，充值成功后即可购买和查看数据库内容（仅限PC端）。
- 会员福利最终解释权归社会科学文献出版社所有。

卡号：487963934164
密码：

数据库服务热线：400-008-6695
数据库服务QQ：2475522410
数据库服务邮箱：database@ssap.cn
图书销售热线：010-59367070/7028
图书服务QQ：1265056568
图书服务邮箱：duzhe@ssap.cn

S 基本子库
SUB DATABASE

中国社会发展数据库（下设12个子库）

全面整合国内外中国社会发展研究成果，汇聚独家统计数据、深度分析报告，涉及社会、人口、政治、教育、法律等12个领域，为了解中国社会发展动态、跟踪社会核心热点、分析社会发展趋势提供一站式资源搜索和数据分析与挖掘服务。

中国经济发展数据库（下设12个子库）

基于"皮书系列"中涉及中国经济发展的研究资料构建，内容涵盖宏观经济、农业经济、工业经济、产业经济等12个重点经济领域，为实时掌控经济运行态势、把握经济发展规律、洞察经济形势、进行经济决策提供参考和依据。

中国行业发展数据库（下设17个子库）

以中国国民经济行业分类为依据，覆盖金融业、旅游、医疗卫生、交通运输、能源矿产等100多个行业，跟踪分析国民经济相关行业市场运行状况和政策导向，汇集行业发展前沿资讯，为投资、从业及各种经济决策提供理论基础和实践指导。

中国区域发展数据库（下设6个子库）

对中国特定区域内的经济、社会、文化等领域现状与发展情况进行深度分析和预测，研究层级至县及县以下行政区，涉及地区、区域经济体、城市、农村等不同维度。为地方经济社会宏观态势研究、发展经验研究、案例分析提供数据服务。

中国文化传媒数据库（下设18个子库）

汇聚文化传媒领域专家观点、热点资讯，梳理国内外中国文化发展相关学术研究成果、一手统计数据，涵盖文化产业、新闻传播、电影娱乐、文学艺术、群众文化等18个重点研究领域。为文化传媒研究提供相关数据、研究报告和综合分析服务。

世界经济与国际关系数据库（下设6个子库）

立足"皮书系列"世界经济、国际关系相关学术资源，整合世界经济、国际政治、世界文化与科技、全球性问题、国际组织与国际法、区域研究6大领域研究成果，为世界经济与国际关系研究提供全方位数据分析，为决策和形势研判提供参考。

法律声明

"皮书系列"（含蓝皮书、绿皮书、黄皮书）之品牌由社会科学文献出版社最早使用并持续至今，现已被中国图书市场所熟知。"皮书系列"的相关商标已在中华人民共和国国家工商行政管理总局商标局注册，如LOGO（ ）、皮书、Pishu、经济蓝皮书、社会蓝皮书等。"皮书系列"图书的注册商标专用权及封面设计、版式设计的著作权均为社会科学文献出版社所有。未经社会科学文献出版社书面授权许可，任何使用与"皮书系列"图书注册商标、封面设计、版式设计相同或者近似的文字、图形或其组合的行为均系侵权行为。

经作者授权，本书的专有出版权及信息网络传播权等为社会科学文献出版社享有。未经社会科学文献出版社书面授权许可，任何就本书内容的复制、发行或以数字形式进行网络传播的行为均系侵权行为。

社会科学文献出版社将通过法律途径追究上述侵权行为的法律责任，维护自身合法权益。

欢迎社会各界人士对侵犯社会科学文献出版社上述权利的侵权行为进行举报。电话：010-59367121，电子邮箱：fawubu@ssap.cn。

社会科学文献出版社